U0937164

本研究得到北京市科委资助专项（2007-2008）、教育部人文社科基金（10YJC840099，2010-2015）、国家社科基金（12CSH039，2012-2016）以及哈尔滨工业大学学术著作出版经费的资助。特此致谢！

社区的想象与生产

郑中玉◎著

中国社会科学出版社

图书在版编目(CIP)数据

社区的想象与生产／郑中玉著．—北京：中国社会科学出版社，2016.7

ISBN 978-7-5161-8530-8

Ⅰ.①社… Ⅱ.①郑… Ⅲ.①社区管理—研究—北京市 Ⅳ.①D669.3

中国版本图书馆CIP数据核字(2016)第154133号

出 版 人 赵剑英
特约编辑 杜淑英
责任编辑 凌金良
责任校对 石春梅
责任印制 张雪娇

出　　版 中国社会科学出版社
社　　址 北京鼓楼西大街甲158号
邮　　编 100720
网　　址 http://www.csspw.cn
发 行 部 010-84083685
门 市 部 010-84029450
经　　销 新华书店及其他书店

印　　刷 北京金瀑印刷有限公司
装　　订 廊坊市广阳区广增装订厂
版　　次 2016年7月第1版
印　　次 2016年7月第1次印刷

开　　本 880×1230 1/32
印　　张 10.625
插　　页 2
字　　数 265千字
定　　价 45.00元

凡购买中国社会科学出版社图书,如有质量问题请与本社营销中心联系调换
电话:010-84083683
版权所有 侵权必究

目　录

第一章　导论

第一节　问题的提出及意义

一　问题的背景

20 世纪 90 年代以来，中国社会结构变迁的一个重大表现是“单位制”的解体。学者们通常认为，中国的单位组织并不仅仅是一种纯粹的社会组织，更多地表现为一种“组织化”的统治形式和工具，是国家实现统治的一个重要的中介环节①。李汉林等人认为，“中国单位现象主要是指中国社会各阶层人们的社会行为通过组织功能多元化方式逐一整合到一个个具体的社会组织即‘单位’之中，从而由这种单位组织代表他们的利益，满足他们的基本需求，给予他们社会行为的权利、身份和地位，左右和控制他们的行为，逐步实现人们社会行为以单位组织为基本单元的社会现象。”② 整个社会呈现国家与单位组织这样的两极结构。这个时候国家对社会的控制是通过单位实现的，通过个体对单位资源的依赖实现对社会和个体的控制。随着中国社会和经济

---

① 李汉林、李路路：《资源与交换——中国单位组织中的依赖性结构》，《社会学研究》1999 年第 4 期。

② 李汉林、王奋宇、李路路：《中国城市社区的整合机制和单位现象》，《管理世界》1994 年第 2 期；李汉林：《中国单位现象与城市社区的整合机制》，《社会学研究》1993 年第 5 期。

结构的变迁，后单位社会中社区建设以及治理问题成为政府和学术界的关注焦点。单位作为一种社会整合方式，一种资源获取方式的解体一方面释放了社会空间，出现孙立平先生所说的“自由流动的空间”和“自由流动的资源”[①]；另一方面也需要新的整合和组织方式的替代，实现从“单位人”向“社会人”的转变。社区建设在这个历史时期成为重要的选择。目前的一个学术共识是社区治理的核心是如何改变社区行政化体制[②]，实现社区自治，进一步就是实现社区的自组织过程[③]。

有限的社区自组织研究大多关注的是中国独特的“国家与社会”框架下的社区发育，以及新型城市社会管理层面上的体制和制度创新问题。但是面对一个长期“全能型”政府和“单位制”管理的社会结构，中国普遍缺乏一种帕特南提到的“公民参与传统”[④]。这更多地意味着社区参与的社会基础先天不足。这种所谓的公民参与传统可以在公民对政治的参与，各种类似互助会和合作社这样的地方公民组织的数量，以及各种地方团体的数量及参与状况体现出来。帕特南认为，这些公民参与传统有助于促进“公共精神”的产生，进而促进社会横向参与网络、信任和互惠规范的形成。而这些公民参与的结果是社会资本的存量增加，有利于促进经济繁荣和政治制度效率提

① 孙立平：《“自由流动资源”与“自由活动空间”》，《探索》1993年第1期。

② 王英伟：《城市社区组织结构重构》，《社会科学家》2003年第3期；向德平：《社区组织行政化：表现、原因及对策分析》，《学海》2006年第3期。

③ 费孝通：《居民自治：中国城市社区建设的新目标》，《江海学刊》2001年第3期；徐勇：《论城市社区建设中的社区居民自治》，《华中师范大学学报》（人文社会科学版）2001年第3期；周鸿陵、王时浩：《社区居民自治：现代城市治理的基石》，《当代世界社会主义问题》2002年第4期；刘志昌：《草根组织的生长与社区治理结构的转型》，《社会主义研究》2007年第4期。

④ 罗伯特·帕特南：《使民主运转起来》，王列等译，江西人民出版社2001年版。

高。但是就中国而言，尽管人们已经认识到，社区建设中各种公民团体和非政府组织的作用，应该在社区建设和管理中建立有效整合政府组织、市场和非政府组织的合作机制[①]，但社团组织总体上一直存在许多体制上制约，受到政府的“合法性的控制”。而这种合法性的约束成为中国当前非政府组织发展的重大制约因素之一[②]。与此同时，大量城市社区的重建和住宅商品化导致社区成员因为缺乏共同生活史和集体记忆而进一步产生社会整合问题。

20 世纪 90 年代以来，中国的社区建设已经发展出一些社区的模式，比如所谓的“沈阳模式”“江汉模式”等。但是总体上表现为社区参与和社区认同感普遍不高。吴巍的调查表明，社区居民自治参与不足表现为，“参与意愿较低”“参与率不高且分布不均匀”“自治参与的程度不深、范围不广”。在该调查中，只有 26 %的居民表示，“愿意经常性参与”社区事务和活动，而“不愿意参与”的有 12 %；50 %的居民一年也没有参与过一次社区事务，而且 74 %的参与者是离退休的老年人[③]。王小章等人在 H 市的调查也指出，在研究对象中表示“不太愿意”和“不愿意”参与的居民总计达54. 2 %[④]。同样，

① 张超：《城市管理主体多元模式探讨》，《学海》2006 年第 6 期；钱振明：《基于可持续发展的中国城市治理体系：理论阐释和行动分析》，“构建和谐社会与深化行政管理体制改革”研讨会暨中国行政管理学会年会论文集，2007 年。

② 北京市民间组织研究课题组：《北京市民间组织调查与培育对策研究》，《新视野》2007 年第 3 期；邵华：《合法性问题和社团组织的发展》，《甘肃社会科学》2007 年第 3 期；谢珺：《中国民间社团的合法性获得的实证研究——以广州市 C 社团为例》，《社会工作》2007 年第 7 期。

③ 吴巍：《中国城市社区居民自治参与不足的原因及对策》，《福建行政学院经济管理干部学院学报》2002 年第 3 期。

④ 王小章、冯婷：《城市居民的社区参与意愿——对 H 市的一项问卷调查分析》，《浙江社会科学》2004 年第 7 期。

许多其他研究也基本得出相似结论。总体上看，学者们普遍的发现比较一致，我国的社区居民参与意愿普遍不高，总的参与率不高，分布不均匀，老年人和学生远多于青年。参与程度不深，大多数情况下的社区参与局限在具体事务，而非参与社区决策和管理①。同时，邻里互动关系也趋向于淡漠化。研究者发现，由于邻里内部缺乏密切的联系纽带，真正基层共同体意义上的“社区”并不常见。而商品房住宅区的邻里交往较少，“社区”色彩最淡②。这种中国社区发展的“嵌入性”结构问题决定了社区自组织作为一种“自发秩序”，以及社区如何形成是无法忽视的问题。

20世纪中期以来，随着新的信息技术迅速发展，人类开始进入所谓的“网络社会”，朝向一种“信息化”和“网络化”的方向发展③。这种时空结构对于社区结构产生巨大影响，比如，虚拟社区可以使人际关系得以解放，实现跨越时空的社区形式和社会联系④。一些学者开始思考，当互联网等技术使人们以前的各种公共行动实现“在家化”，是否会导致公共行动的减少？如果社区真的超越地域的束缚，在更大范围内维持社会组

① 李婷玉：《社区发展与居民参与》，《湖北社会科学》2001年第12期；张卫：《社区参与：社区建设与发展的推动力——对南京市锁金村社区的个案分析》，《社会》2001年第1期；张亮：《上海社区建设面临困境：居民参与不足》，《社会》2001年第1期。

② 王颖：《上海城市社区实证研究——社区类型、区位结构及变化趋势》，《城市规划汇刊》2002年第6期。

③ 曼纽尔·卡斯特，《网络社会的崛起》，夏铸九译，社会科学文献出版社2001年版。

④ Malcolm Parks and Kory Floyd, Making Friend in Cyberspace, *Journal of Communication*, 46 (1), 1996.

带[①]，那么社区的含义是否就是个体网络本身？本地社区对于社会组织和社会生活的意义，面对社会资本的下降趋势将面临什么样的未来？而从中国的生活事实和研究现状出发，仍然应关注在时空结构变化，以及本土缺乏公民参与传统导致的社区发展问题。遗憾的是，目前国内的研究更多关注的是社区建设、自组织的体制和制度创新问题，而忽视社区参与的行动者层面的实践[②]，以及信息技术作用下的社会时空结构对社区和社会关系的影响。

二　研究的意义

尽管目前来看，还没有任何一个理论专门研究通过互联网进行的沟通过程，但是这些电子通信网络的密度和强度证明，虚拟社区也是一种社区形式。卡斯特尔甚至进一步认为，虚拟社区社会学将是新千年都市社会学的另一条发展轴线[③]。目前国内的社区研究中，尤其缺乏对信息技术影响的关注。通常涉及互联网为代表的信息沟通技术的社区影响的时候，人们谈到的都是所谓的与“现实社区”相对的“虚拟社区”。此时，虚拟社区是指一种区别于甚至某种意义上被看作隔离于日常现实生活的交往领域。但是至少从实际的影响来看，互联网也是一种社会网络的形成渠道，扩展了社会网络的范围。同时从这种沟通技术的实践选择来看，虚拟社区不仅成为一种新的社区形式，而且它本身也成为一种本

① Barry Wellman and Barry Leighton, Networks, Neighborhoods and Communities: Approaches to the Study of the Community Question, *Urban Affairs Quarterly* 15 (March), 1979.

② 马西恒：《社区治理框架中的居民参与问题：一项反思性的考察》，《上海行政学院学报》2004年第2期。

③ 曼纽尔·卡斯特尔：《21世纪的都市社会学》，载罗岗主编《帝国、都市与现代性》，凤凰出版传媒集团、江苏人民出版社2006年版，第239—257页。

地社区的一种社区组织工具，有潜力促进本地社区网络的形成。但是目前来看，对于这个层面影响的研究还很缺乏。而就传统意义上社区的研究，研究者更多从体制创新角度出发，容易忽视社区居民作为社区行动者对于制度和结构的实践策略和过程的分析。至少从目前的国内实证研究来看，即使在专家和行政话语上存在一些社区管理的模式，但是社区参与和社区归属感普遍不高。而随着住宅商品化的过程，商品房小区居民缺乏共同的生活史和熟悉感，这更加使社区的认同和自愿参与缺乏基础。一个缺乏参与的社区无论如何无法称为一种社会学意义上的“社区”。如何促进社区参与和社区认同的产生成为进一步研究的焦点。

本研究关注的焦点是，如何在缺乏公民参与传统的社会实现社区的自组织与参与，如何应对“网络社会”和转型中国的社会结构中的社区与社会自组织问题，进而探讨社区如何在这种自组织的过程中被生产出来。北京 H 社区提供了一种地方社区自组织如何可能的现实选择。该社区是一个从 2000 年以后陆续开始入住、以外来人口为主的新生居住社区。它面对一系列社区空间和城市环境的局限，以及社区重建中的制度滞后等问题。但是，通过一个居民自发组织建立的虚拟社区形成新生社区的本地社区网络联系、公民参与团体，以及潜在的集体行动能力，这个地方社区在虚拟社区的组织之下再度繁荣起来。

本研究以 H 社区为个案，试图关注的问题是其虚拟社区如何实现在本地社区的“再地方化”过程？在这个过程中，使得“社区”得以生产的机制是什么？

试图研究沟通技术导致的时空框架变迁与中国的社会结构背景下的社区自组织问题，关注具有“去地方化”效应的虚拟社区，以及组织过程在突破时空结构限制的同时，如何对一个新兴的地方社区的再组织和自组织产生积极影响。

这一分析超越虚拟和现实的二元论，将虚拟社区研究推进到日常生活世界层面，关注虚拟社区如何与一个地域社区融合，如何有助于地域社区的自我维持和再生产的过程。借助于研究新的沟通技术对地域性社区的影响，介入“社区问题”的争论，进而深入探讨大规模社会变迁中社区如何可能的机制。因此对于社区认同、社区生产机制的分析是本研究的创新之处。从实践层面来看，对于一种基于互联网信息技术的社区自组织过程的研究，有利于探索一条借助于互联网新的社区参与路径，有力应对网络社会背景下的社区信息化管理。

第二节　相关研究现状

本研究关注的是信息化背景下转型中国的都市社区自组织问题，试图研究虚拟社区如何重构一个本地社区的生活世界，实现社区自组织与社区的生产过程。总的来看，大体上有三个方面的研究可供参考：社会学关于“社区问题”（the Community Question）的争论；互联网对社区和社会关系的影响；转型中国的社区治理和社区自组织研究。

一　“社区问题”的争论

所谓“社区问题”关涉社会系统的劳动分工多大程度地影响初级纽带的组织和内容的问题，也就是社会变迁中社区的本质这个问题。从滕尼斯和涂尔干开始，社会学家持续思考着工业化和官僚制度等现代社会过程如何影响社区结构，比如，相应于民族国家行动的扩大，本地社区自主性和团结的缩小；城市居民在日益增强的流动性下可与之联系的人的多样性；社会互动密度的增加；廉价而有效的交通和通信网络使得人们可以更容易也可以在更远距离地保持社会联系等。目前有三种关于“社区问题”的争论：社区消失论（Community Lost）、社区继存论（Commu-

nity Saved）和社区解放论（*Community Liberated*）[①]。

社区消失论是古典社会学的主流观点，认为“社区”和人们的初级纽带在现代化进程中已经逐渐走向消亡，或者说被弱化了，被更大的“社会”或次级纽带所替代，个体更加依赖于正式组织。这种观念以滕尼斯、齐美尔和芝加哥学派都市社会学为代表。这种社区观念使人们强烈地意识到工业化的劳动分工对初级纽带结构的潜在影响。但是巴里·威尔曼（Barry Wellman）认为，消失论者可能忽视了，在工业化社会系统中初级纽带不是被弱化，而是已经在结构上被改变。社区继存论者认为，在这个工业化社会系统中邻里和亲缘团结持续存在着，比如，表现在他们仍然提供各种社会支持、社会交际，对于共同体的愿望，以及社会生态上分化成同质的居住区和工作区等。而社区解放论者则认为，那种过去的面对面社区已经不存在了，社区已经从地方中解放出来，在更大地域组织起社会成员的社会网络。解放论主张，居住区、工作场所和亲属群体的分离使都市人卷入到多种社会网络中。这些网络只具有弱的团结性情感（solidary attachments）；居民的高度流动性弱化了现有的纽带，妨碍新的强纽带的产生；廉价而有效的交通和通信工具降低了空间距离的社会成本，使得分散的初级纽带维持起来更容易；城市和民族国家的规模、密度和多样性，与大量互动工具一起使人们有更多机会接触那些没有清晰界限的多重网络；初级纽带的空间分散和城市的异质性使人们紧密结合成团结性社区（solidary communities）的可

① Barry Wellman and Barry Leighton, Networks, Neighborhoods and Communities: Approaches to the Study of the Community Question. *Urban Affairs Quarterly*15（March），1979; Barry Wellman, The Communty Question: The Intimate Networks of East Yorkers. *American Journal of Sociology*, Vol. 84, No. 5, 1979, pp. 1201 – 1231.

能性更小①。

威尔曼则认为，在许多社区分析中关于社区问题的结构性聚焦已经与其他两个社会学问题混淆在一起：对维持团结性情感的条件的过度关注，反映了持续的对规范性整合（normative integration）和共识的强调；另一个问题是过于把初级纽带定位于本地地区，反映了都市社会学家对于空间分类（spatial distributions）的特别关注。结果就是，根本意义上的结构化的社区问题常常被转化成研究地方团结（local solidarity），而不是研究发挥功能的初级纽带，甚至认为，现在都市社会学倾向于成为一种“邻里社会学”，也就是社区研究牢固地被定位于邻里研究。大规模的社会结构变迁，以及现代的交通和电子通信技术的发展，使得人们可以跨地域、乃至在全球范围内建立自己的“私人社区”（personal community），而无须局限在“邻里”和空间就近性的地域约束中。威尔曼以个体网络视角和方法入手，以“网络”取代邻里社区和地方团结的传统社区观念，试图分析在社会结构和技术变迁中社区形态的转型。相对而言，威尔曼倾向于支持社区解放论的解释。他的社区观具体上是一种“私人社区”② 或“网络社区”（network community）③观念。也就是把社

---

① Barry Wellman, The Community Question: The Intimate Networks of East Yorkers. *American Journal of Sociology*, Vol. 84, No. 1979 , pp. 1201 - 1231.

② Barry Wellman, Studying ersonal community, In: V. Marsden and Nan Lin, eds. , *Social structure and network analysis*, Sage Publications, 1982; Barry Wellman, Peter J. Carrington, and Alan Hall, Networks as personal communities, In: Wellman Barry and S. D. Berkowitz, eds. , *Social Structures: A Network Approach*, Cambridge University Press, 1988; Barry Wellman and Stephanie Potter, The elements of personal communities, In: Wellman Barry, eds. , *Networks in the global village: life in contemporary communities*, Westview Press, 1999, pp. 49 - 82.

③ Wellman, Barry, The Network Community , In: Wellman Barry, eds. , *Network In the Global Village: Life In Contemporary Communities*, Westview Press, 1999.

区看作个体社会网络的建构，视为一种摄取资源和获取机会的渠道，一种社会支持系统，而不是邻里或者团结（solidarity）。

如果说社区并不等同于邻里，空间的就近或地域性也不再是社区的必备要素，那么社区就是威尔曼所说的“私人网络”吗？共同的情感和价值，以及地方的认同就真的不再是社区的内在核心了吗？威尔曼的解释路径根源于他所选择的个体社会网络分析方法。作为一种结构分析方法，网络分析通常难以对文化和归属等进行分析。那么运用网络研究方法来研究社区，是否就容易忽视社区的认同感和社区情感因素对于一个社区形成、维持的重要性呢？即使人们可以维持更远距离的、更多样化的社会纽带，地方认同和集体记忆对于一个社区来说是否仍然是不可或缺的核心要素？同时，即使人们的社会纽带真的超出了邻里和本地的地域性限制，弱纽带发挥获取资源和机会的重要作用。但是这不代表现代都市人的弱纽带对本地地区的地方组织和地方团结的消解。相反，格兰诺维特（Mark Granovetter）则关注，弱纽带可能发挥重要的社区组织和社会整合的作用①。

格兰诺维特关注的不是纯粹的个体网络纽带，而是从社区结构上来看，弱纽带丰富的社区网络更具有开放性，更容易促进地方社区的动员和集体行动的组织。而由于其个体网络研究的方法潜在问题，威尔曼的私人社区观容易忽视对社区整体结构的关注。另外，“纽带”（ties）或网络是否就构成了社区，仍然是一个具有争议的问题。布劳克兰德（Talja Blokland）认为，社会确实是借助于各种纽带而存在。这些纽带就是阻止社会解体的、人

---

① Mark Granovetter, “The Strength of Weak Ties.,” *American Journal of Sociology* 78, 1973, pp. 1360 - 1380; Mark Granovetter, “The Strength of Weak Ties: A Network Theory Revisited, In: Peter V. Marsden and Nan Lin”, eds., *Social Structure and Network Analysis*, Sage Publications, 1982, pp. 105 - 130.

们彼此固守（riveted）的方式，但是纽带本身不提供社区的基础。在日常的使用中，“社区”这个概念指的是一个人归属于其中的群体。而布劳克兰德把社区看作“想象的社区”（imagined communities)。“‘想象的社区’作为认为和感觉到‘我们彼此归属’的印象和日常实践而存在。在这些实践中，我们向那些我们归属的人表达自己，借此我们也与一些他人构成‘我们’，或者实际上从‘我们’中排除他们。”①

二　互联网对社区和社会关系的影响

互联网技术的广泛渗透，导致各种网络互动方式成为重要的社会联系与交往方式，并相应产生了广泛的社会影响，包括各种社会关系的形成。目前，这类研究彼此之间经常充满矛盾。乐观的研究者证明，它正在形成一种新的共同体生活形式，从物理地点中解放了人际关系，为新的个人关系和社区提供了机会②。但也有许多学者认为，互联网只是形成了一种虚假的社区感，在线关系是“非正式的”“暂时的”“虚假的”和“缺乏深度情感的”关系，或者说是“肤浅的”“非人的”，并常常是“有敌意的”③。他们断言，在赛博空间中产生的只是一种共同体的“幻觉”。

当然，现在大多数学者还是倾向于认为，当电脑网络把人与人连接起来时，那么电脑网络实际上就是一种社会网络，并拓展

① Talja Blokland, *Urban Bonds: Social Relationships in an Inner City Neighbourbood*, Polity Press, 2003.

② Malcolm R. Parks and Kory Floyd, “Making Friend in Cyberspace”, *Journal of Communication* 46 (1), 1996; Howard Rheingold, *The Virtual Community*, MA: Addison Wesley, 1993.

③ Brittney G, Chenault, Developing Personal Emotional Relationships Via Computer - Mediated Communication, *CMC Magnize*, May 1998.

了社会网络的范围[①]。而且一些研究也证明，网络决不只是一种信息交流的方法，信息只是互联网络中资源交换的一种而已。在电子社群中，许多成员都可以在社会的、身体的和精神方面的问题上得到帮助，获得社会支持[②]。但是，互联网的使用对现有日常社会关系的影响还是存在一些争议。早期的一项研究测量了匹兹堡家庭互联网新使用者的社会介入和心理健康，研究表明了互联网使用具有负面效应[③]。参与者最初在线的1—2年里，研究者研究跟踪了93户家庭。那些比较多使用互联网的人变得更少社会介入，更孤独，表现出一些沮丧症状的增加。而另一项对美国全国成年人随机样本的研究表明，人们在网上花的时间越多，他们就越失去与社会环境的联系。15%的调查对象报告了社会活动减少。更令人震惊的是，他们的研究表明，互联网用户花更少时间与亲戚朋友电话沟通，报告其他社会活动减少的比例超过了25%[④]。罗伯特·帕特南也表达了类似的担忧，即担忧互联网的沟通会使人们花更多的时间在形成肤浅关系上，并可能减少与朋友和家庭更深入的面对面谈话和友谊关系，甚至部分地进一步导

---

① Barry Wellman, *An Electronic Group is Virtually a Social Network. Culture of the Internet*, NJ: Lawrence Erlbaum, 1997, pp. 179 - 205; Barry Wellman, "Computer Networks As Social Networks," *Science*, Vol. 293, September 2001, pp. 2031 - 2034; Laura Garton, Caroline Haythornthwaite and Barry Wellman, "Studying Online Social Networks," *JCMC*, June 3 (1), 1997.

② Kakuko Miyata, *Social Support for Japanese Mothers Online and Offline*, *The Internet in Everyday Life*, UK: Blackwells, 2002, pp. 520 - 548; Howard Rheingold, *The Virtual Community*, MA: Addison Wesley, 1993.

③ Robert Kraut, et al., "Internet Paradox: A Social Technology That Reduces Social Involvement and Psychological Well - Being?", *American Psychologist*, 53 (9), 1998, pp. 1017 - 1031.

④ Norman Nie and Lutz Erbing, "Internet and Society: A Preliminary Report", *IT & Society*, Summer Vol. 1, Issue 1, 2002, pp. 275 - 283.

致美国社会资本的下降[①]。不过罗伯特·克劳特（Robert Kraut）等人的进一步的研究认为，他们的团队在1998年发表的那项早期研究存在严重问题，其中一个就是结果的普遍性问题[②]。原初研究中，作为互联网使用者的研究对象是在匹兹堡地区的随机样本。与作为整体的社会人群相比，他们本身就有很高的社会参与（social involvment）和更多强关系。在1995—1996年，使用互联网的家庭和朋友还很少，使用互联网反而可能阻断了他们已有的社会联系。如果对一个社交剥夺的样本进行研究或者当更多人在线时，互联网对社区和社会关系可能就会有更积极的影响。同时，一些学者进一步的研究也对这种针对负面效应的强调表示怀疑。1995年的一项美国全国随机电话调查表明，互联网并没有增加社会孤立（social isolation）。在控制了互联网使用者和非使用者之间的人口特征后，研究没有发现在宗教、休闲和社区组织方面的参与率有统计上的差异。相反，互联网是一种公民组织参与和新的个人关系的源泉，加强了已有社区的参与。越是长期使用的人和家庭似乎朋友的联系越多[③]。在该研究看来，互联网使用的经验和技巧可能比人口学变量更能影响对社区的参与和新关系的形成。而随后他们在1996年、1997年和2000年的调查也进一步证明了这种影响[④]。

---

① 罗伯特·帕特南：《独自打保龄》，王列等译，北京大学出版社2011年版。

② Robert Kraut, et al., "Internet Paradox Revisited," *Journal of Social Issues* Vol. 58, No. 1, 2002, pp. 49－74; Kiesler, Sara et al., Internet Evolution and Social Impact, *IT & Society*, Vol. 1, Issue 1, Summer, 2002, pp. 120－134.

③ James E Katz and Philip Aspden, "A Nation of Strangers," *Communications of the ACM*, 40 (12), 1997, pp. 81－86.; James E. Katz and Philip Aspden, "Motivations For and Barriers to Internet Usage: Results of a Aational Public Opinion", *Internet Research*, 7 (3) 1997, pp. 170－188.

④ James Katz and Ronald Rice, "Access, Civic Involvement, and Social Interaction on the Net," *The Internet in Everyday Life*, UK: Blackwell, 2002, pp. 114－138.

现在越来越多的学者认为，互联网同样支持了大量的社区关系，并增加了社区的多样性。从维持社会关系或网络的角度看，“虚拟社区”同样也是“真实”的社区，也是提供与获得支持的有用的方法。也就是说，最终电脑网络扩大了社会网络的范围，促进了更多和更广阔范围的关系之形成，允许人们跨时空沟通，使更多潜在关系成为积极联系。人们可以更大程度上延伸其社会联系的数量和多样性。电脑网络使人们可以维持比面对面更多的在线关系①，也被广泛用于与家人和朋友的联系，尤其是远距离的朋友的联系②。确切地说，虚拟社区也应该看作是一种电脑网络支持的跨越距离建立起来的社区和社会网络。

对虚拟社区的研究中比较典型的是关注其自身特征、结构和过程，通常只是关注虚拟社区具有的区别于日常生活的运作规则③。这类研究倾向于认为，在线生活是基于共同兴趣和价值超地域组织起来的场域，是对日常生活的解构和超越，甚或是一种具有匿名性和游戏性的生活方式。而进一步的研究通常认为，“虚拟”社区只是现代社会社区变迁的潮流之一，“虚拟”是指“尽管表面上不是，但是实际上是”，“虚拟”不是“不现实”，

---

① Barry Wellman, An Electronic Group is Virtually a Social Network, Edited by Sara Kiesler, *Culture of the Internet*, Hillsdale. NJ: Lawrence Erlbaum, 1997, pp. 179 - 205; Barry Wellman and Milena Gulia, "Net Suffers Don't Ride Alone: Virtual Communities As Communities. In: Barry Wellman", eds., *Networks in the Global Village*. Boulder, CO: Westview, 1999, pp. 331 - 366.

② Chen Wenhong, Jeffry Boase and Barry Wellman, "The Global Villagers: Comparing Internet Users and Uses Around the World", *The Internet in Everyday Life*, Oxford: Blackwell, 2002, pp. 74 - 113.

③ E. Reid, *Electropolis: Communication and Community on Internet Relay Chat*, *Honours Dissertation*, University of Melbourne, 1991 ; Starr R. Hiltz and Murray Turoff, *The Network Nation: Human Communication via Computer*, Cambridge, MA: MIT Press, 1993; Peter Kollock and Marc Smith, *Communities in Cyberspace*, London and New York: Routledge, 1999.

而是一种不同层面的“现实”[①]。虚拟社区可以是一种日常生活世界的舒茨所指的“有限意义域”[②]，同时也是信息化社会背景下一种维持和产生社会网络的方式。这些社会网络可以处于本地社区网络内外，也包括家庭和朋友之间。甚至它形成的关系也不只是保持在原初媒介，而是扩展到其他媒介，乃至线下关系发展。因此不可能在线上和线下关系间有截然区分。这种社区形式从物理地点中解放了人际关系，为个人关系和社区提供新的机会，也可以形成社会支持、资源交换和互惠行为等。

作为新的社区和互动形式，虚拟社区要面对处理与传统社区生活的关系，以及人类社区之发展方向这样的问题。我们可以把对这些问题的思考大致总结为三种观点：吞没、共生与重塑。“吞没论”认为，社会生活世界愈来愈被人类创造出的符号象征世界所制约、消融。虚拟与真实世界的分界线日益模糊。传统人作为主体的机会和自我期许的线性特质，逐渐地为虚拟世界消融殆尽了。最终主体消失掉了[③]。甚至有人进而认为，现实社区将为虚拟社区所取代[④]。这种立场具有简化论的问题，倾向于简单地强调赛博空间的独特性，忽视赛博空间及其行为的社会嵌入性以及两种空间中行为之间的相互作用。而“共生论”则认为，虚拟社区与现实社区可以并存。虚拟社区具有自己的规则，也会形成社会支持和关系网络。它也是日常生活的一部分。这种现实主义立场催生了大量对赛博空间中网络互动的本质、逻辑和过程的研究。当

---

① 曼纽尔·卡斯特：《网络社会的崛起》，夏铸九译，社会科学文献出版社2001年版，第455页。

② 郑中玉、何明升：《“网络社会”的概念辨析》，《社会学研究》2004年第1期。

③ 叶启政：《虚拟与真实的浑沌化——网路世界的实作理路》，《社会学研究》1998年第3期。

④ 刘瑛、杨伯溆：《互联网与虚拟社区》，《社会学研究》2003年第5期。

然人们也会去思考两种空间实践是否会存在相互替代问题。比如，帕特南就担忧，互联网的使用将使人们与整个人际联系隔离，失去与“现实生活”的联系，减少和朋友、家庭面对面的谈话和友谊，以及社区参与[①]。“重塑论”则认为，互联网等信息技术尽管不是单独地，但仍将进一步改变社区生活的结构和过程。人们可以超越“地方”（locality）建立个人网络社区。这种观点以威尔曼及其多伦多大学的合作者为代表。尽管这种对“地方”重要性的忽视是否合理仍然是有争议的[②]，这种“网络社区”（network community）观仍认为，应从私人网络（personal networks），而不是社区团结性情感等集体属性视角研究社区。

关于信息化，比如互联网，对社区和社会关系影响的研究长期以来一直存在争议。最容易形成的一种研究焦点就是，强调互联网对社会关系超越时空限制的“去地方化”的组织或联系能力，容易忽视它在“本地”社会关系和社会组织过程中的作用。最近一些年[③]，国内研究已经开始关注，互联网和虚拟社区在地方社会和社区组织层面上，比如地方空间及其治理[④]、社区参与

---

① 罗伯特·帕特南：《独自打保龄》，刘波等译，北京大学出版社 2011 年版。当然，帕特南也同样期望信息技术的开发者和推广者应该努力推动，使互联网能够有助于促进传统社区的复兴。

② Talja Blokland, *Urban Bonds: Social Relationships in an Inner City Neighbourhood*, Polity Press, 2003.

③ 在 2007—2008 年，在笔者进行博士毕业研究的时候，前文所讲的这种研究焦点比较具有代表性。但是，随后几年，这种状况开始发生变化。

④ 武志勇、张皓、武初阳：《美国民意群体的在线沟通与线下行动——以密苏里清洁能源推进群体为例》2012 年第 3 期；武志勇、张皓、武初阳：《位置服务与移动社区：重构一种城市空间》，《当代传播》2012 年第 6 期；李文静、张荣：《地区型虚拟社区发展与基层社会管理创新》，《学习与实践》2014 年第 1 期；林忠礼、张峰：《地方网络论坛还有春天吗——兼谈大众网的实践与探索》，《新闻与写作》2014 年第 10 期；陈娟：《网络时代的社区媒体：城市整合的纽带》，《现代传播（中国传媒大学学报）》2015 年第 6 期。

与社区治理[①]、社区集体动员与抗争[②]等方面的影响。

三 转型中国的社区治理与社区自组织研究

自组织理论是20世纪60年代末期开始建立并发展起来的一种系统理论。它的研究对象主要是复杂自组织系统（生命系统、社会系统）的形成和发展机制问题，即在一定条件下，系统是如何自动地由无序走向有序，由低级有序走向高级有序的。它主要由三个部分组成：耗散结构理论（Dissipative Structure）、协同学（Synergertios）、突变论（Calastrophe Theory）。哈肯这样定义自组织的概念，“如果系统在获得空间、时间的或功能的结构过程中，没有外界的特定干预，我们便说系统是自组织的。这里的‘特定’一词是指，那种结构和功能并非外界强加给系统的，而且外界是以非特定的方式作用于系统的。”[③] 当然在哈肯看来，尽管我们可以根据这个定义来区分人造组织和自组织系统，但是两者的差异经常并不是十分明显。自组织原理不仅仅被用于解释自然系统的运行，而且不断被引用到对社会系统的分析中。在中国，社

① 陈为智：《城市社区参与中的互联网虚拟社区建设》，《兰州学刊》2009年第1期；李潇、王道勇：《城市社区治理中的网络参与问题分析》，《科学社会主义》2013年第4期；王斌、王锦屏：《信息获取、邻里交流与社区行动：一项关于社区居民媒介使用的探索性研究》，《新闻与传播研究》2014年第12期；陈华珊：《虚拟社区是否增进社区在线参与?》，《社会》2015年第5期；黎昕、高鸿：《社区微治理：社会治理创新的重要载体》，《福建论坛》（人文社科版）2015年第9期。

② 黄荣贵、桂勇：《互联网与业主集体抗争：一项基于定性比较分析方法的研究》，《社会学研究》2009年第5期；袁光锋：《互联网使用与业主抗争》，《中国地质大学学报》（社会科学版）2012年第5期；任丙强：《网络、弱组织社区与环境抗争》，《河南师范大学学报》（社会科学版）2013年第5期；卜玉梅：《从在线到离线：基于互联网的集体行动的形成及其影响因素》，《社会》2015年第5期。

③ 哈肯（H. Haken）：《信息与自组织：复杂系统的宏观方法》，四川教育出版社1988年版，第29页。

区自组织问题在社区建设和社区治理的题目之下开始进入研究视野。

随着政府体制改革和单位制解体，中国社会的社区建设面临一个根本的治理转型问题。在这个背景下，社区自治被认为是社区治理的发展方向。而社区自治的一种看法是指社区的“自组织治理”。但许多研究通常只是强调，理想状态下的社区治理是一个“自组织”过程。卢汉龙认为，目前中国的许多社区模式，比如，所谓上海模式和沈阳模式都有一个共同的问题就是“自我组织能力的缺乏”。而“发展社区的关键问题便是社区里各类社会与经济组织的自我形成与发展。”尽管城市社区的建设并不能脱离政府的指导以及政府作为公共资源的最大拥有者能对社区提供的支持。“但是社区将是一个独立的社会共同体在社会生活中发挥作用。当社区在市场化的条件下成为私人生活的公共空间时，当一个介乎公民和政府之间的公共领域开始出现时，社区的管理将是一个自理与治理的过程，任何外力均只能起辅助的作用”①。也有学者强调，社区建设要通过政府组织和其他组织的合作与协商，在城市基层社区构建一个以具体的公共事务为治理内容、政府行政组织和各种群众自治组织之间有效合作、与现代化城市管理相适应的社区治理格局②。而“随着社区建设的深入，社区共同体将从地区性、社会性、群众性、公益性事业中日益发展成为一个中介体和网络组织，并在内部实现非行政的纵向沟通和横向联系。”③

目前的研究大多缺乏对多元社区主体合作行为如何形成，如

① 卢汉龙：《中国城市社区治理模式》，《上海行政学院学报》2004 年第 1 期。

② 徐中振、徐珂：《走向社区治理》，《上海行政学院学报》2004 年第 1 期。

③ 马西恒：《社区建设：理论的分立和实践的贯通》，《浙江社会科学》2001 年第 6 期。

何促进社区自主参与的实践维度，也就是缺乏社区真正主体——社区居民的行动者视角的探讨。相对而言，“社区自组织理论”对社区自治做出系统阐释，关注什么样的制度与体制条件有助于这种自组织网络的形成。陈伟东认为，社区自组织是指“不需要外部具体行政指令的强制，社区成员通过面对面协商，取得共识，消除分歧，解决冲突，增进信任，合作治理社区公共事务的过程，并使社区逐步进入‘自我维系’状态”[①]。这种观点进一步确定社区自组织的基本要素为自组织资格、自组织基础、自组织机制、自组织结构和自组织的绩效。陈伟东和他的合作者们试图继续研究社区自组织的功能，比如，社区的自组织如何影响社区治理成本和民主制度绩效[②]。实际上，这些研究思路是试图将帕特南的理论进一步运用到中国社区研究中。在实地研究中，他们认为，社区自组织与社区治理的成本成反比。“自组织程度越高，社群组织发育越完善，就越接近于自组织秩序，在信任与合作基础上，就越容易培育社区公民意识，从而有利于走出‘集体行动的困境’，降低城市社区建设的治理成本；而社区自组织程度越低，就越接近于被组织秩序，社区的投机规范就越会促使居民投机行为的泛滥，从而使社区缺乏公共精神，使社区公共活动陷入‘集体行动的困境’，从而增加社区治理成本。”[③]

目前已经有许多调查表明，中国社区居民参与是不容乐观

① 陈伟东、李雪萍：《社区自组织的要素与价值》，《江汉论坛》2004年第3期；陈伟东：《社区自治：自组织网络与制度设置》，中国社会科学出版社2004年版，第125页。

② 陈伟东、吴猛：《社区自组织与直选成本》，《社会主义研究》2005年第2期；李霞、陈伟东：《社区自组织与社区治理成本——以院落自治和门栋管理为个案》，《理论与改革》2006年第6期。

③ 李霞、陈伟东：《社区自组织与社区治理成本——以院落自治和门栋管理为个案》，《理论与改革》2006年第6期。

的，已经成为中国社区建设发展的瓶颈。一方面是人们热衷于各种社区体制和模式创新；另一方面却又是严重缺乏社区居民对公共事务的参与，这形成了中国社区建设矛盾的图景。总体上看来，似乎目前关于社区模式的建构大多数来自于行政和学者的推动，而不是来自“生活世界”的社区行动者。一些学者认为，“没有社会组织的发展成熟，没有具备责任感的社区认同意识的居民参与，社区善治的实施是非常困难的。社区治理模式的建构超前于居民参与意识和参与能力，……这便是现实中体制创新的热情与居民参与的冷淡时常不协调的原因之一”[①]。社区自组织“行动”不会从体制和制度创新的过程自动产生。

关于民众参与的来源有一些不同的解释。在用社会资本解释意大利南北方制度绩效差异的时候，帕特南把社会资本的不同归因于意大利南北方“民众参与传统”的差异[②]。不同的参与传统意味着不同的社会资本存量，同时也意味着不同的社会参与水平，进而导致在政治和经济制度绩效上的巨大差异。这种横向或水平的公民参与传统最终形成了以普遍信任、互惠规范和民众参与网络为特征的社会资本。但是，帕特南似乎没有解释公民精神如何被生产出来。卡斯特则认为，对都市社会运动的参与会有助于产生地方文化认同和市民参与，“人们必须参与都市运动（并非具有强烈革命性）并在其过程中发现彼此共同的利益，人们以某种方式分享彼此的生活，新意义也就有

---

① 马西恒：《社区治理框架中的居民参与问题：一项反思性的考察》，《上海行政学院学报》2004 年第 2 期。

② 罗伯特·帕特南：《使民主运转起来》，王列等译，江西人民出版社 2011 年版。

可能产生”[①]。也有国内学者认为，都市运动是有助于社会自组织的途径。沈原将目前BJ市的都市运动归纳为三种：农民抗议运动、市民抗议运动和业主的抗议运动。他认为，20世纪50年代以来，中国的城市空间被权力重构。这种重构通过“大院”的单位权力和街道以及居民委员会形成地方政府支配下的权力格局，进而造成城市中自组织的社会生活机制被压抑到最低限度。“由城市化过程所引发的三种都市运动，就是形成此种社会自组织机制的重要渠道之一”，进而，“作为‘市场’和‘国家’之对应物的‘社会’，……逐步地在人们的社会行动中被生产出来”[②]。社会网络研究者也提供了一种解释，比如，格兰诺维特认为，“弱纽带”（weak ties）比“强纽带”（strong ties）更可能有利于社区组织和社会整合。因为有丰富的弱纽带形成的开放的社区网络更有利于社区信息传播和集体动员[③]。这些对于社区与社会动员的解释为我们分析如何促进社区参与，从而为启动社区自组织过程提供了一些解释路径。就此而言，我们认为，对社区自组织的进一步研究应超越对于“社区自组织要素”静态的“结构”分析，以及远距离的制度路径，转而关注在“行动”和“实践”层面上社区成员自组织网络与集体行动能力如何“自发”形成的“过程”以及社区自组织的实践策略。

在这种思路之下，最近一些年，学者们关注社区社会资本的生产和社区营造问题。很多研究在帕特南的路径之下，强调

① 曼纽尔·卡斯特：《认同的力量》，曹荣湘译，社会科学文献出版社2003年版，第69—74页。

② 沈原：《强干预与弱干预：社会学干预方法的两条途径》，《社会学研究》2006年第5期。

③ Mark Granovetter, “The Strength of Weak Ties”, *American Journal of Sociology*, Vol. 78, No. 6, 1973, pp. 1360 - 1380.

社区社会资本对于社区治理和社区参与的重要意义[①]，不同类型社会资本对社区治理的不同影响[②]，社会资本与居民满意度的关系[③]等。在这个基础上，有些学者也开始试图关注社区和社区自组织的生产问题。比如，黄晓星认为，空间、人口特征的某些共同属性以及组织共同构成了社区性，而特定的社区性则使得社区认同的生产以及社区运动处于复杂的相互作用之中[④]。邱梦华则认为，结合理性选择和社会资本等理论，城市基层社会组织的生长就是居民在利益、认同和制度的混合机制作用下，对社区公共事务的参与与合作的集体行动过程[⑤]。这种社区的生产问题是一个需要持续关注的重要理论问题，除了如前文卡斯特和沈原所强调的通过都市社会运动参与[⑥]以及

① 周林刚：《社区治理中居民参与的制约因素分析——基于深圳 A 区的问卷调查》，《福建论坛》（人文社会科学版）2008 年第 12 期；燕继荣：《社区治理与社会资本投资》，《天津社会科学》2010 年第 3 期；郭圣莉、刘永亮、罗菲烨：《纵横交织的社区网络：中国城市社区社会资本与社区选举》，《华东理工大学学报》（社会科学版）2013 年第 3 期；王文彬：《社会资本视野中的社区建设：关系、参与和动力》，《吉林大学社会科学学报》2013 年第 5 期；刘红燕、刘彦平：《社区治理框架下的城市社区社会资本重构》，《管理现代化》2014 年第 5 期。

② 陈捷、卢春光：《共通性社会资本与特定性社会资本——社会资本与中国的城市基层治理》，《社会学研究》2009 年第 6 期。

③ 刘志林、廖露、钮晨琳：《社区社会资本对居住满意度的影响》，《人文地理》2015 年第 3 期。

④ 黄晓星：《社区运动的“社区性”》，《社会学研究》2011 年第 1 期。

⑤ 邱梦华：《利益、认同与制度：城市基层社会组织的生长研究》，《上海大学学报》（社会科学版）2015 年第 3 期。

⑥ 曼纽尔·卡斯特：《认同的力量》，曹荣湘译，社会科学文献出版社 2003 年版，第 69—74 页；沈原：《社会的生产》，《社会》2007 年第 2 期。由于长期再分配体制压抑了自组织的社会生活，因此“生产社会”（而不是“保卫社会”）成为中国社会学认知和实践的首要任务。沈原教授具体上将中国“社会的生产”包括波兰尼的能动社会和葛兰西的公民社会。他强调，从逻辑上，应该借由各种公民权运动打造公民社会，进而有助于生产波兰尼意义上的“能动社会”。

“社会学干预”[①] 实现社区（或社会自组织）的生产之外，非正式的政治[②]、基于公共社会学[③]立场通过有意图的规划和动员推动社会资本和社区的营造[④]，以及在日常生活视野下非政治意图的社区运动与自发自组织行为也应该成为进一步关注的实践。

总体上看，威尔曼等学者对社区问题的经典理论思考的是，社区在现代化过程中的未来和变迁，关注一般现代社会过程，比如城市化、官僚化和理性化等对社区和社会关系的影响。但是，这种形式主义分析通常容易忽视现代社会发展的“多元现代性”[⑤] 现实及社区所嵌入的不同社会结构之微妙影响，倾向于对社区的发展持有一种线性发展的理论立场。这种理论立场具有西方中心主义的局限，容易导致一种一元论的社区观照，使研究者无法充分研究中国社区本土化发展。

目前对社区自组织的研究，一方面大多强调城市社会管理层

---

① 沈原：《强干预与弱干预：社会学干预方法的两条途径》，《社会学研究》2006 年第 5 期。

② 张紧跟、庄文嘉：《非正式政治：一个草根 NGO 的行动策略》，《社会学研究》2008 年第 2 期。

③ 迈克·布洛维：《公共社会学》，沈原译，社会科学文献出版社 2007 年版。

④ 郭瑞坤、谢政勋、陈可慧：《台湾社区培力机制成效评估研究》，《公共管理研究》2007 年第 5 期；潘泽泉：《社区：改造和重构社会的想象和剧场》，《天津社会科学》2007 年第 4 期；潘泽泉：《社会资本与社区建设》，《社会科学》2008 年第 7 期；赵环、叶士华：《社区参与：我国台湾地区社区建设经验分析》，《华东理工大学学报》（人文社会科学版）2013 年第 2 期；胡澎：《日本“社区营造”论——从“市民参与”到“市民主体”》，《日本学刊》2013 年第 3 期；罗家德、帅满：《社会管理创新的真义与社区营造实践》，《社会科学家》2013 年第 8 期；罗康隆：《社区营造视野下的乡村文化自觉》，《中南民族大学学报》（人文社会科学版）2015 年第 5 期。

⑤ （以）S. N. 艾森斯塔特：《反思现代性》，旷新年、王爱松译，生活·读书·新知三联书店 2006 年版。

面体制和制度上的创新，而忽视了面对住房商品化后的城市社区大量重建时原有社区社会资本的破坏，以及“总体性社会”[①]缺乏社区参与传统的状况下，在“行动”层面社区自组织网络的公民参与和连接如何形成。而当人们开始思考社区的生产机制时，通常习惯于从公民社会和都市社会运动的政治集体行动维度思考社区（或者相对于国家和市场的“社会”）的生产问题，忽视了大多数的、更日常生活的、非政治的集体动员层面上自组织行为的意义。另一方面，目前对社区生产的研究还无法及时适应“网络社会”背景下的时空结构变迁导致的社区组织过程的变化。而一些关于互联网对社区和社会关系影响的研究，比如，对虚拟社区的研究通常更多关注的是它非地域性的方面，从而容易忽视它对“本地社区”的联系和组织方面的影响。

第三节 研究思路与设想

一 主要思路与内容

本研究试图把信息化背景下社区时空结构的变化与制度因素同时纳入视野，以北京 H 社区及其社区网为个案，着重强调虚拟社区（以社区为基础的社区网或电脑网络）对现实社区的“再地方化”自组织过程的作用。借助于对一个新生的地域性社区网的个案研究，我们试图探究在这个自组织过程中，借助于虚拟社区的生活实践，一个新生的居住区域如何通过社区传统的发明，促进社区认同与社区的想象，进而导致一个社区的生产。

研究的主要立场是，社区不是一个既定的和稳定的集体团结，而是需要不断创造和再生产的集体行动过程。一方面，社区

① 孙立平：《转型与断裂：改革以来中国社会结构的变迁》，清华大学出版社 2004 年版，第 31 页。

传统之发明成为社区认同的重要来源；另一方面，传统的生产过程和传统的重复性实践与虚拟社区共同促进了社区的“想象”。最终，我们可以发现，互联网除了具有去地方化的效应之外，同时具有再地方化的时空重组能力。社区网有潜力成为促进城市社区生产和社区治理的重要媒介。

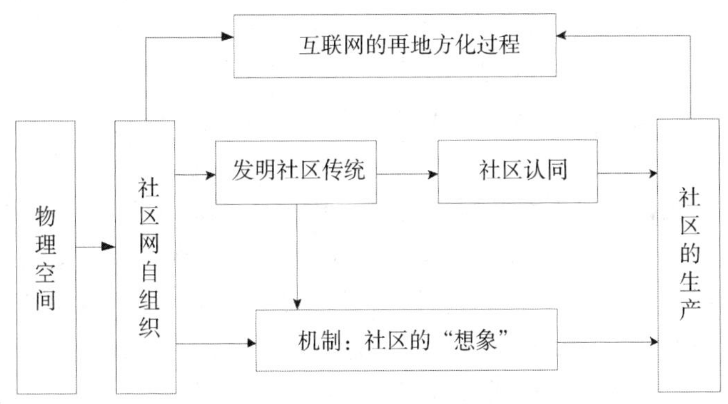

图 1－1 研究思路结构

具体内容上，第二章试图从理论上说明沟通媒介的发展中时空结构的变化，强调现代性的时空分离是一个双向互动的维度。互联网这种信息技术既具有去地方化甚或全球化的组织向度，同时也具有再地方化的组织能力。第三章和第四章则紧紧围绕本书研究主题，试图分析 H 社区网的自组织行为的表现和自组织的功能（也就是如何通过发明社区传统从而促进社区认同）。第五章则试图从理论上阐释社区网的生活实践使社区得以可能的机制，也就是“想象”社区的机制。第六章通过对社区实践和认同的多元化分析，强调多元社区的本质和内涵，进一步分析了多元社区实践最终推动反思性社区的形成。最后一章是对全书的总结，对结论进行概括，围绕着社区网网友关系的性质及多元社区实践在社区治理方面的影响等问题展开进一步的讨论。

二 核心概念阐释

（一）社区网

社区网络（community networks）原初是一个社会学概念。描述的是社区中的社会纽带或联系以及沟通的模式，这是一个社区之网（the web of community）。刻画出社区中消息如何传播以及社会问题如何被处理。这个社区网络是一般的社会网络的含义。而这里的“社区网”则指的是伴随着互联网走入社会核心舞台开始出现的新现象，以电脑网络为根基的“社区网络”。本研究中我们认可道格拉斯·舒勒（Douglas Schuler）在《新社区网络》（*New Community Networks*）一书中的大致定义，即在互联网技术的支持下、以地方社区为根基的、本地社区定位的电脑网络服务形式，旨在有助于复兴、加强和扩展现有的以人为基础的社区网络，增加社区成员对信息的获取和本地决策制定中的社区参与，建构社区意识，在弱势社区中促进经济发展，进而有助于社会资本的发展等①。从根本的意义上，电脑网络在实践层面上也就是一种社会网络。以电脑网络为基础的社区网的宗旨也是促进社区的社会联系和参与，只是它采用了一种新的信息技术作为媒介而已。

（二）再地方化（relocoalization）

再地方化是相对于去地方化的时空向度。后者是一种消解行动的时间和空间限制的社会过程。在交通和通讯技术的作用之下，随着全球化过程，人们的行动越来越超越地方局限，实现跨

---

① Douglas Schuler, *New Community Networks*, Addison - Wesley, 1996, Chapter 1. 由于无法找到这本书的英文原版实体书，只能使用在网上的 Douglas Schuler 这本书没有相应页码的电子版。但是这样一来，当转化为 Word 版后的页码肯定与原书不同。所以此后所有关于 Douglas Schuler 这本书的引用都无法标明具体页码，只能以章节代替。

地域、跨国家甚至以全球为单位的实时互动。这种去地方化既是技术的，同时也是政治、经济和社会的过程，而在全球化过程中，本土的意义并没有消失。相反存在许多本土化的社会运动，旨在保护全球化中地方的价值。在这里的所谓“再地方化”指的是借助于信息技术，比如互联网，本地社会成员在各个层面的社会行动上，无论是政治的、经济的还是文化和社会等方面，重新进行地域性的社会组织和连接。这些信息技术在通常意义上是一种去地方化的工具和交往领域，但是却在实践层面上同时发挥着重新组织地方社会的作用。

（三）自组织

“自组织”是相对于“被组织”的一种组织形态。自组织是自然系统演化的规律。哈肯将自组织定义为“如果系统在获得空间、时间的或功能的结构过程中，没有外界的特定干预，我们便说系统是自组织的。这里的‘特定’一词是指，那种结构和功能并非外界强加给系统的，而且外界是以非特定的方式作用于系统的”[①]。自组织系统就是指一个系统无须外界特定指令而自发或自主地从无序走向有序，形成结构性系统的过程[②]。系统的这个过程并不是在具体行政命令之下运行。吴彤认为，相对应的就是“被组织系统”。后者指的是一个系统在外部具体指令的强制下，被动地从无序走向有序的过程。从理解上看，自组织和被组织可以从行动主体角度来区分。自组织的过程中，行动主体是行动者。行动者接受的是根据无强制外部信息或“参数”来主动做出对环境的反应。而被组织的过程，行动主体实际上是“外部指令”或行政命令。此时，行动者不过是执行这些指令来

---

① 哈肯：《信息与自组织：复杂系统的宏观方法》，郭治安译，四川教育出版社1988年版，第29页。

② 吴彤：《自组织方法论研究》，清华大学出版社2000年版，第7—8页。

组织的被动过程。自组织理论后来不断被用来解释社会系统的运行。20 世纪 70—90 年代，一些学者反思“国家失灵”和“市场失灵”的时候，转而认为，“自组织”是一种最自然、成本低而收益高的协调机制①。

（四）想象的社区

“想象的社区”这一概念经典的出处来自于安德森《想象的共同体》一书。他认为，民族就是“一种想象的政治共同体——而且，它是被想象为本质上有限的，同时也享有主权的共同体”②。这个“想象”并不是“捏造”或“虚假意识”，而是形成群体认同的集体认知过程，一种社会心理上的“社会事实”。这里突出的是群体的“认知和理解”。“所有比成员之间有着面对面接触的原始村落更大（或许连这种村落也包括在内）的一切共同体都是想象的。区别不同的共同体的基础，并非他们的虚假/真实性，而是他们被想象的方式。”安德森认为，印刷科技、资本主义与人类语言共同作用促进了民族这一“想象的共同体”在 18 世纪后的形成。而布劳克兰德则把居住社区也看作“想象的社区”（imagined communities）。“‘想象的社区’作为认为和感觉到‘我们彼此归属’的印象和日常实践而存在。在这些实践中，我们向那些我们归属的人表达自己，借此我们也与一些他人构成‘我们’，或者实际上从‘我们’中排除他们。”③所以“想象的社区”严格意义上并不是一种社区的类型，而是一种实践的和认知的，也是一个形成群体认同的机制。

① 俞可平：《治理和善治》，社会科学文献出版社 2000 年版，第 58—59 页。

② 本尼迪克特·安德森：《想象的共同体》，吴叡人译，上海世纪集团出版社 2005 年版，第 6 页。

③ Talja Blokland, *Urban Bonds: Social Relationships in an Inner City Neighbourhood*, Polity Press, 2003, p. 209.

（五）社区认同

社会认同理论是特费尔（Tajfel）和特纳（Turner）在 1979 年发展起来的。这个理论最初是用来理解群体间歧视（inter-group discrimination）的心理学基础。社会认同就是一个人对他或她归属于一种社会范畴或群体的认识[①]。“社会群体就是个体的集合体，他们拥有一种共同的身份或者把他们自己看作具有同一社会范畴的成员，并在对自身的共同界定中共享一些情感，以及在有关其群体和群体成员身份的评价上，获得一定程度的共识。……而社会范畴化可以看成是一种认知的工具，可以用来对社会环境进行分类和秩序化，进而个体可以采取许多形式的行动。社会范畴化不仅仅是使社会世界系统化，而且也为自我参照提供了定位系统：创造和界定个体在社会中的位置。从这个意义上，社会群体为其成员自身提供了社会意义上的认同化。而很大程度上，这种认同化是相互关联和可以比较的。也就是与其他群体成员相比较。”[②] 个体借此被看作是相似的还是不同的，好的还是坏的。社会认同包括个体自我意象的方面，来源于个体认为自己所隶属的社会范畴。

社会认同的形成过程也是一个社会比较的过程。那些与自己相似的人和自己被范畴化为同一类，并被贴上内群体（in - group）（或“我群”）的标签。而那些与自己不同的人们则被范畴化为他群（out - group）。因此从理解上，我们认为，社会认同也是一个社会分类和区分的过程。在比较和区分中形成内/外群的差异，这种差异，也包括群体之间的冲突有助于形成社会认

① Michael A. Hogg and Dominic Abrams, *Social Identificaitons: A Social Psychology of Intergroup Relations and Group Processes*, London: Routledge, 1988.

② Henri Tajfel and John C. Turner, *The Social Identity Theory of Intergroup Behavior*, *Psychology of Intergroup Relations* (second edtion), Chicago: Nelson - Hall Publishers, 1986, pp. 7—24.

同。这里我们根据社会认同的概念推演出“社区认同”这个概念。“社区认同”指的是，个体对自己作为所归属社区的成员身份的认识。我们认为，社区传统的发明与参与实践有助于使社区成员不断彼此确证其社区的身份和“我”社区的独特性，进而有利于促进社区认同的产生。

三　主要方法

本研究依据实践社会学的分析视角，关注的是社区行动者在一定社会结构和信息技术背景下的实践策略和过程。研究的对象H社区是一个2000年开始陆续开发和入住的新社区。研究者采用定性方法，从这个社区个案入手，试图探究在信息技术的新型空间范畴作用之下，一个新生的居住区如何借助于社区网快速自发组织起来，社区基于这种信息媒介被生产出来的机制与过程。

（一）参与观察

参与社区成员通过虚拟社区组织起来的兴趣团体及其活动，观察居民的（线上和线下的）互动过程与策略。在实地研究阶段，参与了一些慈善活动的组织过程，比如，帮助网友寻找母亲，帮助兔唇宝宝的募捐活动；参与了汽车俱乐部的例行活动；一些社区传统的组织和现场，如社区趣味运动会，新年音乐会和亲子图书馆馆庆等活动。

（二）访谈法

对虚拟社区和日常生活中的社区成员，以及相关社区行动者进行访谈，获得社区发展、社区参与以及虚拟社区对社区重要“事件”组织作用的深入信息。两次调查共计46个访谈对象，具体包括地方办事处和居民委员会工作人员，商家，社区居民和社区网网友。这些访谈基本上都做了访谈录音，有几次访谈由于录音设备问题，只是当场做了简单的笔记。

（三）文献法

收集关于H社区和地区的一些数据和资料，包括地方志，社区网互动的田野资料，借助于社区网建立的各种兴趣团体及其活动信息的资料，社区网上对一些活动的组织和事后总结的资料以及关于H社区和社区网的媒体报道。

四　社区与社区网的基本情况

H社区位于北京城北，南距德胜门约16公里，北距昌平城约18公里，位于八达岭高速路东侧。明王朝初期，H地区是一片牧马草场，附近的西二旗、西三旗就是由牧马军卒的居住地而形成的村落。H这个地名源于当地一个同名的村庄。这个名字可追溯到明代。当时村中央一条大街是通往十三陵、南口、居庸关、八达岭的重要交通古道。明初期，这个村只有78户人家，以农耕为主，只有少数在街两侧经商，村内有屯兵。明朝初期在中心街中央的东侧，建有观宇一座，属于皇家之观。村东的进村路当时叫“香火道”，观的四周是牧马场。

1948年新中国成立后，H村划归昌平五区领导。1949年7月划归昌平二区。1950年成立村政府，1955年村政府撤销，建小乡划归唐家岭乡。1956年H乡成立，隶属H乡领导。1958年成立红旗公社，划归红旗公社领导。1959年8月成立沙河中越友好人民公社，划归H大队管理。1972年归史各庄管理区管辖。1974年9月划归H管理区管辖。1984年H管理区改乡，进而划归乡管。1990年2月乡改镇，归H镇管辖至今。现在，H社区隶属于H镇，而H镇的管理范围除了有H社区之外，还有9个行政村。

从1999年北京市政府开始在本地筹划经济适用房社区开始，H社区进入大众的视野。目前这个社区也是北京超大居住区之一。根据2007年10月H地方办事处提供的资料，H社区有41

个居民委员会，60个小区，总人口已达20余万人。从1999年北京市推出第一批经济适用房开始，H就开始以一个新的超大型居住区域的角色登上北京居住社区的历史舞台。2003年4月，H开始陆续成立居委会，2004年年底成立了地方办事处。目前H社区的后续工程仍在进行。社区区域总面积由32.7平方公里扩到34平方公里。类似H社区这样的新生社区的特点可以归纳为：规模大；居民同质性强，以年轻白领为主；配套设施不完善①。

H社区之所以进入我们的视野是因为它有一个由社区居民自发建立的社区网。在西方社会，这种社区网最早可以追溯到20世纪70年代，20世纪的90年代中期，已经有几百个这样的社区网②。在中国应该是从20世纪末期，随着社区建设步伐的加快，大量新兴社区在城市中出现，进而社区网开始出现于世人面前。H社区网就是这个潮流中的先驱之一。它的前身是2000年3月9日由一位当时想要在H社区购买住房的购房者建立的网页。这位创建者叫QL。开始的时候只是几个页面的论坛，很简陋，访问量很少，慢慢的网站在社区里有了知名度。2001年，QL以H社区名字的拼音缩写对网站重新进行了域名注册。通过这个网站，H里的邻居们可以交流买房、卖房经验，邀邻居周末去踏青，甚至在网上购物。2004年左右，网站做了较大的改版，大体具有了现在的版面和规模。

随着网站的发展和社区成员的增多，社区成员通过社区网成立各种兴趣团体、兴趣俱乐部，组织各种社会活动。比如，组织

---

① 孙立平：《网络与社区的形成》，载《失衡：断裂社会的运作逻辑》，社会科学文献出版社2004年版，第277—282页。

② 对此，在下一章会做一个简要的介绍。而这里的关于20世纪90年代中期西方社区网的发展状况，我们参考的Douglas Schuler互联网上的一篇短文以及他在《新社区网络》一书中的介绍。关于近期西方社区网的发展我们还没有发现新的资料。

了著名的足球超级联赛和社区的运动会，创建了各种运动团体以及开展慈善活动、物品交易等。社区成员交流的话题也远远超出早期关于购房经验问题。在社区论坛中有综合论坛和根据所在小区划分的社区分站。在综合论坛中，包括购房专栏、亲子小屋、轻松上路、家居装修、单身男女、健身休闲、人在职场、文化沙龙、学习园地和站务讨论等近 20 个论坛，以小区为主的几十个分站。在论坛中，话题涉及购房、子女、生活感悟、爱情、休闲、工作乃至文化讨论等。人们可以在这些社区论坛中交流生活体会和困扰，获得情感和信息的支持，并建立自己在社区内的社会关系。通过社区网站内的交流和社会组织，原本陌生的社区成员建立了自己本地的社会网络，而社区也借此得以组织起来。对于一个大多数属于外来移民的地区来说，社区网站起到了加速社区成员联系和社区自组织的效果。而这个社区网由于它出色的自组织，不断得到众多媒体的报道。《竞报》《光明日报》《北京晚报》《法制晚报》《华夏时报》《京华时报》等传统中外媒体都对社区网的网络组织、社区运动会、社区庆典和社区慈善活动等进行了持续报道。

H 社区网的影响不同于帕特南对丁互联网的沟通可能进一步降低社会资本的担忧①。我们在其中可能看到的恰恰是对本地社区的自组织和自发秩序的形成，以及社区社会资本如何在一个大多是外来人口的地方得以增加的可能。或者说像孙立平先生说的那样，成为一种“社会再形成的机制”。我们在这里看到的是一种“去地方化”，甚至可以说是全球化的媒介——互联网正在对本地地域社区的自组织产生影响。这个维度是我们过去常常容易忽视的方面。我们看到一种信息社会中对于以非本地人口为主的新兴社区来说，如何实现社区融合和组织的一种新的路径。赛博

① 罗伯特·帕特南：《独自打保龄》，王列等译，北京大学出版社 2011 年版。

空间和物理空间的相互作用促进了本地社区中“社会”力量的形成。而其中的故事、过程和影响就是我们想要去了解和分析的对象。这种空间的重叠产生的奇妙效应是吸引我们的地方。

五 社区调查过程

社区调查总体上包括两个阶段。第一个阶段是2007—2008年博士毕业论文研究阶段。不过，对这个社区的关注则是从2005年开始，当时笔者还在哈尔滨工作，无意中看到孙立平教授的一篇论文中提及这个社区网。于是，通过对这个虚拟社区的参与，笔者初步了解了一些社区的事与人。当然，开始的两年并没有想把它作为博士论文研究的对象。直到2005年以后，在中国人民大学社会学系学习的过程中，对这个社区网的兴趣越来越大。最终，经过和导师协商，确定了这个问题，并开始田野调查。

2007年夏天，博士毕业论文开题前后，笔者开始试图进入社区。但是，由于当时个人身体等原因无法长期入驻社区。笔者需要从学校骑自行车到地铁站，然后辗转到社区，参加社区活动或者和访谈对象见面。在这个过程中，笔者陆续参加了社区网组织的一些慈善活动（包括针对汶川地震的募捐活动和帮助一位网友寻找迷路走失的母亲等），社区网周年庆典及其部分组织过程，参与了一些社区网组织的其他社区活动，借此与社区网网站的核心人物、一些版主和网友建立了联系，通过他们以及在虚拟社区上直接和网友联络，确定访谈对象。

相当一部分网友的戒备心理使得调查本身并不是那么顺利，这是笔者第一次尝试进行现实田野研究，经验的缺乏造成整个调查比较生硬，对信息的敏感度不够，对社区和社区网的了解缺乏深度。这次调查断断续续持续到2008年春季，直到笔者开始正式撰写论文。

2008 年毕业之后，基于哈尔滨工业大学的学校资助项目，2009 年 8 月中旬，笔者再次回到社区，开展了第二次调查。第二个阶段的调查大概进行了一个多月，通过社区网上的信息，在一个小区短期租了一个单间。这样可以使笔者充分地参与日常现实中的社区活动，便于对社区网网友和社区居民展开访谈。这次调查使笔者接触到社区网上的一些知名网友和版主，也对成熟期的社区网新发生的一些变化有了深入了解。比如，随着社区网点击量的增加、社区人口的集中和设施的完善，社区网开始具有了商业价值，原来虚拟社区内的关系由于一些商业行为的介入产生了一些纠纷和困扰。甚至社区网自身也受到商业力量的关注，开始遭到一些质疑，并产生了另外一个新的社区网。

第二章　互联网时空重组的双重效应：去地方化与再地方化

从信息沟通媒介角度来看，人类社会的发展可以区分为口头媒介，印刷书写媒介和电子媒介时代①。每一种媒介适应并有利于一种社会控制和社会组织阶段。印刷媒介，尤其是电子媒介与印刷媒介的融合促进了“时空分离”，乃至达到社会组织和信息沟通上的全球化。在吉登斯那里，“时空分离”被视为现代性的主要动力之一。但在许多语境下，时空分离所具有的“时空压缩”和全球向度的一面被过分关注，而时空分离同时具有的、在地方层面上的时空重组效应常常被忽视。

社区网是以地方社区为根基的虚拟社区，能够促进地方空间的社会组织。本章将社区网的这种时空效能放置在媒介与时空分离辩证发展的历史和实践复杂性框架下，试图从理论上说明，与其他互联网媒介的去地方化倾向不同，社区网在凸显出互联网具有超越距离和空间限制的互动效能之时，倾向于同时具有再地方化的潜能。

---

① 马克·波斯特：《信息方式》，范静晔译，商务印书馆2000年版。

第一节　沟通媒介的发展与时空分离

从人类作为一个物种的产生以来，人类生活的发展都为两个一贯的物理限制所形塑：物理就近性（physical proximity）和稳定的居所[①]。也就是说，人类大多数的社会生活历史总是受到时间和空间的束缚，必须局限在一定物理地点中。为了保持联系，人们必须使身体在物理意义上保持在一定距离之内。从而，社会互动主要是面对面的形式。但是，随着社会经济政治的发展，人类需要超越“地方”的限制，实现更大范围的社会联系和控制。在这个过程中，各种媒介技术得以发明和运用以超越“身体”或距离对互动的强制性。各种交流媒介的发展就是一个逐渐以技术中介的互动补充或代替面对面互动的历史。人类发展的历史从某种程度上讲就是人类超越“身体在场”的局限，实现更大范围联系和社会控制的发展过程。在各种交流媒介的技术变迁过程中，时间和空间的概念不断更新。物理距离、身体以及符号形式在交流或互动中的意义也逐渐发生了巨大变化。

一　面对面互动与身体共同在场

无论是人类社会生活历史，还是日常生活，大多数普通人是在身体在场的情况下应对日常工作和生活联系。身体的接近是人们产生地域和文化认同的前提条件。不同阶段，人类主要互动媒介分别是面对面口头媒介、印刷书写媒介和电子媒介[②]。在三个不同时期，

① Hans Geser，2003，*Towards a sociological theory of the mobile phone.* http：//socio. ch/mobile/t_ geser1. htm.

② 马克·波斯特：《信息方式——后结构主义与社会语境》，范静晔译，商务印书馆2000年版，第13页。

人们交流的手段或媒介，以及主体之间的关系，观念与行动有明显变化。在这里面所体现出的时间和空间以及身体、物理距离对交流的意义都发生了根本变化。

面对面的身体在场情境中，交流的媒介主要是口头表达以及一系列非语言和副语言符号。就此而言，社会学互动理论以及语言学家似乎更多强调的是行动者的“意识”“想象”以及“语言”资质等沟通能力。而戈夫曼和一些社会语言学家则有意识地关注“身体”与面对面时空因素作用。

一般语言学通常过于强调对“语言”的研究，但却常忽视了具体“言语”过程中各种因素的作用。从语言学角度，语言包括“言语”和“语言”。按索绪尔的划分，言语过程中的语调、话语节奏和语音等被称为“从属的和多少是偶然的”①，是“个人的和暂时的”②，被认为只影响表面特性，不影响基本意义，而“语言”则是“主要的”。因此长期以来，结构语言学专注于语言结构，比如，语法和句法的研究。但在具体会话中，除了上面提到的副语言线索之外，各种非语言符号线索都直接构成了会话的“语境”，约定着会话该如何被理解。如各种身体姿态，眼神，身体的空间处理等。也就是说，在日常面对面互动中，除了“语言”本身之外，同样重要的还有与会话相关的未言明的情境信息和“言语”过程中的许多非语言和副语言线索，比如，各种身体语言、眼神、语音、停顿、语调和语气以及身体空间的处置等，都在传递一些未言明的线索。这有助于帮助双方及时界定、调整、修改和控制沟通的信息，并有效理解言语的意义。

仅仅会说合乎语法的句子不等同于实现合适的人际交往。比

---

① 索绪尔：《普通语言学教程》，高名凯译，商务印书馆1980年版，第35页。

② 同上书，第42页。

如，不同的文化具有不同的“话语模式”，或者说“运用不同的话语原则来组织自己的表达”[①]。如果仅仅从语义本身来理解会话意义，则很容易产生误解。日常互动中的对话不能单纯从字面上理解全部含义，人们必须推导话语的含义[②]。这与常人方法学对索引性表达的分析相似。在常人方法学者看来，日常语言和实践活动就是以“索引性表达”或“索引性活动”的方式进行的。所谓“索引性表达”是指沟通结果“依赖对意义的共同完成且未经申明的假设和共享知识”[③]。索引性的特点是“无尽的索引性”，一项表达的意义必须诉诸（索引）其他表达的意义才可以得到理解。这些被涉及的或索引的表达本身也具有索引性。如此一来，表面上看是孤立的“表达”或“行动”，终究只是这条无限的“索引链”的一个环节而已。在他们看来，人们永远无法找到一个不指向其他表达的终结性说明[④]。

因此，无论是由于所谓的语言的“模糊性”还是表达的“索引性”，日常互动都需要人们对会话的含义进行推论或推理，而不是试图无限地使语言进一步清晰化，或寻找一个不需要索引的“绝对基础”。若要成功实现这种“推理”，互动双方就要具备一些“共享知识”，比如，行为和情境的共享知识，以及对关系和身份的共享知识等。这种共享知识是说

① 罗纳德·斯考伦、苏珊·王·斯考伦：《跨文化交际：话语分析法》，施家炜译，社会科学文献出版社 2001 年版，第 1 页。

② 同上书，第 5—12 页。

③ Flynn , P. , The Ethnomethodology Movement, Morton de Gruyter, 1991 , p. 27. 转引自杨善华《当代社会学理论》，北京大学出版社 1999 年第 1 版，第 57—58 页。

④ 常人方法学正是在这个意义上批评那些传统社会学的所谓的“科学语言”。后者总是力图用最终避免索引性的表达或行动，试图借助一些东西（如规则）试图解决无穷无尽的索引链条。

话者领会对话意义的基础[①]。交际中对话的意义必须结合谈话的特定时间、地点、参与者的特定意图、诉诸行为、事件和情境来理解。这些共享知识就是对互动双方的背景、互动情境的了解和理解。

除了这些与背景和情境相关的知识外，在日常面对面互动中，各种与身体相关的符号或线索形式也对会话的理解产生重要的作用。肯顿对面对面相遇中双方的手势、姿态、视线、身体的空间处理、动作协调以及面部表情等非言语互动的因素进行了大量技术分析[②]。戈夫曼也充分关注那些非言语的符号形式对于互动的影响。他把“个体的表达”划分为“给出的表达”和“流露出来的表达”。“前者包括词语符号或它们的代替物，个体用这种公认的和唯一的方式，来表达他与他人都知道的附于这些符号中的信息。”[③] 这些就是传统意义上的和狭义的传达。而后者则包括范围广泛的行动，他人可以视其为行动者的表征。而且这些“行动”与“表达出来的信息”不同。这些所谓“流露出”的表达“涉及到更有戏剧性和更有场合性的那种传达，即非词语的、可能是无意的那种传达，而不论那种传达是否蓄意谋划的”[④]。这种“流露出”的表达同样会影响他人已具有的“情境定义”。戈夫曼的研究关注的是后者，也即那些看来个体几乎没有留意或几乎无法控制的出自流露出来的印象。在戈夫曼看来，所谓“印象管理”或“印象整饰”的策略恰恰是操纵那些似乎

① 罗纳德·斯考伦、苏珊·王·斯考伦：《跨文化交际：话语分析法》，施家炜译，社会科学文献出版社2001年版，第19页。

② 亚当·肯顿：《行为互动——小范围相遇中的行为模式》，社会科学文献出版社2001年第1版。

③ 欧文·戈夫曼：《日常生活中的自我呈现》，黄爱华、冯刚译，浙江人民出版社1989年版，第2页。

④ 同上书，第4页。

是自然流露出来的印象或信息，做出无意中流露出某些信息的样子，从而给别人以自己想传递的“印象”。

需要强调的是，在“口头传播时期”，基于交通和通讯技术发展的局限，社会互动和社会联系更多地集中在面对面的时空。面对面的互动与部落、村庄以及城市里的街坊这样的小规模群体相联系。此时，口语是信息存储、传播与交流的唯一方式。这个时期具有一些共同特征：社会结构与信息存储之间有密切关系[①]。因为口语交流是面对面的交流，因此权力属于语言流利、记忆力强和对诗歌有渊博知识的人。过去的权威和传统是毋庸置疑和至高无上的，是万物的准则。当然，即使人类社会确实像涂尔干所想象的那样，基于地方的社会组织和情感必将消亡[②]，面对面互动及其情感也并不会因为劳动分工以及通信技术发展而消失。比如，波斯特认为，他所划分的口头转播、印刷传播和电子传播阶段实际上同时存在于现实中。“它们之所以不是相继存在，是因为每一个阶段中的某些成分至少也是隐含在其他阶段之中。信息方式这一概念的逻辑状态既是历史的又是先验的。”[③] 当然，我们可以说，在人类早期社会中，那种面对面的口头传播及其媒介通常是占据主要统治地位的；而在更加晚近的社会发展阶段，印刷媒介和电子媒介逐渐成为超越“在场”和“地方”局限的大范围社会联系与组织的主要媒介。

---

① K. J. 麦克格雷：《信息环境的演变》，丰成君等译，书目文献出版社 1988 年第 1 版，第 38—39 页。

② 埃米尔·涂尔干：《社会分工伦》，渠东译，生活·读书·新知三联书店 2000 年第 1 版，第 147 页。

③ 马克·波斯特：《信息方式——后结构主义与社会语境》，范静哗译，商务印书馆 2000 年版，第 14 页。

二　印刷媒介、交通技术发展与对“在场”的超越

面对面的互动要求身体的共同“在场”，通过直接的言说以及一系列非语言和副语言等与身体相关的符号线索实现合适的理解或互动。而从人类社会的发展来看，其实就是一部人类突破时间、空间与身体“在场”束缚的历史。文明的产生与发展与人类社会生活的空间集中有关。正是在一个相对固定的空间地域范围内人口的集中，人们就此可以产生各种广泛的、复杂的关系，同时组织社会生活的各种方式得以产生，社会分工以及社会整合开始得以发展。涂尔干认为，“社会容量和社会密度是分工变化的直接原因，在社会发展的过程中，分工之所以能够不断发展，是因为社会密度的恒定增加和社会容量的普遍扩大”①。也就是说，人口的数量和人群之间的关系或互动的集合作用才能使社会的分工得以发展。而其中社会密度增加的一个重要表现就是沟通手段、传播手段数量和速度的提高。这一发展逐渐“消除或削弱了各个社会环节之间的隔离状态，意味着社会密度的增加”②。

从这个角度上看，各种沟通手段的发展对整个社会文明的进步具有不可忽视的作用。它使更远距离的人们可以彼此更加紧密地联系起来，促进了更大地域范围内人口社会关系的发展，以及社会有机团结和分工的发展。就我们关注的人类互动行为的主题而言，沟通技术的发展使人们可以超越面对面身体“在场”的时空限制，实现更广大范围内的人际联系，建立更复杂的纽带关系。每个时代所采用的符号交换形式都包含着意义的内部结构和外部结构，以及意义的手段和关系。因此，波斯特所谓的“口

---

①　埃米尔·涂尔干：《社会分工论》，渠东译，生活·读书·新知三联书店2000年第1版，第219页。

②　同上书，第217页。

头传播时期”更强调的是面对面的时空情境，而印刷媒介时期则开始超越这种身体“在场”以及“地方”空间的限制，可以有助于实现更大的社会空间领域的组织和整合。

在波斯特看来，面对面言说是发出信息者和接受信息者共同“在场的交流”，而“书写”则是一方在场的交流。与此类似，吉登斯认为，“语言是时空分延的主要和原始的手段”，并使人类活动可以超越动物经验的即时性①。当然，语言是无法与印刷书写媒介分开讨论的。书写以及印刷媒介是“语言”的物质载体或技术支撑。对于交流而言，文字或语言的书写是“缺场的”或“一方在场的”（波斯特语）。书写和印刷媒介能够超越时间和空间以及身体的在场，从而拓展了交流行为的范围，并有利于文明的传承。

“书写”是思想的外化，是“语言”文字的物质性技术与载体。根据麦克格雷德②介绍，我们可以把书写的发展过程划分为几个阶段：公元前3500年苏美尔人的楔形文字，公元前3000年古埃及的象形文字和字母体系。字母体系是通过书写字母来记录语音的基本体系。它的发明使人类可以通过视觉符号记录和交流思想。除了有利于人类认识与研究历史与社会之外，字母体系发明的作用是有利于大范围复杂的社会控制。麦克格雷认为，字母体系的发明使“一项命令与指示能够严格保持发送时的形式传递到远程接收点。任何应用文字书写的社会，都能在一个广泛范围内维持复杂的政治上的稳定。对于古罗马人……莎草纸再与它们的字母体系结合，形成一个强大的管理网……使得弱小的部落

① 安东尼·吉登斯：《现代性与自我认同》，生活·读书·新知三联书店1998年版，第25页。

② K. J. 麦克格雷：《信息环境的演变》，丰成君等译，书目文献出版社1988年第1版。

变成了强大的联邦乃至帝国”[①]。与此相类似，英尼斯认为，书写媒介是一种偏倚空间并便于运输的媒体，因此，它能够极大拓展行政体系的范围。也就是说，它为社会控制、经验传递和发展创造了条件[②]。

一般而言，印刷术的发明被认为是现代社会得以形成的强大动力。印刷术的产生与发展使更广大范围的信息和知识的广泛传播以及自由交流更为可能。同时它对知识和图书的内容也产生了深远影响。文化作为一个整体开始越来越依赖于书写，而非口语交流。总之，语言（或字母体系）、纸张（以及其他书写技术）、印刷术的发明，使人类可以摆脱对口语交流在时间和空间上的局限。这使人们可以在身体不在场的情况下与更远距离的他人进行交流，产生更大的、更复杂的不局限于“地方”的社会纽带关系。而从社会控制和社会整合上看，这也使人类社会可以实现超越有限“地方”的组织形式，保证更大范围的政治控制和稳定。文明之间的交流也变得更加可行，更加有意识，更加频繁和有效。不过在印刷传播时期，书写与印刷媒介之所以能够超越口头互动的时空，也要归功于交通技术和运输的发展。运输技术上“速度”的每一步提高，都意味着可以对更远距离进行控制，暗示着人与人之间的远距离交流的可能性。也许正是在这一点上，“道路和书写词语”才是“紧密相连的”[③]。而且在麦克卢汉看来，从某种程度上讲，“运输也是一个传播的概念”。长时间以来，信息总是通过交通和运输

---

① K. J. 麦克格雷：《信息环境的演变》，丰成君等译，书目文献出版社 1988 年第 1 版，第 41 页。

② 转引自史蒂文森《认识媒介文化：社会理论与大众传播》，商务印书馆 2001 年版，第 182—184 页。

③ 马歇尔·麦克卢汉：《理解媒介——论人的延伸》，何道宽译，商务印书馆 2000 年版，第 127 页。

技术来传递的。信件、公文以及各种文明的物质载体通过各种交通技术得以流动到其他地域，乃至其他大陆。实际上，在人类社会相当长的时期内是交通和运输技术把不同文明连接起来，从而实现不同文明之间的交流。没有这些技术，这些远距离的文明形态之间难以形成大规模的政治经济和文化的交往。从这个意义上讲，交通技术确实发挥着一种通信或沟通媒介的作用。交通和运输技术的发展使人类沟通和联系可以超越“地方”，并通过其传输信息的传播功能而发挥了超越“在场”的时空条件限制的作用。我们可以从道路和交通技术，乃至动力发展来考察运输和地域联系能力的发展①。

18 世纪之前，道路的路线相对固定，人与人之间的远距离交往只能固定在有限的起点和终点之间。这也就相应束缚了人们与道路的终点以外的他人间的联系。从道路自身的发展看，16、17 世纪的时候，欧洲只有几个主要的大城市之间才有远距离的大道可以通车。18 世纪之后仍然只限于干线要道。从交通技术和动力来源看，马和马车以及人力是陆路主要交通工具。在这个时期，无论是什么交通工具，最高速度一般为 24 小时 100 公里②。这个历史时期无论是工具还是速度都无法满足普遍的远距离的“群众性交往”。工业革命为物质交流的发展提供了基础——铁路和公路，运输设施与技术的发展使工业生产的原料、燃料和工业制品能够运送到各地。也就是说，这些交通技术使获取更远距离的更大的市场

① 这里关于交通和道路的发展简要情况可参见费尔南·布罗代尔《15 至 18 世纪物质文明、经济与资本主义》（第一卷），顾良、施康强译，生活·读书·新知三联书店 1992 年第 1 版。

② 费尔南·布罗代尔：《15 至 18 世纪物质文明、经济与资本主义》（第一卷），顾良、施康强译，生活·读书·新知三联书店 1992 年第 1 版，第 499—500 页。

成为可能。工业革命之后，陆上交通工具的完善迎来第一次高潮，开始大量兴建铁路。同时，道路网络也得到发展，车辆和驿站有所改善，随之交通开始大众化[①]。但是即使如此，也只有“远洋航行开创了世界性网络体系”，正是航海把世界连成一体，并带来人种和文化的广泛交流。布罗代尔对15—18世纪西方经济发展中交通历史的考察表明，正是这些远距离联系能力的提升为西方资本主义发展提供了市场、劳动力和资源。与此同时，在这一时期，空间距离不仅阻碍了经济在更广阔地域间交换，对于人与人之间交往也是一种外在限制。此时，在吉登斯看来，“空间”仍只是一种时间的概念。也就是说，空间距离可以用时间的刻度来计算。空间上的长距离也还意味着时间上的长距离，交通媒介某种程度上就相当于一种沟通媒介。而电信传输则使两种媒介开始分离[②]。恰恰是电子媒介才带来真正所谓的“地域的崩溃”，才可能开创世界范围的“群众性交往”，进而人类才开始布罗代尔所言的“在克服距离的困难”中“征服地域”。

总之，在这个历史阶段，各种交通和通信技术的发展可以使人们超越“地方”和身体“在场”的时空局限，实现更大地域范围的社会联系和社会纽带关系。对于社会整体而言，可以实现更大地域范围的社会控制和管理，以及政治、经济与文化之间的交流。麦克卢汉认为，“媒介影响现存社会形式的主要因素是加速度和分裂。今天……空间作为社会安排的主要因素的功能随之

---

① 费尔南·布罗代尔：《15至18世纪物质文明、经济与资本主义》（第一卷），顾良、施康强译，生活·读书·新知三联书店1992年第1版，第505页。

② 安东尼·吉登斯：《社会的构成》，李康、李猛译，生活·读书·新知三联书店1998年版，第211—212页。

结束"[①]。不过由于人们的社会互动或联系很大程度上受限于交通技术"速度"的提高，因此，即使能够超越身体共同在场或地方的局限，但最终仍然受到时间和空间的限制。因此，对于大多数普通人来说，即使已经不发挥从前那样的决定作用，但是"空间"距离与身体的"在场"因素最终仍然是交往的限制性条件。

三　"在场"与"缺场"相交织的媒介与互动

在印刷媒介传播时代，"运输"就是"传播"。人们可以在更大地域和社会领域中构建自己的社会网络关系，社会控制的范围和社会整合的能力也大大增强。不过，仍然必须依赖于交通工具来实现信息的交换，即使人类已经可以超越面对面互动中身体共同在场的局限，但空间仍然束缚交往。而正是电子媒介开始"废弃了空间向度"[②]。电子媒介把空间从"地点"中分离出来，消息的传递不再受"地理束缚"，因此"地点"对于行动的束缚就被取消了。而在此之前，或对前现代时期的大多数活动而言，时间和空间是通过"地点"来联结的[③]。

19世纪中后期尤其是20世纪以来，以电子设备作为媒介的信息传播与人际交流技术与日俱增[④]。19世纪末期，所有发达国家都有了效率很高的国内电报系统，并通过海底电缆和其他国际

---

① 马歇尔·麦克卢汉：《理解媒介——论人的延伸》，何道宽译，商务印书馆2000年版，第133页。

② 同上书，第315页。

③ 安东尼·吉登斯：《现代性与自我认同》，李康、李猛译，生活·读书·新知三联书店1998年版，第17—18页。

④ 关于各种电信技术的发展过程与状况，如果未加说明，此处主要参考的是特雷弗·威廉斯主编《技术史》（第七卷·下），王前、孙希忠译，华中理工大学出版社1992年第1版，第174—230页。

线路，把世界各地的电报系统联系起来，形成国际性的电报通信系统。1876 年，贝尔和格雷几乎同时发明了电话机。19 世纪 80 年代中期，英国开始建立城市内部的电话网络。1887 年，欧洲已经建立起长途电话网，其电话线路长达 17000 公里以上。20 世纪初，美国电话和电报公司的电话网，已经把东部一半地区的重要城镇都连接起来了。不过，这里需要注意的是，即使是这些电信技术的发展可以实现“缺场”的即时交流，但是人们仍然要相对“固定”在有电话或电报设施的地理意义的“位置”上。各种道路和交通技术的发展，速度的提高，提升了人们在更大地域范围内的运动能力，或者说，人们的社会网络或社会联系的空间范围增强，但此时，身体在这种“运动”过程中的沟通能力仍然是不足的。不过从前我们是受到道路和交通工具的限制，而此时我们则受到了固定在某个具体位置的电话或电报的“地点”的限制。无线电报技术以及无线电话则在进一步彻底摧毁“空间”和“距离”的基础之上，消除了个体“位置”对于交流的限制。

1907 年 10 月，马可尼公司在爱尔兰的克利夫登（Clifden）和加拿大的格拉克湾（Glace Bay）之间最先开办了横渡大西洋的商业性无线电报业。20 世纪 20 年代中叶，英国政府与马可尼公司签订建造无线电通信网的合同。1928 年已经建成了全球范围的无线电通信网。这个网络把各个英帝国自治领之间联系起来。当时这种无线电报业的发展挑战了半个多世纪前已经发展起来的电缆电报业，因为它的费用更低。从 20 世纪初开始，航海无线电通信技术得到发展。车辆与步行的无线电通信落后于航海无线电通信的发展。直到 20 世纪 50 年代以后，许多供私人和官方使用的移动无线电话装置才研制出来。一系列无线电技术的发明和发展，真正打破了空间“距离”和“地点”对于社会交往的限制。人们可以在身体移动的同时与他人进行即时性的身体不

“在场”的或“缺场”的交流。同时，从计算机到个人电脑，再到互联网、无线上网技术和手机互联网的发展道路也逐渐朝向从取消“距离”和物理“空间”的束缚，到彻底取消个体所在“地点”的限制，保证人们在身体的移动之中仍然保持即时的沟通能力。

电子媒介的信息传播与印刷媒介相比对交流行为有不同的影响。简言之，“就是人与人之间符号的交换如今已不再受到时空的制约。如今，从理论上讲，全球范围内的信息瞬间即得，并且只要有电能就可以存取信息。时间和空间已不再限制信息交换”[①]。此时，理论上麦克卢汉的“全球村”技术上是可行的。电子媒介区别于印刷媒介信息交换之处是其在身体不“在场”的空间情境下的“即时性”。也就是说，大多数电子媒介交流都可以使互动双方在不同的地理空间，却能够直接进行沟通。一方面是身体的“缺场”；另一方面是模拟的“在场”或在一个虚拟“空间”中的准共时性沟通，就好像双方正在同一个空间情境下进行沟通或信息交换一样。在这个意义上，电子媒介确实如麦克卢汉所言是“废弃了空间向度”。而在波斯特看来，电子交流手段由于其电子化特点，在某种程度上已经成为一种“新的语言经验”。它们与普通的言说和写作有很大不同。这种情况下，“电子媒介对时空的征服所预示的是，理论及种种机制仅仅再转一转惯例和观念的调谐钮是远远不够的”[②]。波斯特认为，若想恰如其分地描述电子化交流方式，需要一种能够对这些社会互动新形式中的语言学层面进行解码的理论。他借用了马克思的“生产方式”理论，提出了一

① 马克·波斯特：《信息方式——后结构主义与社会语境》，范静晔译，商务印书馆2000年版，第009页。

② 同上。

种所谓的"信息方式"理论，即认为"历史可能按符号交换情形中的结构变化被区分为不同时期……每一个时代所采用的符号交换形式都包含着意义的内部结构和外部结构，以及意义的手段和关系"。在口头传播、印刷传播和电子传播的每个阶段，"语言与社会、观念与行动、自我与他者的关系"各不相同[①]。波斯特想要论证，这种新的信息交换媒介或历史时期，新的语言形式如何改变主体的构成，主体与世界的关系，日常语言世界（观点、态度、观念及意识形态）与"行动语域"的相对独立等新的趋向。

波斯特认为，人们不应该仅仅关注电子媒介信息交换效率的加速或提高，而是更应关注这些信息交换的"语言包装"问题。这些新的语言的形成相当程度上已经改变了社会关系网络，重新结构了其所构成的社会关系及主体。在日常生活中，词与物的指涉关系是相对确定而无歧义的。词语的指涉对象是该词稳定不变的基础。但是在电子媒介交流中，"词"与"物"的关系因指涉对象的丧失而复杂化，从而出现了语言的"表征危机"。当"词"丧失了与"物"的关联，并逐渐取代了物的位置时，语言的"自我指涉"机制被极大化。对于主体而言，"客体则倾向于变为能指流（the flow of signifiers）本身，而不会变成语言所表征的物质世界。在信息方式中，主体要想辨明能指流'背后'的'真实'存在已越来越难，甚至可以说毫无意义。结果是，社会生活已部分地变成一种操作，将主体的目的定位成接收并阐释信息"[②]。总之，波斯特认为，电子媒介交流形成一种新的"话语结构"。"电子的介入改变了这些模式的结构，改变了构成

① 马克·波斯特：《信息方式——后结构主义与社会语境》，范静哗译，商务印书馆2000年版，第013—014页。

② 同上书，第024页。

符号交换之基础的种种条件。”[①] 波斯特这样归纳电子媒介的话语模式：首先，电子媒介会话取消了语境（contexts），创造了新的言语情境（speech situations）；其次，独白式而非对话性的会话；再次，独白式无语境语言是自指性的（self - referential）[②]。

从更广泛意义上，包括电脑网络在内的信息技术或电子媒介更加明显地促进了吉登斯所言的“时空分离”，实现“跨越广泛的时间和空间领域的社会关系的联合，并一直到包括全球体系的状况”。在此，“全球化的概念最好被理解为‘时空分延’（time - space distanciation）的基本方面的表达。全球化使在场和缺场纠缠在一起，让远距离的社会事件和社会关系与地方性场景交织在一起。……全球化必须理解为一种辩证的现象，在一种时空分延关系中，一极的事件会在另一极上产生不同甚至相反的结果”[③]。电子媒介时代，尤其是互联网等信息技术迅速发展的时代，“地方”与“全球”“空间”与“地域”的关系被重新组合。在此而言，“全球化”指的是时空被骤然压缩，而全球空间就是一个“电子空间”，一个“可以渗透疆界和边界的空间”。从而地方仅仅在它与

---

① 马克·波斯特：《信息方式——后结构主义与社会语境》，范静哗译，商务印书馆2000年版，第064页。

② 不过，应该注意，波斯特仍然没有注意到互联网与其它一般电子媒介的区别。其中一点就是，网络互动中的会话不是“独白式的”，而是对话性的。当然，互联网本身是一种多媒体，其内部存在各种亚媒介类型，因此需要分别对待。另一方面，尽管吉登斯认为印刷媒介与电子媒介存在区别，但他更关注并强调，电子媒介与印刷媒介所具有的现代性趋向，以及两者的融合，而没有给予电子媒介本身所具有的独特属性以足够的重视。印刷媒介（比如报纸、期刊和其他种类的印刷品）和电子媒介都是现代性的“抽离化”及“全球化”趋势的表达，也是这种趋势的工具。而且他认为，它们之间的相似性比差异更重要。

③ 安东尼·吉登斯：《现代性与自我认同》，赵旭东、方文译，生活·读书·新知三联书店1998年版，第23—24页。

全球的关系中得以构成，并且它本身也是一个“流动的空间”[①]。当然，交流行为也同样可以在这个打破“边界”的、超越“物理地理”和“社会地理”的“抽象的电子空间”中得以进行。在电脑网络的空间中，时间和距离已不再是交流的困境。交流仅仅基于“语言和想象”，而不是其他任何权力和地理的强制。由于在这个互动空间中，打破了原有的权力和地理边界，电脑网络的沟通系统可以使人们在身体处于任何一个“地方空间”的同时，实现在“全球性的流动空间”中的即时性交流。时间与空间以及空间和地域的关系因此必须被重新组合和定位。

第二节 现代社会发展中时空分离的辩证法

前现代文化中，对于大多数人来说，时间总是与“地点”联系在一起，而且通常是不精确和变化不定的。时间和空间通过空间的定位而联结在一起。而现代的社会组织可以超越物理的现实对许多人类行动加以准确协调。全球化就是“在场”（presence）和“缺场”（absence）纠缠在一起，远距离的社会事件和社会关系与地方性场景交织在一起。不过我们认为，需要关注的是时空结构的转型是一个双向的和辩证的过程。时空分离的影响绝不只是为一个“扩张”和远距化的向度所能概括。笔者可以从现代性的脱嵌和再嵌入，全球化与本土化，以及互联网实践的去地方化和再地方化中发现这种时空结构辩证发展的复杂性和社会关系的双向建构。

一 脱嵌和再嵌入

吉登斯认为，时空分离及其在形式上的重新组合是现代性的

---

① 戴维·莫利，凯文·罗宾斯：《认同的空间》，南京大学出版社 2001 年版，第155—156 页。

主要动力之一。时空分离是“脱域”过程的初始条件。所谓社会制度的“抽离化”，或者“脱域”（diembedding）大体指的是，社会关系从互动的地域性或地方性场景中“挖出来”（lifting out），并使社会关系在无限的时空地带中“再联结”起来[①]。具体上，吉登斯区分了两种脱域或抽离化机制：符号标志和专家系统。

所谓符号或象征标志（symbolic tokens）是“相互交流的媒介，它能将信息传递开来，用不着考虑任何特定场景下处理这些信息的个人或团体的特殊品质”[②]。比如，作为一种抽离化机制，货币就是一种时空伸延的工具。在时间层面上，货币是一种信用手段。空间层面，它可以摆脱物物交易的时空直接性。总之，货币使得在时间和空间上分离的人们之间的交易成为可能，使得交易行为的链条变长，可以允许和促成更大范围的交换。在齐美尔看来，货币作为一种纯粹的工具，或者“中介事件”，处于各种目的的交汇处，可以增加目的论序列链条的长度，从而使人们可以实现更远的、更多的目标[③]。另一种抽离化机制是“专家系统”，也就是“由技术成就和专业队伍所组成的体系”。这些知识体系不断影响社会行动和社会关系的方方面面。与符号或象征标志一样，专家系统把社会关系从具体情景中分离出来。它们都是时空伸延的条件，保证社会系统跨越时空得以组织和延伸。

我们生活的环境中，各种抽离化机制将地区化的实践和全球化的社会关系连接起来，有效组织社会生活的主要方面。但是在

---

① 安东尼·吉登斯：《现代性与自我认同》，赵旭东、方文译，生活·读书·新知三联书店 1998 年版，第 19 页。

② 安东尼·吉登斯，《现代性的后果》，田禾译，译林出版社 2000 年版，第 19 页。

③ 西美尔：《货币哲学》，陈戎女等译，华夏出版社 2002 年版，第 137—139 页。

这个向度之外，还存在社会关系组织过程的另一面。也就是“再嵌入”（re-embedding）。所谓“再嵌入”，吉登斯指的是，“重新转移或重新构造已脱域的社会关系，以便使这些关系（不论是局部性的或暂时性的）与地域性的时—空条件相契合”①。所有的脱域或抽离化机制都与再嵌入之行动的情境发生互动，或者维护或者损害这些情境。在吉登斯看来，所有抽离化机制，无论是符号标志还是专家系统都蕴含着一种“信任”态度。这种信任来自于缺乏完整的信息。就其性质而言，信任是“表现为对某事物的信奉，而不只是认知意义上的理解。……实际上是建立在对‘知识基础’的模糊不清和片面理解之上的。”而就专家系统而言，我们作为外行人或非专业人士并不具有也不甚了解那些时刻影响我们生活各方面的各种社会系统和自然系统的环境的知识。我们只是“信任”那些专门知识的可靠性，这种信任大体上相当于卢曼讲的“系统信任”。卢曼强调的是，信任所具有的化简复杂性的功能②。货币、真理和合法政治权力都属于系统信任的媒介，作为普泛化的交往模式或者吉登斯所说的“抽离化机制”区别于基于个体人格的信任。其中“真理”实际上就等同于吉登斯这里所提到的“专家知识”系统，在高度复杂的环境下，人们对复杂性的处置方式，“其典型的形式是信任专门化的可验证的处理信息的能力，信任功能性的权威，以及最终信任科学作为一种行动系统发挥功能的能力”③。

总之，在吉登斯看来，“信任”是时空伸延和脱域机制的基础，现代性制度的特性与抽象体系中的信任机制，尤其是与专家

---

① 安东尼·吉登斯，《现代性的后果》，田禾译，译林出版社2000年版，第69页。

② 尼古拉斯·卢曼：《信任》，瞿铁鹏、李强译，上海世纪出版集团2005年版。

③ 同上书，第68页。

系统中的信任紧密相关。对这些抽象系统的信赖就是所谓的“非当面承诺”，而“当面承诺”指的是，共同在场的情形下由已建立的社会关系维系的信任关系。“再嵌入”就是“非当面承诺”通过它而被“当面承诺”维系或转变的过程。

如果我们试图转述吉登斯“再嵌入”这个概念含义的话，“再嵌入”就是抽象系统这些脱域机制总是要在地方性场景中与外行人或者普通社会成员相遇。这也就是当面承诺和非当面承诺的交汇之处，或者说是抽象系统的入口之处。这个相遇过程表现为外行人与对这些抽象系统“负责”的个人和团体的相遇。对抽象系统或脱域机制的信任在此必然经历考验。尽管信任并不是潜在于在特定情境下代表信任的个人，或专家系统的代表身上。但此时，高度依赖这些抽象系统代理人或操作者“品行”的当面承诺仍然与那些外行人所无法知晓的知识和技能的准确性一起为对抽象系统的信任提供了双重保证。比如，法官庄重的审慎，医生严肃的职业道德，空中小姐的微笑就是这样的“品行”。总之，对系统的信任需要与对个人的信任有关的当面承诺的维持，或者被其所转变。这个脱域机制重新嵌入当下的地方性场景、并借以被维持和改变的过程就是“再嵌入”过程。

二　全球化与本土化

全球化内在于时空分离之中。在吉登斯看来，全球化就是“在场”和“缺场”的纠缠，就是远距离的社会事件和社会关系与地方性场景交织在一起，就是“世界范围内的社会关系的强化，这种关系以这样一种方式将彼此相距遥远的地域连接起来，即此地所发生的事件可能是由许多英里以外的异地事件而引起，反之亦然”①。时

① 安东尼·吉登斯：《现代性的后果》，田禾译，译林出版社2000年版，第56—57页。

空分离以及全球化的直观表现就是时间和空间的压缩，好像整个全球世界都被压缩为一个麦克卢汉所说的“全球村落”。哈维认为，所谓“时空压缩”标志着“那些把空间和时间的客观品质革命化了以至于我们被迫、有时是用相当激进的方式来改变我们将世界呈现给自己的方式的各种过程”。“压缩”意指，“资本主义的历史具有在生活步伐方面加速的特征，而同时又克服了空间上的各种障碍，以至于世界有时显得是内在地朝着我们崩溃了。”[①]生活节奏和速度的提升，对于空间的征服就是时空压缩的证明。此时，空间收缩成一个“地球村”，时间收缩到了“现存就是全部存在”的地步。总之，人们最终“通过时间消灭了空间”。当然全球化除了体现为这种时空概念的变化外，还有其他一些线索，比如，文化互动的增长，全世界居民面对的问题的共同性，相互依赖的增长，强大的跨国行动者和组织网络，以及全方位的一体化[②]。

我们认为，在逻辑上，“时空分离”的时空重组效应不仅仅意味着“时空压缩”这一直观上对空间障碍的解除和突破，还有一个向度是在“地方”上的重新建构和组织。时空分离应该是一个双向和辩证的过程。空间障碍的消除，不意味着“地方”的意义丧失了。逻辑上，“地方”也因此可以在这些导致世界“外爆”（麦克卢汉语）的技术和过程的作用下得以重新组织和连接。从实际的过程看，全球化的另一面就是本土化。这种本土化常常表现为“全球本土化”或“全球地方化”（glocaliztion）[③]。科恩和肯尼迪将其总结为，“使全球压力与需求逐步适应本土条

① 大卫·哈维：《后现代状况》，阎嘉译，商务印书馆2003年版，第300页。

② 罗宾·科恩、保罗·肯尼迪：《全球社会学》，文军译，社会科学文献出版社2001年版，第35页。

③ 罗兰·罗伯森：《全球化：社会理论与全球文化》，梁光严译，上海人民出版社2000年版，第249页。

件的过程。"我们从全球化中挑选自己喜欢的东西，改变它，使之嵌入和适应本土条件与需要①。当然各种本土化形式，与其他地域性变迁和那些跨越时空的社会联系一样都是全球化的组成部分。比如，地方民族主义，地方自治和地区文化认同的日益增强等。全球化过程中，脱离地域主义或跨国的社会行动和社会组织并没有消灭"地域性"和"地方"的意义和认同。

某种程度上，全球化趋势和许多重新地域化进程相联系，并行发展。莫利和罗宾斯认为，虽然全球化是当今主导力量，但是不意味着地方主义就不重要了。与新的信息传播技术有关的非本土化（delocalization）进程不应该被看作绝对的趋势。"地域和文化的特性永远不能消除，永远不能绝对超越。全球事实上也跟重新本土化的新动态相连。"②这形成了新的"全球—地方"关系，也就是全球空间与地方空间错综复杂的新关系。但是全球化中的"地方"应该被看作是仅仅在它与全球的关系当中且通过这种关系才构成。在这个意义上，无论是所谓全球本土化还是各种地方对全球化的反应，比如，地方自治、地方主义和民族主义，无论是对全球化的适应、欢呼，还是抵制和反抗，都是在与全球化进程的关系中做出的不同的回应。地方及各种地方主义意识的复兴也恰恰是在全球化的背景和过程中得以凸显。

面对全球化，人们确实会担忧是否会造成民族文化和本土文化的同质化问题。瑞泽尔认为，随着全球化过程，社会的"麦

① 罗宾·科恩、保罗·肯尼迪：《全球社会学》，文军译，社会科学文献出版社 2001 年版，第 56 页。

② 戴维·莫利、凯文·罗宾斯：《认同的空间》，司艳译，南京大学出版社 2001 年版，第 157—158 页。

当劳化”会持续扩张[①]。但是，一些人类学家对麦当劳在东亚的发展却展示出麦当劳和地方社会的互动，东亚消费者以潜移默化的方式将麦当劳转化为本土的餐饮。而且，这种本土化过程是双向的：既改变本土文化，也被本土文化所改变[②]。比如，麦当劳在北京、香港和台北等地，无疑都被视为一个休闲的空间，而不是一个速食的快餐空间[③]。麦当劳的快餐文化及其全球化也推动了本土餐饮的复兴以及身份认同。因此，华生认为，“觉得世界各地的文化是‘相同的’，这一看法是一种幻觉，它就像一套厚重的盔甲，掩盖了各地对全球化做出的地方性反应”[④]。

全球化确实会在主观层面上产生一种“全球主义”。“全球主义”大体上指的是把世界作为一个整体的共同意识。科恩和肯尼迪认为，全球主义包括几个主要方面：整体地考虑我们自己；多元文化和跨民族意识增长；反思型社会行动者与现代性；认同的拓展。但在普遍主义的另一面，特殊性与地方或区域认同并没有消失，反而重新得以复兴。如果世界走向一体化和全球

---

① 乔治·瑞泽尔：《汉堡统治世界?! 社会的麦当劳化》，姚伟译，中国人民大学出版社2014年版。

② 詹姆斯·华生：《导言：跨国主义、地方化与东亚快餐》，祝鹏程译，载詹姆斯·华生主编《金拱向东：麦当劳在东亚》，浙江大学出版社2015年版，第48页。

③ 阎云翔：《麦当劳在北京：美国文化的本土化》，祝鹏程译，载詹姆斯·华生主编《金拱向东：麦当劳在东亚》，浙江大学出版社2015年版，第67—69页；詹姆斯·华生：《麦当劳在香港：消费主义、饮食变迁与儿童文化的兴起》，祝鹏程译，载詹姆斯·华生主编《金拱向东：麦当劳在东亚》，浙江大学出版社2015年版，第116—118页；吴燕和：《麦当劳在台北：汉堡、槟榔和身份认同》，祝鹏程译，载詹姆斯·华生主编《金拱向东：麦当劳在东亚》，浙江大学出版社2015年版，第136—138页。

④ 詹姆斯·华生：《作为政治标靶的麦当劳：20世纪的全球化和反全球化》，载詹姆斯·华生主编《金拱向东：麦当劳在东亚》，浙江大学出版社2015年版，第208页。

化，为什么还有这么多的对地方认同的支持呢？对此一种解释是，在各个层面上我们日益的相互依赖，面对共同的生态、政治和安全等问题，我们的同一意识不断增长。然而正是这个全球化进程，已知世界的快速分化甚至崩溃给人们带来了极大的迷惑，人们因此重新肯定那些他们曾经认为是真实的东西。比如，传统、熟悉的世界、地方社区和种族。借此，他们可以获得一种大于个体的力量，承认他们是社会的一部分，分享与他人共同的血缘和相似的命运①。当然，我们认为，也可以从另一个角度来尝试解释这一现象。日常生活中我们通常处于现象学所讲的“自然而然”的态度中，一种不加怀疑的态度。而全球化的快速分化和时空压缩作为陌生情境打破了这种自明的态度。世界系统的复杂性迎面而来，如何简化这种复杂性呢？在卢曼那里，信任是一种简化系统复杂性的机制②。在这个快速分化和全球化、世界迅速向我们压缩而来的时代，通过对传统、地方社区乃至种族或民族的重新认同与信任，划分出内部与外部系统的边界，可以使人们获得某种确定性和社会团结。借此，这种地方认同在某种程度上也就成为一种屏蔽和简化全球化产生的复杂性的机制。当然，地方性环境本身不会自然导致特定的行为以及特别的认同。卡斯特认为，要达到这种结果必须经历社会动员（比如都市运动的参与）的过程。在此过程中发现彼此共同的利益。人们以某种方式分享彼此的生活，新意义就可能产生③。

总之，伴随着时空分离，既有全球化的跨地域的社会行动和

① 罗宾·科恩、保罗·肯尼迪：《全球社会学》，文军译，社会科学文献出版社 2001 年版，第 507—508 页。

② 尼可拉斯·卢曼：《信任》，瞿铁鹏、李强译，上海世纪出版集团 2005 年版。

③ 曼纽尔·卡斯特，《认同的力量》，曹荣湘译，北京：社会科学文献出版社 2003 年版，第 69 页。

组织，也有在地域范围内的复兴；既有全球主义的同一意识的产生，又有地方认同的再生和增加。全球化与地方化或本土化在时空分离过程中形成了复杂的关系，普遍性与特殊性彼此相对于对方来确定自身，这是一个双向和辩证的现象和社会过程。

三　互联网实践：去地方化与再地方化

现代化过程中的巨大结构变迁，比如，工业化、城市化和官僚制度以及技术变迁等使社区发展也面临巨大转型。社区解放论者认为，那种过去的面对面社区已经不存在了。社区已经从地方中解放出来，在更大地域组织起社会成员的社会网络[①]。总体上，威尔曼倾向于支持社区解放论的解释，并且提出了一种“私人社区”（personal communities）[②]或“网络社区”（network community）[③]概念。也就是把社区看作个体社会网络的建构，将之视为一种摄取资源和获取机会的渠道，而不是地域性的邻里或者社会团结（solidarity）。大规模的结构变迁，以及现代的交通和电子通讯技术的发展，使得人们可以跨地域乃至在全球范围内建立自己的个体社区，而无须局限在“邻里”和空间就近性的地域约束中。威尔曼以网络视角和分析方法入手，以社区网络取代邻里社区和地方团结的传统社区观念，试图分析在社会结构和技术变迁中社区形态的转型。这个趋势中，虚拟社区不过就是这

---

① Barry Wellman, The Community Question: The Intimate Networks of East Yorkers, *American Journal of Sociology*, Vol. 84, No. 5, 1979, pp. 1201 – 1231.

② Barry Wellman, *Studying Personal Community*, *Social Structure and Network Analysis*, Sage Publications. 1982; Barry Wellman, Peter J. Carrington, and Alan Hall, *Networks as Personal Communities*, *Social Structures: a Network Approach*, Cambridge University Press, 1988; Barry Wellman and Stephanie Potter, *The Elements of Personal Communities*, *Networks in the Global Village: Life in Contemporary Communities*, Westview Press, 1999.

③ Barry Wellman, *The Network Community*, *Networks in the Global Village: Life in Contemporary Communities*, Westview Press, 1999, pp. 1 – 48.

种网络社区的新的表现形式而已。

虚拟社区不是基于地缘和血缘关系而形成，它是网民基于兴趣、个体意愿和沟通的动机在赛博空间中形成的社区。人们可以跨越地域、甚至在全球范围内建立社会关系和社会团体。不过，就互联网对社会关系和社区的影响而言，一直以来有一种悲观和消极的认识。早期的一项研究在测量匹兹堡新互联网使用者的社会介入和心理健康时，显示了使用互联网的负面效应[①]。他们最终发现，那些更多使用互联网的人变得更少社会介入，更孤独、沮丧的症状增加。即使是在参与者主要用互联网进行沟通时，这种症状也同样发生。与此相似，一些批评者进一步担忧互联网将使人们与整个人际联系隔离，或者人们将被“虚拟现实”的幻影所吞没，失去与“现实生活”的联系。或者人们越是花更多时间在互联网上，就越会与其社会环境失去联系[②]。

电脑中介沟通真的正在吞噬着日常的传统社区和社会关系吗？还只是对新的技术认识和接受上的一种“文化堕距”的表现？我们认为，电脑中介沟通有不同的形式，它既可以用来建立和维持跨地域的关系，也可以在地方层面上重新进行动员和沟通。即使是在虚拟社区中，一个在认知层面的虚拟的“地方”或“场所”也是产生社区认同和归属的基础。地方的意义和认同始终是不可忽视的力量。另外，如威尔曼所言，虚拟社区与所谓现实社区并不是一种“零和博弈”的关系。虚拟社区并没有取代现实社区，反而增加了社区的多样性以及与社会纽带的联系。许多进一步的研究针对早期互联网使用的负面效应的强调提

① R. Kraut, et al., “Internet Paradox: A Social Technology That Reduces Social Involvement and Psychological Well - Being ?”, *American Psychologist*, Vol. 53 (9), 1998, pp. 1017 - 1031.

② Norman Nie and Lutz Erbing, “Internet and Society: A Preliminary Report”, *IT & Society*, Summer Voi, Issue 1, 2002, pp. 275 - 283.

出质疑。比如萨拉·克斯勒（Sara Kiesler）和罗伯特·克劳特（Robert Kraut）研究团队进一步的研究却表明，随着时间变化，例如，以前发现的孤独感等负面的效应逐渐变得统计上不显著，并出现了更积极的后果。更多的使用与主要是积极的后果联系起来。更多的使用互联网的参与者在本地联系上规模有所增加，同时远距离的社会圈子和与亲戚朋友的面对面互动也同样有所增加[①]。

也许正如帕特南所说的，尽管目前主导互联网的商业动力仍然是强调个人化娱乐和商业，而不是强调社会参与，但是最关键的还是“我们将用互联网做什么”[②]。也就是说，取决于我们的实践和选择。因此，帕特南期望，互联网从业者应该努力使得互联网能够有助于重建美国社区，“加强而不是替代以时空为基础的面对面的社交网络”[③]。

一些学者对于互联网会减少日常社区和面对面关系的担忧也正是基于此。但我们应该充分关注的是，互联网的时空重组效应从技术逻辑和社会实践层面上都可以在地方的重新建构和组织中发挥重大作用。既然空间的距离不成为问题，既然在这个空间中我们可以虚拟现实情境实现社会互动，建立和维持社会关系，那么互联网这种电子媒介在地方社会同样应该可以实现它在跨空间甚至全球范围内所发挥的作用。我们把互联网这种效应称为

---

① Robert Kraut, Sara Kiesler, Bonka Bonka Boneva, Jonathon Cummings, Vicki Helgeson, and Anne Crawford, “Internet Paradox Revisited”, *Journal of Social Issues*, Vol. 58, No. 1. 2002, pp. 49 – 74. ; Sara Kiesler, Robert Kraut, Jonathon Cummings, Bonka Boneva, Vicki Helgeson, and Anne Crawford, Internet Evolution and Social Impact, *IT & Society*, Vol. 1, Issue 1, 2002, pp. 120 – 134.

② 罗伯特·帕特南：《独自打保龄》，刘波等译，北京大学出版社2011年版，第206—207页。

③ 同上书，第479页。

"再地方化"（relocalization）效应，也就是指借助于信息技术，比如互联网，本地社会成员在各个层面的社会行动上，无论是政治的、经济的还是文化和社会等方面，实现重新的社会组织和连接。它既可以是纯粹赛博空间内的互动，也可能是借助于互联网媒介实现日常难以实现的草根社会活动的组织，更多的可能是两者兼而有之。这种再地方化的效应不仅仅是一种从技术逻辑层面的推演，它早已经是一种社会生活实践。比如，在各种以城市和本地社区为主要对象的虚拟社区和论坛就发挥着这样的作用。本地成员可以通过这种沟通技术实现联系和交流，对地方社会系统的方方面面展开讨论，时下许多城市社区建立起由社区成员自发组织的虚拟社区。通过这些虚拟社区，本地社区成员实现了在传统的时空条件下难以建立的联系和组织。

这种再地方化效应的一种重要的媒介就是社区网。"社区网"（community networks）不是特指社区中的社会纽带或联系，而是指试图用电脑网络技术来满足社区需要的一种尝试。其主旨在于试图有助于复兴、加强和扩展现有的以人为基础的社区网络[①]。道格拉斯·舒勒认为，在此前许多公民机制，比如公共图书馆，都在历史上起到这样的作用。尽管从技术上，社区网也会提供一些互联网的服务（比如电子邮件等），但是根本上，社区网的重心在于支持本地社区（the local community）。社区行动者与本地机构，如学校、本地政府机构和非营利组织等一起发展这些社区网络。社区网的建设是为了某些社会性目标，比如，通过促进个体之间和社区之间的信息流通，为贫穷社区提供经济机会。社区网络还可以为社区信息和沟通提供电子化的信息网络，

① 关于基于电脑网络的社区网的大致界定除了参照 Douglas Schuler《新社区网络》那本书之外，还可以参考他在网上的一个短小的介绍。http：//www. scn. org/commnet/info. html。

比如各种论坛、电子邮件、互联网服务、与政府的沟通和社会服务的信息和机会等。而社区网最重要的方面是其增加社区事务参与的潜力。这种潜力要比像报纸、电台或电视这些传统媒介更强。在社区网的服务中，除了提供政府部门和非营利组织的信息外，它还具有在线讨论的能力。社区成员可以就关于社区和个人生活的所有事务进行交流。

总的看来，对于互联网的影响，绝不能单纯从逻辑和规范的角度进行分析。我们应该充分关注行动者实践层面的逻辑和应对。互联网的影响也主要在于人们使用它的方式和目的。尽管互联网的媒介技术本身就具有去地方化乃至全球化的向度，但是这种信息技术对时空的解构同样具有“内敛”的一面，也就是对地方社会的重新组织发挥巨大作用。当然，这两个向度并不是彼此排斥的。即使在同一个媒介形式中，也可以同时具有两方面的作用。无论是“人人网”，还是微信“朋友圈”都既是再地方化的，又是去地方化的媒介空间，社区网亦复如是。不过，对社区网的有限研究关注的通常是由政府、非营利组织和社区成员共同努力建立的社区网，或者是关注在社区信息化背景下互联网的使用如何有利于社区治理和社区政务①。随着中国住房商品化，许多新的社区纷纷出现由社区居民自己建立的社区网。这些彼此陌生的社区居民通过这样的社区网来加深社区居民的了解和交流，促进邻里关系的发展。与以上的几种形式相比，这种社区网的形式完全是一种社区行动者的自发行为。北京 H 社区网就是这种新兴的、完全由社区居民自发建立的、以地方社区为基础的社区网。

本章基于对媒介技术变迁及其对互动时空结构的影响入手，

---

① 林尚立主编：《社区民主与治理：案例研究》，社会科学文献出版社 2003 年版，第 268—311 页。

通过对脱嵌与再嵌入，全球化和本土化过程以及互联网的复杂实践等几个方面试图简要说明这种时空分离的辩证过程和复杂性。社区网表现出来的“再地方化”时空重组能力显示出人类实践对媒介的改造与适应能力。这提示我们，对于一种媒介在时空组织的社会影响而言，我们从技术逻辑角度分析的同时，更应该从社会行动者的实践逻辑出发，探讨技术的社会影响。应该集中关注行动者的实践策略、选择、以及行动的过程与机制，避免满足于远距离的、纯粹的规范分析。

第三章　虚拟社区的自组织行为：参与网络和团体的形成

互联网解除了人们行动的诸多时空条件限制，甚至可以达到全球即时的程度。但是我们通常容易仅仅重视这个去地方化的维度，而忽视了这种时空结构的重组从逻辑上还包括一种在本地社会空间的作用维度，也就是“再地方化”过程。从互联网使用的实践逻辑上看，互联网技术确实在地方社会组织中发挥着重要作用。

H社区网增加了社区的参与，促进了社区居民的相互了解。社区居民借助社区网形成各种团体，组织各种社区活动，并不断扩大自己在社区中的社会网络。我们从这个过程中看到的是一种居住社区借助于虚拟社区生产社会资本的过程。无论是邻里，还是相关地区都成为社区的土壤。本章我们关注的是社区网的自组织过程如何产生社区参与团体，这种自组织的表现形式以及它在社区的组织环境中与其他社区相关组织的作用关系。

第一节　虚拟社区的自组织形式

尽管社区网主旨是服务于地方社区，但从本质意义上它仍然是一种虚拟社区。这一点可以从它的网络语言风格、交往过程中网名的运用、自由开放且具有匿名性的论坛等方面得以证明。在社区网业主交往过程中，无论是线上还是线下常常称呼的仍然是网名。甚至一些人在网络上经常交流，但很长时间也并没有形成线下关系。网友 XC 就把“聊友”和朋友分得很清楚。他在本地通过社区网认识并知道名字的朋友关系大概不少于 50 人。但有联系方式（一般指有对方电话）的只有 20—30 人。其中大多是他通过参加登山俱乐部认识的一些人。那些只是在网上聊的“聊友”，经常在论坛上彼此“捧场”，但他从来不试图发展到线下来。但是我们又应该看到，由于明显的地域性诉求，社区网能够使参与者更容易形成有组织的联系以及信任。他们形成了各种各样的社会关系，组织各种群体活动。这些群体活动既有通常意义上在其他虚拟社区可以发现的论坛形式，也有借助于社区网进而建立的各种常规意义上的兴趣团体以及促进邻里联系和沟通的交往形式。

一　论坛和群[①]

前文提到，H 社区网最初只是 QL 的个人主页，在 2000 年，当时的 QL 和其他一些想要在 H 地区买房子的人们在这个主页上交流一些买房的经验。刚开始就是一个关于购房的专栏，后来随着注册用户增加，根据网友的需要和提议逐渐增加论坛数量。随着 H 社区规划的扩展，许多小区不断开始有居民入住，又因此不断在社区网论坛上开辟小区分站。社区网的论坛实际上就是由“综合论坛”和“社区分站”构成。“综合论坛”根据网友的兴趣和偏好，大概由 20 多个分论坛组成。而“社区分站”则由近 30 个小区为单位组成。

---

① QQ 群是多人交流的信息媒介形式。在 H 社区网中，许多兴趣团体都建有这样的“群”，便于团体内成员的交流。当然也会有团体之外的朋友加入进来。当然，现在手机互联技术和微信等自媒体的发展更加丰富了联系的方式。

网友经常参与的论坛通常都是自己小区的论坛和几个感兴趣的“综合论坛”，其中“野猪乐园”通常是大家都习惯去的地方，因此人气最旺。论坛基本上是根据浏览量代表的人气进行排序，每一个论坛都有2—4个“斑竹”①负责论坛秩序。斑竹根据版规，负责审查帖子，给较好的帖子“加精华”。对不符合版面规范的帖子进行删除，或封帖子作者的ID，或作出警告。“野猪乐园”是个兼容并蓄的论坛。“亲子小屋”是关于孩子教育的论坛。其它的论坛基本是以论坛名字所代表的网友兴趣作为论坛主旨。实际上社区网上所有团体几乎都是通过论坛建立并通过论坛联系成员、发布通知。比如，很多体育团体就是通过“健身休闲”论坛筹划建立的，论坛和群是基本的社区网组织工具。论坛的组织作用一方面体现在它作为所有社区网络活动的基本联系和沟通工具，人们可以在这里讨论各自的事情；另一方面则表现为以论坛为单位的组织活动。比如“亲子小屋”这个论坛形成了几个“妈妈群”②，每年都会组织周年庆典，并由斑竹LN组织建立了一个很有创意的“亲子图书馆”。

笔者第一次接触图书馆是在2007年11月2日晚上，当时社区网组织第四届社区趣味运动会的各个社区领队到“亲子小屋”论坛所在的场所开会。站长QL忘记了当天（周五）图书馆开

① 斑竹，也就是“版主”的谐音。谐音和缩写是网络用语中常用的方式。以后本文中“斑竹”和“版主”常常通用。

② 不同类型的妈妈既可以在论坛里直接交流，也可以加入不同的“妈妈群”。大家可以讨论和交流不同阶段做妈妈的经验，这里也成为信息流动和咨询的空间。妈妈们很愿意在这里共享心得和人生感受，实际上这也是一个值得进一步研究的题目，这种“群”和论坛一样发挥着社会支持网的作用。人们从中获取信息、情感支持和实现关系网络的建构。对于这些行动不便，在这个特定生命阶段的妈妈和准妈妈们来说，这个论坛和“群”是缓解压力和紧张，增加社区参与的平台。

馆。当时 LN 和图书馆的义工们正在图书馆庆祝一周年生日，她们买了一块大蛋糕，小灯笼，所有工作人员和来借书的孩子们一起吃蛋糕，LN 陪着孩子们在外面玩游戏。

最初图书馆的创意来自于 QL 的想法，他想成立一个图书馆。当然最初的想法并不是要建一个儿童图书馆。当时，LN 等女性网友认为，这样的图书馆也许没什么必要，她更倾向于支持先搞一个儿童图书馆。她觉得成人的图书到图书馆很好找到，而适合儿童的书就比较难。而且这些书看过之后，孩子长大了就用处不大了，扔掉可惜，卖掉又不值钱，如果搞一个这样的图书馆把网友手中的书集中起来可以给需要的孩子们看。于是 LN 和她的“亲子小屋”的网友们迅速筹建了这个“亲子图书馆”。刚起步的时候，图书主要来自于网友的捐助，图书馆的场所、水电由 QL 负责协调提供。网站和一个小区的物业协调后，由该物业提供了一处十几平方米的房子，协议是一年。不过到了 2007 年 11 月时，QL 说物业还没有跟他说今后该怎么处理。而水电费用好像也一直没有交过。

图书馆的书架和书柜等固定设施由一些商家赞助。工作人员是 LN 在“亲子小屋”招的义工。图书馆于 2006 年 10 月开始尝试运行，当年 11 月正式开馆。刚开始每周一和周五晚上 19：30—21：30 开放，后来周三同一时间增加一次开放。每天有两个义工负责图书管理和借阅，图书馆实施会员制，会员交纳 100 元会费，退出时会费退还。会员每次可以借三本图书，三本杂志，借期一个月，可以续借一次。图书主要是儿童读物以及母婴保健类。截至 2007 年 11 月 21 日，笔者再次去图书馆的时候已经有 132 个会员，当天还有两个新入会的会员。所有会费在留出一定流动资金外，主要用于购买图书和图书馆重大活动的经费支出。这样即使不断有人退出，也会不断有人加入，总体上，仍然能够保证购买图书的资金。图书来源主要是利用会费购买和网友的捐助。比如，有网友搞集体采购后捐助，甚至还有商家的捐助。

2007 年 11 月，图书馆正式开放一年。这一年里，有许多网友，也包括邻近小区的家长带着孩子过来借书，也不断有人向图书馆捐助书籍。LN 说，图书馆就像一个互助会。网友每个人搭把手，通过义工和捐助的形式就可以让更多人分享资源和经验。她甚至觉得，将来等现在的孩子们长大了，也可以发展成义工，可以进一步扩大图书馆的规模，在 H 社区书籍和义工是不成问题的。LN 不厌其烦地给笔者介绍她们的万余册藏书，每一类图书的优点，以及书的来源。LN 很善于与儿童打交道。在我们谈话的时候不断有人来借书，她会给小孩子推荐她认为合适的书，和小孩子聊天。看起来 LN 在孩子们心目中很有人缘。笔者去图书馆的时候已经是 11 月了，这个时候北京的天气已经开始冷了起来。图书馆的小屋里没有暖气。去年冬天就是这么度过的。后来，LN 从家里拿过来一个电暖气。艰苦的环境并没有阻挡 LN 和义工朋友们的热情。由于冬天图书馆内太冷，今年社区网汽车俱乐部的网友 LL 联系了一家咖啡馆，咖啡馆的老板说可以提供空间，这样图书馆可以在更温暖、舒适的环境下开放了。笔者去过那家咖啡馆，老板经历很丰富，人也很开通，他做过老师，后来下海在公司里做过高级管理人员。他说自己也算社区里的人，所以也有义务做点贡献，咖啡馆里也有很多书供人翻阅。图书馆搬过来，店里的服务人员还可以在义工没来的时候帮助图书馆管理图书。图书馆也可以给咖啡馆带来人气。不过，也有义工和网友担心，图书馆可能会与咖啡馆在氛围上不相符。小孩子声调比较高，借书的时候喜欢玩耍，可能会打扰咖啡馆的生意。还有许多妈妈们开玩笑说，图书馆搬家后，每次去借书还得给孩子买蛋糕，这下可要担心钱包了。

H社区网论坛除了像“野猪乐园”“健身休闲”和“亲子小屋”这样接近20个“综合论坛”外，还包括20多个“社区分站”。这些分站就是以各个小区为单位的论坛。大多数网友常去的论坛中通常都有自己小区的分站。社区网组织的社区趣味运动会通常也是以各个小区为单位来组织网友，小区的组织者通常就是小区分站的斑竹。几乎每一个小区分站都有一个甚至多个自己的QQ群。住在同一个小区的网友可以在这个QQ群里交流和联系。每一个群都有至少一个“群主”。许多分站论坛同时也是小区邻里组织的空间。

> 社区分站斑竹RY：我们小区在夏天，过去常常组织大家去喝啤酒聚会。呵呵！尽管形式挺俗，但是重在促进交流。也有小区通过论坛组织小区自己的运动会和晚会等活动。
>
> 社区分站斑竹FL：我们那个是针对特定小区的论坛。我们那会儿面临收房子啊，要带领着大家叫维权也好，或者叫监督自己房子的质量也好。有的时候我也牵头来做一些事情。比如号召一帮人，发个帖子然后组织大家看看房子，去看看装修，了解一些装修知识，相互讨论些什么。

FL说，有时候有的小区网友与物业发生纠纷，会有一些网友和社区积极分子组织起来帮助他（或她）去交涉。而在一些社区网组织的大型活动中，比如，每年趣味运动会和周年庆典这样的传统活动，也常常是以社区分站代表和组织各个小区参加。分站斑竹同时就是小区的领队。类似居民委员会，社区分站也是各个小区的准社区组织。

二 “非组织性”团体活动

“非组织性”团体指的是那些没有固定组织成员，没有确定的组织结构，面向所有社区网成员开放，通过社区网组织的群体。它们的活动具有随意性，也没有明确的、固定的组织者。比如旅游、慈善活动和集体采购这些组织活动。实际上在H社区中大多数活动都是“非组织性”的。这些活动的组织过程与社区网网站方面没有直接关系，是完全自组织活动。任何人都可以组织旅游、慈善公益活动和集体采购，以及其他包括体育活动在内的、所有你可以想象到的社区活动。当然，像体育休闲等活动大都需要某种默契，通常都是以某种程度的“组织”来实现的。同时旅游有时候也是以某些兴趣团体为基础发动组织的。比如在他们的汽车俱乐部中，LL和RY就经常组织会员自驾车旅游，游泳俱乐部、单身俱乐部和登山俱乐部都在某些节假日组织户外旅游。因此某些活动既可能是“组织性”的，也可能是“非组织性”的，而慈善公益活动和集体采购等活动则基本上是非“组织性”的集体活动，基本上是由网友个人根据意愿来动员网友参加。

在社区网上有一个“集采地带”专栏，网友可以通过这个版面来发布集体采购的召集信息。一般参加集体采购的主要目的是能够在价格上获得优惠，同时也能在有时候节省一些时间和精力，在这个版块也有关于集体采购的投诉。如果网友认为在购买中遇到不公可以投诉组织者，这种投诉也成为组织者声望的标志。早期的集体采购是以装修为主，许多网友在装修过程中都是通过社区网组织的集体采购，参加者包括许多装修公司、销售建材的公司和社区居民。一位搞水电维修的商家ZF曾跟笔者说，他的业务中大部分都是通过社区网获得，每年他都会参加新开盘小区的集体采购。许多相关行业的公司和社区居民在一起商谈价格，洽谈业务。每一次这样的机会他都能拿到几十家的业务。在本地的装修业中，这种集体采购活动非常普遍，除了这种装修的集体采购之外，生活中任何需要的东西都可以通过这种形式来集体购买。大到家电，小到孩子的奶粉都有网友召集集采。

非组织性活动的另一种形式是慈善公益活动。这种公益精神已经成为H社区的某种传统，并被媒体广为报道。QL跟我说，尽管社区网是一个H社区的网络，但是实际上组织的捐助活动几乎都是针对非本地社区的人。他的记忆里只有一次是H社区的一个网友得了重病，网友组织了一次慈善义卖活动。甚至现在由于社区网的社会知名度增加，许多其他地区的人都知道H社区网网友热心公益，许多人注册一个用户名在论坛里求助。

从表面上看，任何人都可以组织这种慈善活动，你可以在论坛里发个帖子，说明情况。斑竹通常会给这类帖子置顶，然后许多网友了解到情况会去跟帖或参与。尽管从规则上看任何人都可以组织慈善捐助，但是按长期报道社区网的记者XK的说法，这里还是有一种“潜规则”在发挥作用，因为这里涉及一个信任的问题，只有那些在网站有一定知名度或声望的网友才更能得到响应。

> XK：比如说你——郑中玉，或者我——XK去发帖子组织这些活动，估计就不会有什么人去响应。因为我们没什么知名度，大家不了解我们，因此也就不信任我们。大家都担心怎么用这些捐助的钱和东西，没有这种信任，这个活动肯定不成功。你看社区网上那些组织得很成功的那些（慈善活动）基本都是在论坛上很有名的网友所倡议的。

网友的反应取决于发出倡议的野猪自身的“声望”和信誉等因素。对于那些资深的、在社区网有小圈子的网友或斑竹的倡议来说，即使是大多数网友并不直接认识这些倡议人，但是基于他们在社区网的这种“声望”和长期积累的“信誉”使他们更可能获得大家的信任。

事实确实如此，至少目前笔者所了解的慈善捐助活动或者由一些知名网友组织，或者是站方和知名网友合作参与组织。2007年，可以随便找到记录的慈善活动就有6次之多。其中笔者也参加过两次。一次是由网友LM和一些朋友组织的，帮助一个兔唇孩子治疗的捐助活动。另一次是汽车俱乐部组织的帮助网友寻找走失母亲的活动。这两次活动组织得都非常不错，有明确的策划和众多网友的支持。比如，LM组织的那次活动中，LM和QL甚至为这次活动特意制作了一个网页。事件的起因、进展、捐款的明细情况都在网上随时发布。网友可以在网上留言，了解近况。截至2007年11月2日，该项活动获得捐款24225元，活动过程中，有许多网友献策献计，甚至还到医院慰问那个孩子和他的母亲。该项慈善活动得到许多媒体的跟踪报道。另一个比较有影响的慈善活动是由社区网上的一个俱乐部——汽车俱乐部组织的。2007年7月，H社区一位居民的母亲从她姐姐家出来后就失去联系，她为了找母亲辞掉工作，甚至还专门做了一个网站来收集信息，各种手段都尝试了，到了8月份仍然没有结果。后来她在社区网上注册了一个账号，8月15日，她发了求助的帖子，但是一段时间后也没有引起特别关注，后来她找到站长，QL给她出了一个主意，然后由汽车俱乐部的几位核心人员负责策划了这次寻母的活动。由俱乐部和其他网友出车，社区网的几十位网友做义工，2007年10月27日，到北京几个郊区县寻找线索。站方和一些网友发动了几家媒体，包括电视台，全程跟踪采访。随后几天，真的有人看到电视节目后提供了有价值的信息，找到了网友的母亲。

无论是由个人还是一个组织（兴趣团体）来组织的慈善活

动，严格意义上讲都是非组织性的，因为他们都不是专门从事慈善活动的组织，社区网和这些兴趣团体只是组织这些慈善活动的动员基础而已。慈善行为已经成为H社区，尤其是社区网的一种精神或传统。QL大致估计，“每年通过社区网，网友的捐助都不低于10万元”，这里不包括那些捐助物品的价值。许多北京其他区域的人都是通过这些慈善活动知道H社区网的。不过由于这些活动都是网友自发组织，网站方面并没有严格管理和控制，所以也存在一些隐患。比如近年有一些大家还不熟悉，而且注册时间比较短的网友组织慈善捐助，由于不熟悉他们，就无法产生信任感，所以应者寥寥。有许多网友甚至怀疑这些事情是否是真实的，是否存在欺骗。2007年11月20日，LL发布了一个关于启动“H社区网募捐管理草案”的帖子，声明今后社区网上的网友组织慈善捐助活动必须在站方进行一系列登记，经过审查核实后才能在社区网上组织活动。尽管有的网友认为，“本来组织捐赠很多是热心人组织，本来就是可捐可不捐的事情，这么复杂的程序看似很合理，捐款效果可能好些，但对捐物，会打击组织者的积极性。当然，对时间充裕的组织者除外”。但总的看来，这种管理还是有必要的。

社区网上的慈善活动还有很多，比如，每年都会为一些边远山区的孩子们捐款捐物，为西藏和内蒙古一个地区常年捐冬天的棉衣，救助一些患了重病的儿童等[①]。当然还有其他非组织性团体活动。比如，2007年12月2日，“文化沙龙”论坛组织了一个活动：“以音乐和诗歌的名义：抵达——XX先生演唱会”。一

---

① 2007年，比较大型的就有两次救助两个同名孩子的活动。一次就是“微笑墙”计划救助一个兔唇宝宝的治疗，另一次是为一个白血病儿童的捐款。用QL的话说，热心公益早已经是H社区网的传统。随着不断有社区外的人了解到H社区网在公益上的作为，许多人主动在社区网上寻求帮助。由于社区网毕竟不是慈善组织，已经有网友担忧出现“爱心赤字”。一位记者还为此作过一个报道。

位网友请了一位少数民族歌手为大家演唱他的作品，一些网友也可以把自己的新诗和大家分享，地点是笔者常常去的那家咖啡馆。据老板说，当天也是他们室内壁炉的“处女秀”。当天报名的有20多人，最后咖啡馆座无虚席。笔者在和一位网友见面之后，转路就去旁观他们的活动。那位歌手坐在壁炉前演奏吉他，唱着一首乡村歌曲“乡村路带我回家（country road，take me home)”，然后又用他的母语唱了一首关于母亲的歌曲，歌声委婉悠扬，和身后壁炉中暖暖的火光涤荡着听者的心灵。随后又有一些网友把自己的诗作与大家分享。在“文化沙龙”论坛上，经常有网友组织这种类型的活动。

除了这种具有明显论坛性质的沙龙外，还有许多网友根据兴趣和需要随意组织的沙龙，通过“活动通知”发布沙龙的信息。我们说它是“非组织性”的原因在于没有一个结构化的“组织”来操作这些活动，但是无一例外的是，这些非组织性活动的组织同样需要社区网（比如文化沙龙版）形成一个氛围或受众基础才能获得响应，而现在举办多种多样的活动已经成为H社区网最独特，也是最吸引人的地方。在一个网友生日会上，许多网友告诉我，社区网人气高最主要的原因可能就是组织和参与这些群体的人非常多。

三 “组织性”团体活动

前面谈到的非组织性团体活动说的是，在H地区那些不具有常规意义上的“组织”，而更多是即兴发起的群体活动。这里谈的“组织性”团体活动则是指，那些开始或者已经具有一定组织架构和相对固定参与者的团体。在这一类别的团队中最大比例的还是以体育兴趣俱乐部形式出现，比如，足球、篮球、羽毛球、排球、网球等俱乐部。这些球类运动俱乐部在组织程度上各有不同。从足球超级联赛和篮球联赛中组织性最强、具有一个相对正式的组织和管理机构的俱乐部，到尽管没有形成一个固定赛事但有相对固定会员，并经常性组织活动的俱乐部，如各种羽毛球和网球俱乐部等，再到那些比较松散、具有一定活动规则、随意性组织活动的兴趣群体。无一例外，尽管他们在组织程度上可能会有很大差异，但这些组织性团体都具有一些成员稳定、组织者和经常性的活动，这是他与非组织性团体活动不同的地方。其中，除了运动型团体外，当然还包括其他各种兴趣团体。

这种组织性的差异不仅体现在不同自组织的群体中，而且也体现在一种时间的维度上。即使是目前作为最具有组织性的团体活动的足球联赛也是在由早期松散的“约球”发展而来。刚开始就是一些喜欢踢球的网友在社区网上相互约球，也没有想组织什么联赛。后来的联赛组织者 DF 在一次接受采访时介绍了当时的过程，业主们想要组织起来建立球队是源于一次和 T 社区的比赛，“有个叫 911 的网友比赛后叫了 10 多个人同他一起去了 H 附近的一家饭馆，大家一边吃饭一边商量组建足球队的事，当时吃饭的那个包间名字正好叫中南海，因此我们就把这次会议叫作‘中南海会议’。”

那次聚会后成立了第一支足球队，后来又有了 5—6 支队伍。随着球队越来越多，大家就有了举办联赛的想法，经过努力，主要由社区业主 8 支队伍参加的第一届足球联赛于 2004 年诞生。当时的比赛没有赞助，完全是大家分担费用，接着这个赛事就继续举办了下来。从 8 支到 12 支，再到 20—30 多支队伍，赛事的队伍不断扩大，逐渐成为现在非常知名的超级联赛①。

组织性其次的是，尽管没有组织联赛，但是形成了俱乐部形式，并有日常固定活动的兴趣团体。目前这种兴趣团体仍然是以

---

① 在参加社区网汽车俱乐部组织的帮助网友寻找母亲活动的途中，随行的记者 XK 甚至认为，现在恐怕足球超级联赛的知名度要高于社区网了。

球类为主，目前社区内大概有十几个羽毛球俱乐部，一个排球俱乐部，两个网球俱乐部和游泳俱乐部等[①]。这些团体都具有一定的固定会员，并能经常性组织活动，这些俱乐部大多是通过社区网发布活动通知，会员自愿参加，网上报名，并伴随着经费使用的公开。相对于组织性更强的足球俱乐部，这里的大多数活动都还具有一定开放性。每次大多允许一定数量的“散客”参加。

这里以笔者所参加的一支羽毛球俱乐部活动为例。大多数活动都有活动通知，比如涉及这次活动组织者、俱乐部的基本情况、活动人数限定、活动费用、时间、地点和场地，以及活动需要注意的事宜，甚至还会对以前的活动做个简单总结等。在登录社区网后，你就可以进入首页的活动通知，选择自己要参加的队伍，确定报名人数，留下联系方式。我参加的羽毛球俱乐部是一支组织了一年半左右的队伍，常年会员大致保持在 50—60 人，同时并不拒绝“散客”报名，在社区羽毛球界应该算是参加者比较多的。至于参加者的水平，根据组织者 LIN 的说法“应该是中等吧”。一般每周在周三的 20 点到 22 点和周日 17 点到 19 点之间，在体育公园网球场举办两次固定活动。常年预定四块场地。由于场地面积有限，每次活动限定一定人数，一般周三参加者要比周日少，规定是先报名者为先，但是许多时候报名人数都会多于限定人数，常常场边要等很长时间才能轮到，为解决这个问题 LIN 也很头疼，因为这个活动毕竟是比较松散的组织，因此也不可能有什么严格强制力约束大家的报名，组织者 LIN 有一段时间曾在活动通知中特意用红色的字体来强调限定人数，但通常也作用不大，后来也就听之任之了。笔者每周都参加周日的那次活动，在大概下午 15

① 如果没有加以特殊说明，文中关于社区团体和组织的情况都是基于 2007 年下半年和 2008 年初的调查，2008 年之后的发展并没有体现在正文中。比如，2009 年以后，网友们也开始成立了羽毛球超级联赛。

点30分出发，坐公共汽车转地铁到H社区下，然后步行15分钟左右到达体育公园。如果不堵车的话，全程大概近1个小时的时间，许多时候笔者来得是最早的，也可能是路程最远，然后，组织者LIN匆匆而来。LIN感觉似乎有一点腼腆，不过人很热情，他建议笔者参加一个初学者的学习班，并在QQ群里跟笔者说“有什么事情招呼一声，H社区人民很热情，别客气”。

LIN球打得很不错。不过有一次他跟笔者说，在H地区他的水平也就是三四流之间。作为组织者，LIN负责发布活动信息，创建了一个QQ群[①]，方便大家交流。大家打球的时候，他会维持一下秩序，提醒大家打过一轮后让给别人打一局。许多时候两个小时下来，LIN大多也只能打两三次。活动的成员一般包括会员和散客。无论是什么类型成员都要在社区网上报名，按规定是拒绝“空降”[②]的。散客每次把活动经费给他，会员则交会费。这个会费实际上就是活动经费。不过算起来要比散客便宜一些。每次直接从他那里划账就可以了。除了常年参加活动的会员之外，在活动过程中，大多数人并不互相认识。大家都是以社区网网民身份报名参加，锻炼身体。很多时候还是以网名彼此称呼，这实际上也是社区网组织活动中的一个特点。有几个和笔者差不多一起开始参加这个队伍打球的球友，经过几个星期的活动，逐渐开始有些熟悉了，休息的时候交流互相打球的经验，慢慢也开始聊点儿其他事情。

在H社区的羽毛球兴趣团体中，笔者所参加的这个俱乐部是会员最多、开放性最强的组织，对参与者水平基本不加限制。在其他俱乐部中，活动的开放程度不同，有的是完全对外开放。

---

① QQ群是社区网上许多团体都有的群体沟通方式，几乎所有的有组织的团体都有自己的QQ群。许多小区分站也有一个甚至几个这样的群。

② “空降”的意思是没有打招呼就突然来参加活动。在社区网的许多活动通知中，都会有一条规定就是：“拒绝空降”，也就是拒绝不报名就贸然参加活动。

会员与散客的权利区别只在于费用上的差异，都要统一报名。我所参加的俱乐部基本属于这种完全开放的团体，而更多的俱乐部实际上是有会员身份限制的，固定活动一般都限制在会员内部，偶尔会对非会员开放一定名额，同时对参加者的水平常是常也会有一些要求。这些活动场所通常是常年固定，集中在体育公园的网球场[①]，两所中学以及一所小学的体育馆中。至于报名形式，这些团体通常都是以网上报名为主，也可以通过俱乐部的 QQ 群和短信报名。这些组织虽然有些松散，但一般一定时期都有固定活动，比如网球和羽毛球俱乐部差不多每周都会有几次活动。

组织性再次的是那些松散、活动不固定、具有随意性的俱乐部，比如社区网汽车俱乐部，单身俱乐部和一些如杀人俱乐部这样的游戏兴趣团体。H 社区目前有两个汽车俱乐部。其中社区网汽车俱乐部是副站长 LL 和 RY 等人在 2006 年组织成立的，现在（2007 年）有 100 多名会员。这个小团体结构很松散，也没有什么固定活动，不过会员可以在汽车保养等方面的一些服务以及相关商品购买方面得到优惠。比如，一些服务通过团购的形式可以使会员得到一定折扣的优惠价格，这是经过 LL 和 RY 等组织者和许多商家谈判后得到的优惠，有时候俱乐部也为会员代办一些汽车服务的业务。俱乐部日常没有什么活动，更多是以俱乐部的名义在节假日组织自驾车旅游[②]，2007 年社区网策划的帮助网友寻找母亲的活动是以俱乐部名

---

① 虽然说是网球馆，但是这个馆只有一个网球场地，其他都改成羽毛球场地了。

② RY 告诉笔者，在俱乐部建立的早期，他借助于职业之便，发展组织过一些讲座活动，比如保险之类的，非常受欢迎。不过他对现在汽车俱乐部发展前景不乐观。按他的预期，根据 H 社区的人口基础，这个俱乐部应该达到 1000 人的规模。但是经过一年，会员仍然保持在 100 多人。究其原因，他认为，一个是早期组织经验不足，可能是收取会员费的负面影响。尽管组织实质上是非营利的，收取会费的本意是组织一些活动需要启动资金。收取会费当初在几个组织者之间也是有争议的，但是最后还是执行收取会费，尽管规定退出时会费也会退回，但可能已经对俱乐部扩大产生了不好的影响。另外就是几位组织者的精力不够，难以经常组织俱乐部的活动，而缺乏活动必然使组织缺乏活力和人气。

义组织的。和论坛一样，各种兴趣俱乐部无论是有很强组织性的，还是结构松散的，同样都具有组织和动员资源的能力①。

第二节　虚拟社区的自组织与组织

自组织与被组织的区别是，是否由外部力量来安排“组织”的运行。H 的社区网从产生、发展到日常的运行都是一个自组织的过程。但是社区网在运行中一方面要面对自身的组织问题，另一方面要面对社区内的其他组织的影响或作用。这里我们涉及的就是关于社区网的自组织过程中，它自身的组织状态，它与其他组织在社区生活实践中的关系和相互作用。这些其他组织包括居民委员会、地方办事处以及社区内商业组织等。

一　虚拟社区自组织的组织

前文提到，自组织相对于被组织，它本身也是一种组织的形态。“组织”可以指一种名词性的含义（organization），也可以是一种动名词性的含义（organizing）。前者指的是一种架构上的“组织”，它有实现组织目的的实体或机构；而后者则指的是一种动态的组织过程。这里谈虚拟社区自组织的“组织”（organization），我们关注更多的是前者的含义。我们试图关注作为一个自组织的产物和过程，社区网运作的内部组织关系，也就是内部各部分之间如何衔接。

① 2007 年 10 月末组织的“寻母”活动中，笔者所参加的羽毛球俱乐部的组织者就在 QQ 群里动员自己的会员去做义工。帕特南强调，公民参与网络作为一种重要的社会资本形式的作用。在这里，我们看到各个兴趣俱乐部的参与团体和网络本身也发挥同样的作用。而通过社区网又可以把这些不同的“网络”连接起来，形成一种“网络之网络”。当遭遇类似某种集体事件，这些“参与网络”以及“网络之网络”可以有效动员起来。在汽车俱乐部组织的“寻母”行动中得到充分体现。

(一) 网站的发起与组织结构

2000 年，QL 想要在 H 地区买房子，那个时候他常去新浪的一个房产社区，有 T 社区的栏目，大家都在这里讨论社区话题。其中，有一个栏目就是“网友评楼”。

> QL：在这个栏目里，大家就讨论 T 社区的话题。也有别的社区的，挺乱的。我就给版主建议能不能建一个 H 社区的论坛，当时版主说 H 一期结束了，二期还没开始，等二期开始后再开。当时，我就有点等不及了，就自己建了一个，呵呵！
>
> 我：那时还是挂在那个网上吗？
>
> QL：不是，那个时候免费的域名特别多。我用的是免费的空间、免费的域名，chinaren 的二级域名，我记得，我就建立一个简单的，也是免费的论坛。一申请就完了，很简单。唯一的推广是发了一个信息，说 H 社区的网友请到这里来。
>
> （2008 年 1 月 17 日访谈）

2000 年 3 月 15 日，QL 发了一个“光临指导”的第一条帖子。第一个访问者是网友“小白”。“建这个社区网也不是为了宣传 H 社区，而是想要得到更多信息和建议”。刚开始的时候非常简陋，每天只有几个人的浏览量，那个时候社区网的主题性和目的性更强，版面的主要内容也只是关于房子的相关信息和交流，比如关于装修、购房经验和经济适用房等的讨论[①]。但是，

① 实际上，访谈中发现这种较强的目的性在那些准备或者刚刚在 H 社区购房的居民那里比较普遍。当然等到完全在那里定居之后，这种明显的目的性就降低了，讨论的话题就转向日常生活。

由于是免费的空间，对信息数量有限制，QL 萌发了自己做论坛的想法。

QL：免费论坛有个帖子数的限制。超过 800 条信息之后，自动把以前的信息删掉了，我觉得很可惜，就琢磨能不能保留这些信息，然后就开始研究，做自己的，那个时候也不会做论坛，想建一个自己的论坛系统。然后，在网上找了个论坛代码，是香港的一个空间，免费的。用这个论坛调试，调成之后呢，慢慢改。

新论坛后来也有问题，它是文本的数据库，说白了就是没有用数据库，超过 3000 条信息以后，帖子就乱套了。后来我请教了一位论坛作者，他有个论坛，我请教他怎么弄。原来论坛有免费的，有卖的。后来，他把卖的那个给我用了，但还是不行。他说帖子量大了以后，文本结构满足不了需要，得弄数据库，然后，我就开始自己学数据库。

（2008 年 1 月 17 日访谈）

他指着办公室里一台非常老旧的电脑，告诉我，“当时就是用这个 286 电脑做的网站。”他利用春节的时间修改完，春节之后放在网上测试，但是仍然很容易死机。

QL：没有办法，就废掉了。再后来，我开始在网上找了一个函数，在这个基础上一点一点写，做成现在这个微软系统。

我：从什么时候开始，有自己的投入，买服务器什么的？

QL：从 2001 年就有了，当时有免费的。后来免费的就逐渐没有了。开始申请空间，因为访问量比较大，有流量限制，就被关掉了，需要申请1万块钱的空间，我承受不了。后来有个网友是一个网管，管服务器的，他在服务器上给我开了一个免费的空间，提供了一段时间，再后来就买服务器了。

（2008年1月17日访谈）

随着规模的扩大，网站的主题也不断增加，这个时候网站开始成为一个交流日常生活经验的领域。那些或者已经入住，或者准备入住，或者打算在H购房或租房的人在社区网上的沟通远远超出了网站创建者的初衷。关于装修和住房问题只是重要话题之一，论坛中有“家居装修”“购房专栏”“邻居评楼”三个属于这种话题的论坛。其他的几十个论坛中，日常生活世界的个人生活则成为话题的主体。

关于社区网的发展，站长QL和副站长YCT都分别表示，“没有怎么想”“想到哪儿，做到哪儿”。副站长LNN[①]也认为，网站的成功就来自于“不是目的性很强”，或者说是“无意识的产物”：

有时候，你的目的性特别强反而做不成。我最近在网上找到一本书叫《成功长青》，作者采访了全球200名成功人士。我看了一下简介，它实际上强调的就是你一开始目的性特别强，你不一定能成功。你只是特别热爱一件事，然后你去做每一件、每一件的小事，到最后说不定你就能成功。这个网站也是这样，如果一开始你

① 根据很多网友的说法，LNN可能是社区网年纪最长的女性网友，也是网站的元老。

目的性特强，一定要做个多大的网站，你往往不能成功。这个网站和QL有特别直接的关系，他一开始没有特别的目标，说要把网站做成上市公司什么的，没有。他就是想要买房，搞个网站大家在这里交流吧，一步一步就起来了。这是一个挺重要的因素在里头，还有就是和上网的人员的素质有一定关系。

（2009年9月13日访谈）

网站的发展和扩大都没有做什么推广。QL认为，"重要的是因为建得早，社区非常大，年轻人也多，所以注册用户也就多了"。网站的发展是"慢慢积累起来的"，甚至连网站内容"都是大家想出来的，好多东西都是网友的提议。"社区网规模的扩大，从单一主题到包含所有可想象的兴趣与内容，都是基于网友的自发组织和推动。用QL的话来说就是，是一个"渐进的过程"。

就网站的组织结构而言，QL的说法是网站中"没有谁必须管着谁"，他甚至认为，实际上也没有什么"组织架构"。但是无论如何，即使社区网没有一个类似正式组织那样的结构，但作为有效维持的系统，在网站的维持和运行中确实需要某种关系的协调和分工的安排。我们这里关注的就是这种意义上的"组织"。当然，这个组织结构并不存在正式组织中那样具有明确的官僚机制，也没有明确的责权分配。在日常管理方面，网站的组织结构包括站长、4位副站长和相应各论坛的斑竹组成。网站表面上的组织结构如下：

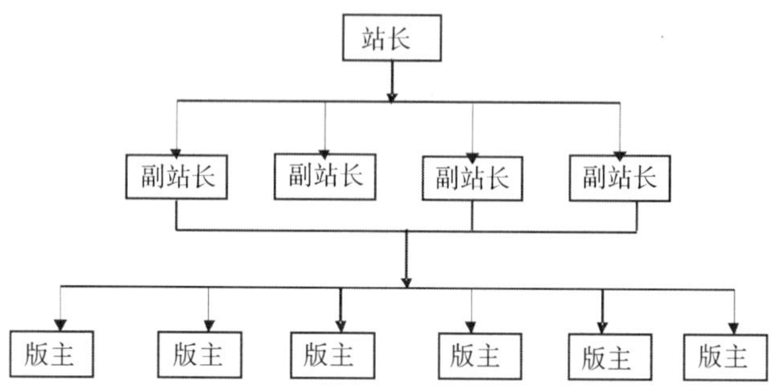

图 3－1 网站组织

最高层级的是站长 QL，然后是四个副站长，再次是大约 200 个斑竹。但在具体实践中，网站的组织结构是一个接近扁平化的“网络”而不是层级组织①。我想站长 QL 之所以强调没有“组织架构”实际上说的是没有“层级制”的组织结构。网络组织和层级组织是两种不同的组织结构。层级组织的内在理念是科层制。相对于层级组织而言，作为一种组织结构的“网络”，被认为在成本和绩效上有优势②，更有利于信息交流，更平等，更有利于适应弹性的市场环境，并能够更及时做出反应③。当然，网站并不是一个正式组织，也不是一个纯粹的经济组织。我们所说的网站管理“网络”组织指的是，网站内部成员以及论坛之

① 实际上，网站从形式上是没有站长的。在 QL 的个人资料中也只是副站长的身份，站长的职位是悬置的。笔者问一位和网站几乎一起走过来的资深网友，他说，他也不明白为什么是这样。笔者个人认为，可能是 QL 特意为了突出网站并不是一个公司那样的正式组织。大多数时候，QL 和其他副站长的权限差异主要在于，他还是网站唯一的管理员，同时广告招商大多也是由他自己负责。

② 梁栋：《网络组织的兴起》，《国外社会学》2001 年第 6 期。

③ Joel Podolny and Karen Page, Network Forms of Organization, *Annual Review of Sociology*, Vol. 24, 1998, pp. 57－76.

间的关系倾向于以“网络”（network）形式而非等级制形式组织起来。

社区网中副站长和版主之间的区别主要在于，版主只能管理本版面的帖子，而副站长可以管理所有论坛的帖子。当版主在本版面的帖子处理上出现无法解决的纠纷时，可以由副站长最后作出决定。实际上，版主也可以在一个外人无法见到的“版主论坛”中直接向站方提出建议。这都是超越层级的信息流动。另外有的副站长同时受站长委托承担一些其他网站管理工作，比如网站的广告，版主基本由网络投票确定。不过目前网站对于版主还没有权责的明确划分，没有一套相关的约束机制，也没有关于版主选择的审核条件等，这导致论坛在管理上出现了一些不如人意的地方。但是，作为一个自愿参与的网络，对版主的管理确实存在两难，网络的自主、自由和公司化、科层化的组织逻辑不同，副站长 LNN 和我谈到这种管理困境的时候，她也表示，“很矛盾”。

我：在管理方面，对版主有什么审核啊什么的吗？怎么确定版主？

LNN：基本就是大家选，你自己有这个意愿为大家服务。然后，大家也没有什么太多意见就可以了。有的人当了几年，太忙了，不当了，不当就不当吧，别人再来当。一般的，没有什么太多的要求什么的。

我：听说以前有几次版主发生一些事？

LNN：呵呵，本来想着制约一下，比如，要求居住在这个社区什么的，后来也就不了了之了。

我：有的网友说 QL 的管理太松了，比如，对版主的约束什么的太少了。

LNN：也能理解他，你约束，本身版主就是义务的，出于一种热心，你约束多了以后，我觉得也两难，也能理解，我觉得。

我：如果按照公司和行政角度来管理似乎不太合适。

LNN：对啊，人家凭什么在你这受约束啊，他也很矛盾，挺难的，版主还净挨骂，删个帖子上来就骂。这个，那个的，也可以理解。

我：也许网站有人气也是因为这种宽松。

LNN：是，是，人至察则无徒。太清楚了也不好，弄得太细了也不行。该糊涂的地方糊涂一点，该清楚的地方清楚一点。

（2009 年 9 月 13 日访谈）

（二）网站日常管理：自组织管理

LNN 认为，网站在管理上实际上是一种“顺其自然”的态度，“发现一点，完善一点，不刻意，反而比较好”。经历一些事情之后，在网友的推动之下不断完善。LNN 提到一件事，有一次 QL 发了个帖子说自己“很难过”，因为一个网友搞集采被骗了几千块钱。于是，网友就发帖说，集采应该怎么怎么规范，比如实名制什么的，“发现一个问题，解决一个问题”，规则就是这样一步一步逐渐完善。而 LNN 也认为，正是网友们的这种“热爱”和“参与”促成了网站的成功。

2007 年年初，社区网上发生了一起斑竹消失的事件，“流浪者”注册时间不到 1 年，但是迅速成为社区网的名人。最后成为“家居装修”的斑竹。未经网站允许，他在论坛中组织一些装修公司成立了一个针对装修的“联盟”，并从其中一些商家中获取了一笔费用。同时他还从一个社区分站的斑竹那里借过两万元钱。后来“流浪者”在社区里不告而别，这件事影响很大，一些网友对网站在管理上有一些意见。一种观点认为，这些事情可以通过在管理上加强控制得以回避。比如，加强对斑竹权限的界定，或者对斑竹身份的审核，再比如，规定必须是本社区业主才能担任斑竹等。

网站的管理目前看来很松散，缺乏明确的规则和制度。资深网友 RY 也是一位斑竹，他认为，这种管理在早期来看是不成问题的，他说，在那个时候，大家都像邻居一样，是为了熟悉而聊，即使没有明确规定，网站和论坛的秩序也不会出现大问题。不过 2005 年、2006 年之后，随着注册用户增加，网站注册用户由不到 10 万迅速增加到 20 万左右，这个时候就必须制定相应的规则。至少到目前为止，网站在管理上还没有重大改变，不过“流浪者”事件后，站方确实做出了一些相应应对，其中一个就是规定必须经过站方审核允许后，版主才能以本版名义举行活动。

2007 年 11 月 20 日，网站公布了一个关于“启动慈善捐助行为草案”的规定。这个草案对组织慈善捐助活动作出明确的规定，要求一系列资格、条件审查和登记。这个草案的制定，按 LL 的说法是因为最近一年有一些大家不熟悉的网友组织慈善捐助活动。由于在社区网上知名度小，无法取得大家信任，同时也可能存在一些漏洞。这实际上就是记者 XK 跟我说的“潜规则”，没有知名度，人们就无法信任组织者，捐助活动通常无法取得想要的成果①，而加强管理后可以进一步弥补捐助活动的制度漏洞。事实上，前文提及的 2007 年两个最成功的慈善活动（帮助

---

① 比如 2007 年 11 月末，在社区网上一位白血病儿童的父亲注册了账号后，发了一个求助帖子，引起了一些网友关注。其中一位网友热心地帮助募捐，但是由于她刚注册不到一年，所以大家都处于观望状态。而且有人发现，社区网上的这个帖子和其他网络上的一个求助信很相似，这引起大家质疑，应者寥寥。现在社区网参与公益活动的声望远远超出了社区，许多非本地社区的人纷纷通过社区网络试图获得帮助。网友们担心这其中会有欺诈行为，经过站方和一些斑竹的讨论，最终起草了这个草案，试图加强对社区网慈善行为的管理。

兔唇孩子治疗和帮助网友寻母）都是由社区网“明星”所组织。他们通常是社区网的老网友和活跃分子，因此更能够取得网友们的信任和支持。

在2007年11月7日，热心公益的资深网友LM在“亲子小屋”论坛发帖：

> 网站对募捐规范这么严格操作，都是为了以后有个长期好的慈善公益环境，绝对不是设立门槛，阻碍公益活动的发展。这个规范还会不断完善改进。我想所有参与规范推出的ZZ这么做，都是因为大家太爱H网了，希望能长久保持网站这片清新和热情。

互联网区别于其他主流媒介的特点是信息的接受者同时也可以是信息的生产者，这也是互联网之所以被称为一种大众的、平等的媒体的原因之一。就H社区网而言，初期网站内容主要是由QL制作，随着具有相同目的的网友的加入，网站有越来越多的帖子，越来越多新的话题、信息和新的建议跟进。从内容更新上越来越不需要站长操心了。2004年重新制作主页后，社区网初步具有网站现在的形态，大多数的版面和论坛已经初具规模。各个版面和分论坛版主由网友推荐选出，然后由版主各自主持对论坛内容的自我管理。网站的“生产”已经完全是一个自组织的过程和结果，进入一个“自组织”的自我维持状态。社区网当初的目的和现在的发展都不是一个“超级”计划的执行，或者一个“组织”实体的操作。它发展的轨迹和内容生产远远超出了建立者当初的预期。最终，这种自组织不仅体现在内容的生产上，也体现在一种动态的社区网活动和兴趣团体的组织上。

从社区网的活动或实践来看，网友可以自由、自发地组织各种集体活动，或者由借助于社区网建立起来的各种兴趣团体发起活动。在“活动通知”或者直接在各论坛发布活动信息和倡议。这些活动可能是更加有组织的，比如，各个体育俱乐部的例行活动，比赛和日常活动通知，各个体育兴趣团体各有自己的组织者，许多团队还有自己的 QQ 群便于大家交流。这些活动及其组织与社区网的站方没有直接关系，他们的活动和日常组织都是一个“自发组织”的行为。一些版面也会在斑竹的倡议下举行某些有版面特色的活动，有些活动也可能是随兴发起的临时活动，比如，FB（“腐败”）活动和 CP（“串啤”）①。

总之，网站的管理很松散，并没有一个统一的机构或团队来开发和运营，大家松散地通过网络连接在一起。信息交流和传递不是以层级方式，而是完全依照网络的形态进行。实际上，网站也没有专门的管理部门和工作人员，论坛由网友负责，而基于社区网建立起来的各种兴趣团体，以及他们的活动组织则基本与网站没有隶属关系，都是各自组织自己的活动。

二　社区网与社区自治组织的关系

（一）社区网与社区居民委员会

从严格意义上讲，社区网也是一个社区组织，它是以地方社区为根基、服务于本地社区居民的电脑网络社区，因此必须关注它与另一个重要的社区组织，即居民委员会的关系。根据 1989 年《中华人民共和国城市居民委员会组织法》的规定，“居民委员会是居民自我管理、自我教育、自我服务的基层群众性自治组织”。也就是说，居民委员会从性质上是一种社区自治组织，也

① 所谓“FB”（“腐败”）活动说的是网友的聚餐，可以是集体活动之后，也可以是某个网友单独的倡议，聚会活动基本上都是平摊费用，即所谓的 AA 制。“CP”（“串啤”）也就是在大排档“啤酒加肉串”。XK 记者告诉我，他初步了解和融入 H 社区的一种方式也是从朋友带他去 CP 开始的。

就是一个承上启下的组织，它的日常工作用一位主任的话说就是“上到天文地理，下到鸡毛蒜皮”。

具体到H社区，2008年，该地区共有41个居民委员会，60个自然小区。由于二期以后的工程入住稍晚，进而居民委员会成立的也相应晚一些。在本次研究中，我重点走访了社区生活组织比较好的3个小区居委会，这3个小区都属于H社区前两期工程的项目。而三期以后的小区中只走访一个居委会，电话访谈了一个居民委员会。根据这些稍后建立的居委会主任介绍，在H社区中大多数后来的居委会都和他们的情况相似。由于刚成立一年左右，工作还没有完全开展。其中一位主任将原因归结为活动经费有限。不过，他们不约而同地推荐了几个社会生活组织方面做得很好的小区。

就像美国社会的形成早于美国国家的建立一样，作为社区自治组织的居民委员会建立也都晚于社区和社区网的发展，乃至社区居民的入住。因此一部分社区居民的社区组织在起初不是由居民委员会来承担，而是或者通过H社区网，或者是一些社区居民自发组织成立兴趣团体。比如，一些类似中老年人秧歌队这样的团体很多就是自发建立，然后在居民委员会建立后统一到居民委员会组织管理，在居民委员会备案的这类团体中以中，老年人群体为主。

居民委员会主任ZSC：我们小区是2004年开始入住，去年（2006）刚建立居民委员会，我们刚成立，各种活动也少。

我们也有舞蹈队、秧歌队、合唱团、太极拳队啊这些队伍，几乎天天都有活动，居民有这个要求，镇里面也常有比赛。在居委会成立之前，他们就自发开始搞活动，居委会成立之后就归到居民委员会领导。我们提供一些经费，什么衣服啊、唱歌啊，各种文体活动什么的。一般活动人员大多数都是退休的人，都是这个岁数的人。这些离退休的人没有别的事情了，要构建和谐社区嘛！你让他干什么啊？让他练跳舞，唱歌，打太极，健身吧！通过各种活动构建和谐社区，居民自己有这个需求，也是上面组织的需要，社会安定的需要，自己有点事情做，就不做别的了。

（2009年8月30日访谈）

在H社区，许多居民团体的建立都早于居民委员会。一些中老年人的团体在居民委员会建立之后一般就都归到居委会，得到一些资金的支持。无论是工作做得“多”还是“少”的居民委员会，他们的组织工作基本都围绕中老年人，或离退休人员这个人群。当我问到为什么居民委员会的组织工作服务人群中年轻人少，一位主任说，主要是年轻人不需要他们提供什么支持。

LYC主任：大多数的这些队伍都是基于自愿组织，个人爱好建立起来的，提供舞台，一些资金支持，水电气暖这些费用啊，都是我们承担，演出了，解决个车马费，热的天，买点水，不能让你渴了。统一行动，服装整齐，我给你提供演出服装，区一级的演出，回不来，我给提供伙食补贴。人家老头老太太这么大岁数，折腾一上午了。你也不管水，也不管饭，那就说不过去了吧。得不到居民委员会的支持，他们就没有场地和经费。你说的那些个年轻人，人家不需要你那点钱，也看不上。

（2007年8月22日访谈）

龙河、龙六区、云曲是入住比较早的几个小区。相对而言，他们的居民委员会建立比较早，并且是社区活动组织得最好的几个小区。这几个小区都不同程度地动员社区内外的资源，组织小区的社区生活，并且都有自己的一些独到之处。比如龙六居委会在有限资源条件下组织庙会、和商家商谈出车旅游、端午节包粽子送给居民等。通过这些并不需要过多资金的活动，构建一个和谐的社区邻里关系。JTD 主任把他的工作理念总结为，“远亲不如近邻”，日常工作中具体的思路是“抓两头，带中间”。也就是通过对老人和孩子活动的组织，带动中间的青年人，使社区能够形成融洽的气氛。

> 我们的工作就是抓两头，抓老头老太太唱歌跳舞、打麻将、打乒乓球、唱京戏，然后抓小孩的活动。我们从来不过“六一”，但是我们办“托起明天的太阳”才艺表演。因为你的小孩来参加，你肯定参加，你爱人肯定参加。
>
> （2007 年 8 月 9 日访谈）

即使是这样的小区，他们的工作核心与社区网以及它所代表的年青一代的主体也还是有很大距离。而这种距离可能来自于居民委员会工作人员和社区网的“野猪们”，他们在年龄、文化、生活方式和知识结构等方面的“代沟”。H 社区居民委员会的工作人员基本上是离退休人员，文化层次总体上以中学和高中为主，极少的工作人员具有大专文化水平。从总体上讲，居民委员会的成员与社区网所代表的社区居民之间在年龄和文化层次上有很大距离。居民委员会的工作重心放在老人和孩子身上，部分原因也在于这种距离造成他们无法了解和满足社区青年群体的需要。即使是那些在社区居民活动组织上比较出色的几个小区，在居民委员会和社区网的人群之间仍然存在上文所提到的“代沟”。只要居民委员会的工作人员结构不改变，那么这种“距离”就可能无法在根本上发生变化。

云曲 LYC 主任的解释是，社区网上的那些网民都是年轻人，他们不像社区中那些普通的兴趣队伍，后者是以中老年人为主。LYC 主任把居民委员会的工作总结为：为这些年轻人提供稳定的后方。居委会的工作除了打造一个舒适、安全、安静的社区环境外，主要的工作就是围绕着这些中老年人。用他的话说就是，“为老年人提供个沟通的平台”，为他们提供一些组织和物质上的支持。而对于具有独立经济能力的青年一代，则不存在这个问题。另外就是居民委员会工作人员缺乏互联网知识。他这样来解释他的工作与社区网的那些青年人为主的人群之间的关系：

> 组织网站的都是年轻人，三十岁左右。对电脑也精通，用电脑和别的地方也好联系。不像我们千家万户电话都有，张三李四，有什么事打个电话你参加吧，人家回家了，在互联网上一敲。张三李四王二麻子，我想组织这个，谁参加报名，人家都在网上玩这个，我们就不行，我们就差点儿。另外，他们和我们居委会你说有代沟也好，什么也罢。居委会重点的对象是社区闲散人员。就像你整天上班哪有工夫听居委会的事？没工夫听！你得养家糊口，好容易累了一天，节假日回来了，你居委会再让我干这个，干那个，谁也不愿意，这是实实在在的，可是我们通过间接的影响，怎么着？你父母在这里住，我把你父母伺候好了，你父母回到家，说你看咱们这社区真不错，你也感到很满意。老头老太太不用你操心了啊！这不老头老太太活得挺高兴，这就间接地起到了化解矛盾，促进社区环境融洽和谐的作用。整天老头老太太对社区不满意，这不高兴那不高兴，你不也闹心嘛。……我们通过这些潜移默化，虽然主观工作对象不是直接针对这些年轻人，但是我们通过他们的亲属、

他们的父母影响到这些年轻人，使年轻人感到这社区挺好，挺安静，老头老太太在这住得挺高兴，挺欢乐，他们对社区就增加了认同感和凝聚力。虽然他们不直接参与，但是一出来看，这社区环境特别好，溜达溜达，健身器械、活动场所、环境卫生都特别好，社区又安静。离开家，走了不用担心家里着火了，我们家里被偷了，挺踏实的，通过这种间接性影响，增加年轻人对社区的归属感和认同感。

（2007 年 8 月 22 日访谈）

在一次北京市委组织部主持的 H 社区居民委员会座谈中，许多社区居民委员会主任都抱怨，现在的工作人员无论从年龄还是文化层次都无法承担社区建设的重担。即使社区内的大多数居民委员会主任都曾经担任过企事业单位的行政管理工作，但整体而言，还是无法适应社区建设的要求。这里包括工作风格的转变，也就是从原来的“纵向”“垂直”关系向一种“平等”“协商”的服务式社区管理模式转变。同时由于工作人员的年龄和知识结构的落后，导致居民委员会工作无法满足社区居民需要，并容易产生沟通上的问题。一位居民委员会主任这样总结工作中的问题：工作效率差，与各方面协同能力差。大家呼吁社区工作职业化，解决社区管理和服务人才的引进问题①。但是这又与组

① 当然，与会的一些居委会主任同时也认为，这种职业化可能也存在隐忧。一个是目前社区工作人员的工资无法达到年青一代的期待。另外面对社区内部的一些纠纷需要协调不同利益方这样的事情，年轻人由于生活经历不足，恐怕也“镇”不住场面。在座的一位区里的书记提出，可以考虑借鉴大学生到农村做“村官”，考虑采取大学生志愿者的形式把大学生引入社区。从笔者的理解来看，即使将来社区管理实现职业化，也要注意到职业化不能取代中老年人在社区服务和管理中的作用，他们也代表一个人群，在社区中可以动员那些具有“声望”的中老年人来协调社区内部纠纷，应该尝试把不同兴趣的人群联系起来，与业主委员会以及居民委员会等社区自治组织共同完成社区的管理和组织。

织法冲突，因为组织法规定只有居住在本社区的居民才有居民委员会的选举和被选举权。目前居民委员会的工作人员仍然是以离退休人员为主，大多数工作人员的文化层次不高，这必然影响到工作的效率和效果。

实际上我在访谈中也发现，许多社区网的网民对居民委员会并不了解，几乎从未去过居民委员会，普遍对它的功能抱有怀疑态度。两种人群在年龄和知识结构以及背后的生活方式和期待上存在明显的“代沟”，现在还没有能够充分体现和代表社区青年一代人的利益和诉求的组织，而都市新兴社区的社区网则在这个社区建设的时代有可能填补这个空白。网友 QYJ 非常认可社区网的作用，他认为，社区网将来不仅会促进经济，而且在人文、政治等方面也会有非常好的作用，当然也包括在社区治理方面发挥重要作用：

时代变了，你的手段也要进步，不能总像农民起义那样领导人民群众，人民都用网络了，你不能说上网站就是来封杀的，那没用。你要疏导，要管理。

社区网未来能在政治和经济上起到很大作用，现在才刚起步而已。未来弄好了会相当不错。最早新中国成立的时候，我们是靠居委会，军队靠政委把人们组织起来。一个城市上百万人靠一个一个居委会就管理起来了。未来社区靠什么？我觉得靠社区形式的论坛就能很好地把它凝聚起来。

我：在调查中我发现有一些网友似乎对居委会印象不太好，几乎都和居委会没有什么交往，还有比如年龄啊什么的？

QYJ：我对他们印象也不好，但不是年龄问题，其实这个事啊，作为一个公民都应该给政府提个醒，但是政府没有这个渠道去接受。现在变成什么啊，被领导的群众比领导群众的人发展得更快，我可以用比你更先进的方式生存，而你还不知道，你根本就不了解。居委会大妈根本不上网，你不了解这个东西，那么你就起不到当年的管理作用。当年为什么能起到，大妈挨家聊，这种管理方式现在已经落后了，时代发展太快了。你用传统的方式已经不能够达到管理和指导这个目的了。

而且人的文化层次越高，接受新鲜事物的能力越强，而居委会却越来越落后了。你用落后的去管理先进的，这就是阻碍发展。说句不好听的话，你居委会应该在小区论坛有自己专门的账号，有专门的人做这个事，是吧？你就能解决很多问题，很多矛盾。有时候，你看网上很多矛盾，讨论很多事，找到最初的帖子你就会看到原来是屁大点的事，呵呵，很多闹得很大的事，最根本都是屁大点的事，最初一杯水就能解决的事，到最后十辆消防车都解决不了了。

（2009 年 9 月 14 日访谈）

当然，H 社区内确实也有居民委员会试图利用社区网来开展工作。龙六的居民委员会在社区网的分站“龙六区”中注册了一个账户。关于小区的活动会在网络上挂出通知。在 2007 年 7 月到 10 月初就有 5 个小区在社区网上发布信息。

实际上，目前国内已经有试图利用互联网来为社区治理服务的尝试。比如，有学者注意到上海一个社区居民委员会通过自己建立的网站来促进社区治理和社区服务的完善，加强居民委员会与社区居民，以及社区居民之间就社区事务的沟通①。

① 林尚立主编：《网络民主：网络社区与开放治理》，《社区民主与治理：案例研究》，北京：社会科学文献出版社 2003 年版，第 268—311 页。

这实际上是一个社区服务和社区政务网络化或信息化的实践。当然这需要居民委员会工作人员年龄结构和知识结构上更年轻化，以便于能够实现与社区青年一代的沟通。H社区网在功能上已经具有了这种社区信息化和网络化的作用。如果居民委员会能够有效利用社区网这个平台就可能更好地接近这个青年人群。但是，至少在目前，社区网网友对于居民委员会的总体观感并没有发生根本改变。网友们对居民委员会仍然缺乏认识和认可，甚至表示也不会关注居民委员会通过社区网发布的社区信息。

QYJ：相对而言，老城区群众基础非常好，这儿老街坊就非常少。绝大多数都像我们这样外地过来买房，外地人过来租房，真正的北京人非常少，居委会根本找不到人。你过来让我签字，签个字就走，我根本不认识你，这样的居委会没有什么意义。最早居委会的作用就和政府是一个样的，是最基层的。现在它已经浮在上面，没有它和有它有区别吗？明天你要把社区网砍了，你看看，影响会很大。你把居委会撤了，没有感觉！但是换个角度，他们的平均年龄、思考方式与我们全面落后了。

（2009年9月14日访谈资料）

GY：年轻人一般不关注居委会的活动，只参加论坛的活动，感觉那（居委会）都是老人的。居委会的阿姨你也不了解，怎么成立的也都不知道。而且他们都是叔叔阿姨的方式，也以他们为主，我们平时不都上班嘛！

（2009年8月24日访谈资料）

相当一部分网友是基于不了解，进而不认同和不信任，或者认为，居委会只是适应于服务于老年人，作用“有限”。但是也有一部分类似PLZ这样的网友则直接认为，之所以网友们对居民委员会的参与和认同比较低，其根本原因是彼此之间在行事逻辑上的差异。

> PLZ：没有参加过（居委会组织的活动），跟他们没什么（关系）。感觉居委会受到政府的操纵，他们太服帖了。你知道吗?! 而且你去办什么事，我举个特别明显的例子。居委会全是那帮本地的土著、老人、岁数大的。他们那种思想里，拿着鸡毛当令箭的，不信你去居委会办什么事，你都能感觉到官僚作风特别严重。
>
> 他们脑子里那个地域观念，上下级观念特别重，他们所做的每一件事都是按政府的意思去做，或者是为自己谋利去做。是吧？包括你在小区放场电影，这是好事吧。放场电影这是电影下乡的组成部分，这是必须放的。你组织个什么活动，发个什么东西都可着比较近的人，你明白吧？这造成年轻的这一代肯定跟他们不怎么合作的。
>
> 像在H社区这样居民素质比较高的社区，这种情况会非常严重。我们在（社区）网上都是自发的、平等的，谁爱和你（居委会）这样啊？
>
> （2009年9月11日访谈资料）

除了这种行事逻辑的差异之外，在QYJ看来，居委会无法获得居民的参与和认同则似乎是由于居委会已经无法了解和跟上社会发展的脚步。他认为，社区的治理需要充分利用社区网。“这不是某个居委会主任或个人有毛病什么的问题。从根本上是社会发展断层，不平衡，政府跟不上社会发展，应该建议政府更好地利用社区网站，起到积极作用。社区网现在的飞跃是经济层次的，下一次飞跃应该是政治层次的”。

（二）社区网与业主委员会

实际上社区网在H社区成为网友和居民组织、交流和联络的平台，这种沟通技术充分体现和运用在社区内的各种活动，包括慈善和足球联赛等体育活动、兴趣团体，甚至业主委员会的筹办过程中。这里我们可以从H社区业主委员会的成立与筹办以及维权等过程了解社区网的作用。

访谈中，“和合”小区的QYJ认为，居委会在老城区发挥的作用可能会非常大，但是在H这样的社区发挥的作用则不像老城区那样明显，所以他认为，莫不如将居委会和业委会合并了，他给出的理由是“业委会毕竟是我们一票一票选出来的”。作为一种社区自治组织，2009年之前，在H社区40多个小区中只有3个小区（“风亚”“云曲”和“昌隆”）成立了业主委员会。其中的“风亚”和“云曲”小区是H社区一期开发的小区。2002年，在云曲和风亚小区发生过一次“绿地维权”事件，开发商试图将规划中的一块绿地开发成住宅楼。两个小区的业主通过社区网沟通意见组织起来，自发开车去市政府抗议。“昌隆”小区业主委员会主任FHF也参加过这次维权，FHF大学毕业后，从2001年开始就住在H社区，几乎是和H社区一同成长，并全程参与了绿地维权，在这个过程中，他在社区网上也发表了很多自己的观点。整个过程中，社区网都是维权业主沟通和联络的工具。

> 大家对这个事情的观点到社区网上去发布，许多人在网上交换自己的看法。当有人提出对这个事情应该有所行动的时候，原来进行沟通的平台就又发挥了组织联系的平台。而且，H社区最早一批网友也就是那个时候认识的。
>
> （2009年9月14日访谈资料）

维权失败后，社区网和网友还组织了一次募捐，试图营救被捕的四个网友。FHF 记得，当时好像捐助了 13 万元。他认为，尽管这次维权事件以绿地被强制开发，业主维权失败告终，但是却产生了一个中国第一批真正意义上民选的人大代表。另一个结果就是作为安抚手段，由当地政府牵头在两个小区成立了业主委员会。尽管用 DF 的话说，就是“不知道怎么成立的，业委会的成员我们也不认识”。

FHF 是一个很有想法、非常健谈的人。他说，这种能力都是这些年围绕着业主委员会在社区维权过程中锻炼出来的。在他们小区业主委员会的成立过程中，社区网起到了至关重要的作用。他的总结可以概括为，基于电子沟通平台的“两层构建体制”。他认为，业主委员会的成立需要两个大条件：利益诉求，组织与联系，而后者实际上有很大难度。他们的成功在于昌隆小区团购比重大，社区网使得沟通更快、更节省时间。

> 昌隆是团购小区，由北京北部一些高新技术企业员工购买，在有了利益诉求之后，还需要组织和联系平台。在陌生人的社会里，组织、联系平台的建立，认可所需时间和成本很高。但我们这个小区有很大优势。通过联系各单位，七八家单位占了三分之二，有人站出来愿意联系本公司人员。
>
> 当时，2006 年初，小区物业要在绿地上建房子，大家都不愿意，但处于群龙无首的状况。自发状态下，通过单位的间接渠道，拥有了一半以上业主的支持。通过单位联系人的方式，各单位一些人说愿意联系自己单位的人，比如，我去联系我单位在小区居住的业主，这个认可度就不一样。单

位联系人再组织起来，这样就组成了两层的沟通平台[①]。后来的业主委员会就是这些单位的联系人自愿组成的。

（2009 年 9 月 14 日访谈资料）

他觉得昌隆业主委员会可以提供一些经验，比如，借助于社区网和互联网的信息化和电子化的沟通平台。

FHF：传统的沟通是面对面开会，我们是通过核心人群，依托电子邮件（e－mail）联系，群发邮件，每个联系人再联系特定人群。成立业主委员会的过程中就建立了电子化组织平台，节省了大量的组织成本。利用（社区网和互联网）平台进行情况通报和事情说明，很快可以形成共识，动员起来。

（2009 年 9 月 14 日访谈资料）

除了这种动员的网络基础之外，FHF 认为，同样重要的是“扎扎实实的工作”，否则是难以成功的。“现在有的小区有人很愿意去宣传、造声势，但很少有人愿意扎扎实实去逐

① 实际上，格兰诺维特在讨论弱关系对于社区组织的作用时，强调弱关系将促使社区网络更加开放，进而能够有效、快速地动员社区成员。而 FHF 所说的，“两层构建体制”实际上就发挥了这种弱关系形成“网络之网络”的动员结构优势。通过日常交流和团体活动的组织，社区网建立了大量的弱关系，进而可能实现格兰诺维特的理论畅想。对此，需要做进一步的社会网络分析，进而确认虚拟网络及其形成的“网络之网络”的社会效应。具体参见 Mark Granovetter，“The Strength of Weak Ties”，*American Journal of Sociology*，78，1973，pp. 1360－1380；Mark Granovetter，“The Strength of Weak Ties：A Network Theory Revisited”，*Social Structure and Network Analysis*，Sage Publications，1982，pp. 105－130。当然，FHF 他们的成功有一个先天的组织和动员基础条件——团购。小区中接近三分之二的业主是几个单位的员工，这种共同单位的基础再结合“两层”联系网络是动员成功的根本条件。

户敲门，谁逐户敲门，谁就赢。比如，像韩国和中国台湾所谓的拜票。这个比喊口号更容易让人相信。逐户敲门就是扎扎实实的工作。一个小区需要一群人去做，一两个人去做不够。我们小区就是当时有一群人愿意去做，去动员大家。”这一点确实在一些其他通过社区网号召成立业主委员会的小区那里得到体现，比如“和合”小区。QYJ 和我聊到“和合”小区也有一些网友在社区网上呼吁成立业主委员会，但是几年来总是没有进一步的结果。他认为，这些呼吁者仅仅停留在网络上的呼吁，没有落实到现实生活，并且很少真正参与到社区日常的事务中。

QYJ：搞不清楚筹备组那几个人的来路。和他们交往过一次，但是感觉非常不好，不是想象中那样。

我：是业主吗？

QYJ：好像是业主，但是，搞不清楚他们要做什么，不了解他们。你要我投票的话，我为什么投给你啊？我也不了解你。而且，比如，小区什么事都不见你来参与。你的目的是什么呢？你要想为大家服务，首先你这个人最基本的来讲，你应该有这个服务思想，大家有事你要来帮忙。有的人天生就是这样的人，有的人就不愿意吱声，是吧？有的人有事就愿意忙活，这种人最适合了。另外你要有时间，最好要有一定的能力，再就是要有人缘。如果你不具备这些能力的话，没关系啊，给你补有人缘的、有能力的人。达到这几条不就完了嘛！但最基础的这个是你对大家关心的事你都不积极，不参与。比如，前一段时间这边要修电站，要反对嘛。我们一起签名到规划局去送，你不参与。我们再组织什么什么，你都不参与。什么都不参与，就关心业委会，你要干什么？你不适合干这个事情，它需要愿意张罗的人。

有可能他是真心想，但是你不适合干这个。得有愿意操心这个的、踏踏实实的人，再给他补齐这些人，就把这个事干好了，呵呵！

（2009 年 9 月 14 日访谈资料）

就“和合”小区一些网友在分站论坛呼吁成立业主委员会的事情，我也专门与该论坛版主 KXS 做了一些交流。KXS 和我是同行，他非常认可社区网的作用，他认为，社区网在促进居民之间、居民与物业之间的交流方面发挥了很大作用。但是他很强调“隐私”和“安全性”。他个人也只是在论坛上鼓励，组织论坛的秩序，但没有亲身参与到线下的组织过程中。

KXS：现在有人在筹办业主委员会呢，通过网上这个平台大家在组织，它这个有难度，大家都有事，都很忙，真正投入精力也不是很多。在网上这个平台大家交流，不以真实身份，它有个缓冲地带，万一以真实身份的话，与物业有啥冲突的话，涉及个人隐私、个人安全问题。所以我们一般也不建议大家以真实身份在网上说一些问题。反正，你就是业主，反映一些情况，大家知道就行了。

我：但是，有些事情，比如说你要组织业委会的话，不能只处于这个阶段吧？

KXS：那肯定，现在有一部分人在以真实身份弄这些东西，反正就是两种方式都在用吧。比如印一些材料，挨家挨户敲门让人签字。

（2009 年 9 月 18 日访谈）

QYJ 与 FHF 的解释之一就是“群众基础”和“两层构建体

制”。这两种说法实际上针对的就是社区内的组织和动员基础与能力问题。实际上，KXS 最后的解释与此相似，他的解释归结为两点：时间和交往。

KXS：业委会之所以办不起来，我想主要是大家没有时间，都在忙自己的工作。反正我个人认为，业委会成立不起来还是政府的问题。你想原来各小区，比如说，都是一个单位的人容易组织，像原来老北京那个小区呢，它有居委会，居委会大妈们对这个情况摸得很熟，有什么事一通知，一组织就很方便。而现在这种新小区呢，相当于五湖四海来的，即使都是北京的，北京这么大都是从不同地方来的，互相也都不认识，你想让他自发地组织本身我觉得就很难。

我：让大家彼此认识这个过程就很难。

KXS：对，你想原来一个单位的容易组织，老北京居委会也容易组织。现在新社区的特点是大家不在同一个地方工作，原来也不熟悉。所以，想靠业主自发组织积极性不高。

（2009 年 9 月 18 日访谈）

KXS 认为，“你靠业主自发组织的话，这也很难。你想 2000 多个业主怎么能组织起来?”在这一点上 QYJ、FHF 和 KXS 基本上是有共识的。除去制度和政府方面的阻碍之外，对于一个新生社区而言，在社区成员动员方面的难度似乎成为业主委员会难以成立的内在困境。社区网确实可以发挥很重要的联系和交流的作用，但是就像网友 LBL 所说的：“网络就是个平台，如果我想做这个事情，我会主动联系，而不是（在论坛上）发个通知，让大家去响应就完了。响应后还需要有活动，完全通过网上成不了事。网上只是一个初期沟通，线下再沟通才能形成思路。”

就此，FHF 把他的体会总结为：“智慧和担当”。他认为，

"有智慧的人不少，但是有担当的人不多"[①]。所谓"智慧"包括组织方面的技巧和创新，比如，运用社区网等沟通技术促进社区成员的组织与联系，比如，FHF他们所谓的"两层构建体制"对"网络之网络"的运用，同时也包括对相关制度的理解以及斗争哲学与策略。而"担当"则是斗争的勇气与责任感，或者说像斯维德伯格所谓公民抗争过程中需要的"公民的勇气"，即"为了信念而不惮于行动，即便为了信念而冒着支付高昂代价的风险"[②]。相对而言，KXS一再强调，考虑到"隐私"和安全，他不主张网友"以真实身份"参与讨论。但是，如果大家只是停留在论坛中的讨论，仅仅有"公民理念"的权利认同，而没有追求理念的"公民的勇气"，就可能像LBL所说的"成不了事"。

三　社区网与政府组织的关系

实际上，从西方的大多数社区网的产生和发展来看，社区网是在政府、社区中的学校等公共部门以及商业机构的合作下发展起来的非营利组织。目的在于促进社区的复兴和繁荣，增加社区参与和社区居民对地方信息的获取。比如，比较著名的西雅图和黑堡（Blacksburg）的社区网[③]。在中国也有居民委员会试图通

---

① FHF和笔者提到，他曾经对H社区正在筹建业主委员会的网友们建议，不要轻易地凭冲动贸然介入这个事情，并向他们详细介绍了他所经历的一些政治的、人身安全方面的危险及惨痛经历。他也曾向"和合"小区筹建业主委员会的网友做出这样的建议。KXS说，他没有和"昌隆"小区业委会的人（比如FHF）交流过。笔者不清楚也没有试图去求证FHF与之交流过的那位"和合"小区的网友是否就是KXS，以及QYJ所提到的那位只在论坛呼吁，不太参与社区事务的人是否就是KXS。

② 转引自沈原《社会的生产》，《社会》2007年第2期。

③ 之所以说这两个社区网颇有声望，很重要的原因是它们都有学者研究的记录。比如舒勒的《新社区网络》就是以西雅图的社区网为个案。当然，以H社区网为代表的中国都市社区网从建立上看大多与政府无关。

过互联网来促进社区沟通和社区政务的开展，或者开发商组织建立便于业主交流的社区网，但能够得到积极参与的社区网通常都是由社区居民自发建立的，或者说这种社区网是由政治和市场部门之外的“社会”力量推动起来的社区组织。但是在社区网的建设和发展过程中，政府和市场部门仍然是需要正视的力量。

（一）政府的政绩与社区网行动的合法性

H 地方办事处是区政府在社区这个基层系统中的派出机构，办事处和镇政府是一套班子、两块牌子。在日常运作中，社区网及依托于社区网动员和组织的活动更多是与政府在地方办事处的机构有直接联系。

H 社区网从它的产生来看完全是一种自组织的行为，是一群社区居民和潜在的社区居民的自发行为。从它的目的到内容设置和生产等都与地方办事处无关。我们在社区网早期的活动记录中罕有见到地方办事处的身影。不过从 2003 年、2004 年开始，在社区网组织的一些大型活动中，经常会发现办事处的存在。比如，足球超级联赛、篮球联赛、2007 年的超级回声、2006 年的新年音乐会和社区趣味运动会等。这些活动逐渐成为社区网和办事处合作的一个传统保持了下来。办事处对于社区网组织的一些大型活动的支持主要表现为提供资金支持，协调和动员相关资源等以及对相关资料进行审查。比如，从第二届足球超级联赛开始，办事处投入一定资金，帮助联赛扩大和推广。在一些大型活动中，办事处动员各居民委员会出一些表演节目，社区趣味运动会上，由办事处负责组织的大型表演操。当然，这些活动中的具体组织，策划还是由社区网相关组织者来负责。办事处更多的还是提供支持和服务，包括提供活动的合法性支持。

社区网与办事处是一种合作而非隶属关系，在这种合作中共同促进社区生活的繁荣。不过在合作中仍然可以发现两个组织，两个人群，两种风格的“距离”。这就像居民委员会与社区网所代表的青年一代之间的距离一样。2007 年 11 月 3 日，我们可以在第四届社区趣味运动会上发现一种有趣的现象。11 月 3 日下午一点整，趣味运动会准时在 H 中学体育场开始，首先是领导讲话，然后是运动员宣誓，随后是正式比赛之前进行的太极剑和球操这些中老年人的表演节目。运动会的报名仍然是通过社区网上报名，以各小区分站的斑竹为领队负责组织各自小区的队伍，参加人员限定为社区网网民。表演节目结束后，参加表演的队伍基本都陆续离开，场中留下的老年人基本都是参加比赛的网友的家人。我们几乎可以马上发现，两个人群和两个组织在这个活动中并没有真正融合在一起，仍然"汤是汤，水是水"。

作为两个行动主体，办事处和社区网之间的关系应该是合作与互助关系。我们谈自组织不是说不需要其他组织力量的支持。相反，在中国的社会背景下，自组织的实践更需要政府的合法性支持。尽管社区网从产生和发展都是自组织的实践，但是作为一种社区组织，社区网必然要面对如何处理与政府组织在地区的代言人——办事处——的关系。社区网实际上不是一个在民政部门注册的非营利组织，而是挂在站长的个人公司下的一个具有明显公益性的网站。从严格意义上讲，是一种非"法"组织①。经济学家也强调，"契约的不完备性"，没有一个合同可以把契约双方的所有可能行动都考虑进契约之中，从而完全避免机会主义行为。新经济社会学者则认为，真正能够有效制约机会主义行为，

① 据笔者所知，H 社区网在区公安局有备案。实际上仅就中国社区组织而言，许多仍然处于一种"非法"状态。一项社区民间组织的研究发现，南京市一个区的社区组织中正式登记注册的仅仅占 39.7%。参见白友涛《城市社会建设新杠杆——社区民间组织研究》，南京：东南大学出版社 2006 年第 1 版，第 23 页。不过这里说 H 社区网是非法的组织，指的是它从身份上是从属于一个商业组织，但是在 H 社区却实践着一种非营利组织的角色。

形成秩序的是行动者所“嵌入”的社会关系网络，而不是仅仅期待一个面面俱到的“法律”和“道德”的内化[1]。我们不能期待所有的社会生活都依靠法律或正式制度的协调。日常生活中，许多制度的实践实际上正是以一种非“法”的状态运行。不过，组织大型活动在中国确实需要明确的合法性支持，与办事处的合作有助于增加非“法”的社区网在“实践”层面的合法性，最终使得社区网在社区生活、地方政治中具有了存在的合法性。与这一点相比，可能办事处提供的物质支持远没有政策和合法性的支持更关键。

社区网的自组织促进了社区生活的繁荣，同时也在事实上增加了该地社区的知名度。2007 年中旬，北京电视台就社区网的一些慈善活动做了两期节目。而足球联赛更早已被中央级别媒体所报道，成为中国最早的民间举办的社区联赛之一。最终这也事实上成为地方办事处的政绩之一。在这种合作中，办事处获得政绩，社区网则通过办事处获取行动和组织的合法性。两者相得益彰，共同组成社区生活的完整图景[2]。

我和 ZZH 聊到网友组织“5·12”地震的捐款活动，他曾提到，社区网要比办事处更加容易让大家信任，而办事处和居委会的“力度不够”，这种差异是基于大家对网站的信赖，相信捐款不会“打水漂”。而这种社区动员能力的差异可能正是办事处愿意介入或参与社区网活动的根本原因。

ZZH：他们愿意介入，因为那是他们的成绩。好像因为

---

① Mark Granovetter, “Economic action and social structure: the problem of embeddedness”, *American Journal of Sociology*, 91, 1985, pp. 481 – 510.

② 后来与站长的一次谈话中，他似乎与笔者不谋而合。访谈中，类似的看法少部分网友都有所表达。

这事他们还得过奖。

我：因为什么得奖？

ZZH：就是因为社区非常和谐嘛，评价的时候这是很重要的一条啊，（社区）管得好。他们肯定愿意参与，对他们是个好事。

我：那对咱们的参与有什么影响吗？

ZZH：没什么影响。顶多活动的时候他们出来讲讲话什么的。也不会占用太多时间，我们也不知道他们是谁。对组织方来说也方便，毕竟能提供一些支持，打着旗号出去也好办事。（2009 年 9 月 16 日访谈）

总的来看，街道办事处介入或参与到社区网的网友组织过程，就其积极的方面而言，一种典型的态度是认为双方“各得其所”。社区网和网友可以获得“支持”，比如资金、活动场地以及最重要的自组织的“合法性”等各种方便，而社区活动的良好组织及其效应也可以成为地方办事处部门的“业绩”或“政绩”。同时，网友们倾向于认为，这种“介入”也是必然发生的。

XFD：是这样的，H 网站影响力比较大了，镇政府基本原则是你们自发组织起来，省得我去组织了。我正好利用你们做我的事。网站也抱着与政府合作的态度，所以呢，基本上有些活动呢你能出点钱更好。

作为社区活动，对那个社区整体形象提升是有帮助的，是可以作为他的政绩往政府报告里写的。呵呵！对他们也有好处。然后呢，得到政府的支持，本身网站的各项活动也比较容易开展，没什么阻力。要是派出所成心说你这是聚众闹事啊，多少人以上必须来申报，我哪天不让你开你就不能开，不也是麻烦事吗，是吧？这样也不好。

（2009年8月20日访谈资料）

HLH：你在H这个地区，实实在在的社区里搞的活动，如果得到政府和商家支持，开展得会更顺利一些。比如，之前组织活动的场地不是办事处提供的吗？要没有这个便利条件的话你不知道到哪里办去？……这样也挺好，可以得到一些支持。

（2009年9月10日访谈资料）

PLZ：你活动搞大了，政府肯定会参与进来。政府他也会把它作为他们的政绩，足球比赛一开始就是草根居民自发的，当你一旦弄出点声势以后，政府肯定就进来了，给你拨点钱，提供点帮助什么的。

不光是在这个社区，你在全国任何地方，我相信，只要你能搞出点什么名堂来，政府肯定会参与进来，这是肯定的。所以你看，后来包括像这次活动捐款，包括足球比赛，唱歌比赛什么的他都会参与进来。他会把它作为他的成果，甭管是精神文明建设还是什么的。当然说这也是好事，你帮助政府就好做事，好多关系就好协调。比如你要完全给回绝了，以后他找各种理由。比如说，你弄200人聚会，这是不可以，是吧？你事先审批了吗？你报派出所、公安局了吗？他是政府部门，他会给你找碴儿嘛，这是不可避免的。

（2009年9月11日访谈资料）

地方管理部门缺乏能力组织和动员社区，而社区自组织正好填补了这种空缺，双方“各取所需”。当然，对于很多网友来说，这种“接受”包含着一种“无奈”，甚至“担忧”，担忧这种“介入”会导致社区网的自组织活动变了“味道”。但是，随着社区网和社区活动的发展，这种相互纠缠也是不可避免的。

除了这种无奈的接受之外，有的网友比较倾向于获得办事处的支持是社区的“权利”，持有一种更为明确和积极的立场。比如，JJ 就认为，如果政府不参与社区网的自组织活动也并不合适。

> JJ：你实际上放弃了作为纳税人应该享有的权利。政府参与这些活动也是要有一些经费的投入，有政府的配比，是吧？如果你不要这个东西，你能享受到什么，这也是你自己的损失啊！这个比例实际上还很低，你如果到城里去看，几乎大型活动都是政府出钱来办的。而 H 社区的活动大部分是商家赞助的，或者是自己通过义卖、募捐这种形式。实际上，更多的还是应该政府出钱，丰富居民的文化生活。
>
> （2009 年 8 月 24 日访谈资料）

类似的态度在少部分网友那里也有某种回应。BBC 是一位大学教师，她也倾向于更积极地看待办事处的介入，她认为办事处的介入可以有助于社区网和网友们自组织活动的开展。

> 如果我是办事处的话，我也愿意和社区网合作做事。我理解物业、居委会，他们想把事情做好，也不愿和居民作对。我们在这方面没有矛盾。我觉得有时和街道合作会更顺畅。比如，我们的社区图书馆，没有资金支持是不行的。我们全靠义工，靠捐助，没有钱，不能发展壮大。如果有街道愿意来做，愿意来支持，比如，政府的资金把它做大了，其实我们的目的就是这个。我愿意它来管，我不觉得政府接管有什么不好。只要图书馆是免费的、公益的，有政府的资金源源不断，比如解决义工工资。
>
> （2009 年 8 月 24 日访谈资料）

BBC觉得，与政府的合作是必需的，但是也确实需要彼此的“妥协”。“你可以得到业绩，我们得到实惠。如果事情想做好，就需要一些妥协。”如果政府与社区自组织的合作是一种双赢，对于社区而言是一种“权利”和“支持”的话，那么关键就是如何把握双方的关系与立场。社区网的自组织行为确实是一种活跃的能量。就像托克维尔所说的，“一切私人事业的总结果”远远超出政府可能做出和想象的，“个人的努力和社会力量的结合”会完成任何强大的政府“所完不成的工作”[①]。仅仅试图通过办事处和居民委员会从上而下的设计和组织，不可能合适地了解和满足社区居民的需要，而如果办事处从完全的组织者转变为一个辅助者，通过什么方法或途径真正发动社区居民自发地组织自己的社区生活，则可能实现这种意图[②]。这个时候政府成为资源提供者和政策协调者，而社区网至少从实践层面上已经可以成为一种可行的选择。

（二）潜在的冲突

不过我们应该看到，至少从运行的逻辑上看，政府组织和社区网及其自组织活动是有很大不同的。套用哈贝马斯“系统”和“生活世界”的区分，政府组织是（政治）“系统”，而社区网是一个“生活世界”。前者的原则是权力逻辑，后者则实施的是“沟通”或“商谈”的逻辑。它们属于不同的场域。在H社区中，社区网和地方办事处的合作中就发生着两种逻辑和场域的冲突。在2007年的社区趣味运动会现场，我们就可以发现两种

① 托克维尔：《论美国的民主》（上卷），董果良译，商务印书馆2009年版，第105—106页。

② 所以，我们并不能将国家和社会完全对立起来或隔离开。相反，应该从类似卡尔·波兰尼对市场和社会“双重运动”的“嵌入性”立场出发，思考政府（以及市场）与社区的复杂关系。

组织在活动中不同的话语体系。一个是协商、平等和诙谐的，而另一个是命令和苛责的，而在其他合作的活动中也同样可以发现其中的冲突。

网友 DL 参与了社区网这几年重大传统活动的组织和策划。她跟我讲过一个例子，在 2007 年新年音乐会的组织过程中，地方办事处的一位工作人员提出关于如何入场和退场的要求。具体就是，网友入场，坐好后领导们入场，全体起立鼓掌欢迎领导们入场，演出结束后，全体起立鼓掌欢送领导退场，最后网友退场。由于感觉与社区网网友们组织活动的氛围和传统不符，音乐会的组织者没有同意这个要求，同时对于节目的风格办事处也有一些要求，比如突出主旋律等等。而今年的活动中，DL 说，他们已经决定准备两台晚会，一个是办事处负责的，观看者和组织者由办事处安排，另一个则是针对社区网网友的晚会[①]。

针对办事处对社区网活动的介入，一部分网友还是表示理解，大家也理解办事处对于政绩的需要。但是，即使是社区网的核心人物 LM，她也承认："网友比较年轻一点，办事处的人年龄毕竟比较大一点，兴趣、爱好肯定会有差异。网友可能会觉得玩不到一起去，可能多少会有一些影响。"

LM：我觉得，看办事处办什么活动了。我觉得像运动会还行，要是有文艺演出，确实是大家年龄差距这么大，每个人爱好、兴趣不同，让一个年轻小孩去听一个老头、老太

---

① 实际上从参加者来看也有区别。根据从办事处的了解，办事处组织的新年音乐会参加者是摊派或安排的，这也体现在办事处组织的其他活动中，而社区网和基于社区网而形成的那些团体组织的活动则是自愿参与。这一点在 2008 年新年音乐会中有明显体现，社区网的音乐会参加者是网友在网上自愿报名，而办事处则是安排一所中学的学生、各小区居民委员会的工作人员和居民参加，这是一种行政管理范畴的安排。

太唱的那些东西，老头、老太太也不爱听你的那个“菊花台”，反正萝卜白菜各有所爱。

（2008 年 1 月 16 日访谈）

这种合作过程中对于两种逻辑和场域的冲突，一些网友，尤其是年轻的网友表示了更多的不满和担忧。老 P 对此表示理解，他说“越是年轻的，抵触越大。80 年代的生下来就赶上改革开放，赶上民主化浪潮”。一些年轻的网友认为，这种介入可能会影响网友们的参与热情，最后可能导致一些社区网的活动失去网友支持，义工网友 NQ 表达了年轻人的典型态度。

我：办事处的参与对你有没有什么影响？

NQ：肯定是有影响。有好的也有坏的。好的方面，比如活动的设备、金钱、场地和治安等方面可能会给我们一些保障。但是有些时候毕竟办事处的想法和我们的想法有出入，可能会制约我们的想法。我们要这样做，他们觉得不合适，就这样。

问：有哪些事情让你觉得这种“制约”？

NQ：这只是我个人的想法。比如，消夏晚会的时候，我们想毕竟年轻人多，想弄得疯狂一点，热闹一点。但是对他们来说，觉得安全是最重要的，而我们想把场面搞得火爆一点。

问：还有其他事情让你有这种感觉吗？

NQ：那就是今年新年音乐会，说实话，今年的新年音乐会我没怎么参与，但是最后等我去的时候一看，怎么感觉都是老年合唱团在唱啊，网友怎么都没人了，好像大部分都被他们占去了。我觉得毕竟年轻人不太喜欢这些合唱啊，乱七八糟的东西。他们的想法和网友的想法可能有一些冲突，不可能完全一致。我们处在不同的地位，想法就不一样。他们可能有他们的想法，认为他们的想法是对的。但是网站毕竟是一个网络，也不能把它弄得太压抑了，毕竟是以年轻人为主体的，太压抑了也不是好事情。

问：你觉得这种介入会影响到网友对这些活动的参与吗？

NQ：我感觉会的，前几届活动我没怎么参加过，但是好像弄得很好的，我感觉现在他们参与的事情越来越多了。大家都知道，政府他们办事情想法古板一点，不太适合网友一些天马行空的想法，肯定会有一部分人不喜欢。不是不喜欢网站，而是不愿意参与这些活动了，大家对这些活动的参与热情肯定会受到一定影响。

（2008 年 1 月 19 日访谈）

在参加 2008 年新年音乐会的时候，我认识了义工 YL，事后我和他专门讨论过这个问题。对原来由网友自发组织的活动日益受到政府的干预，他表示不满。他谈到过去音乐会都是网友建议和组织，2008 年则变成了社区网和办事处共同承办。他认为，2008 年的音乐会更多地体现了办事处的意志，比如，办事处决定了一半的晚会节目。在他看来，办事处过度参与到社区网的活动中，尽管提供了资金，但是可能会“抹杀掉”网友的参与热情。

对于这样的活动，你可以提供服务和帮助。比如说，当我们需要一些大型场地的时候，你把一些公用机构，比如学校这样的场所提供给我们，一些设备给我们提供一下，如果我是组织者我会千恩万谢。但是如果你提供帮助的时候，你硬给我塞几个人，一些东西，一些内容的干预。首先我没有做违法的事情，在这个基础上你对我的干涉会产生负面影响。你可以参与，比如我搞一个什么音乐节，你可以出节目，但作为组织者，我应该有绝对的控制权。我可以选也可以不选，我可以选一个，也可以选两个。而不是不管我要不要，你都把大量节目塞进来。结果挤掉我们一半的节目，就像现场一样。可能你先走了一点，到后来除了那些人在外面，除了工作人员已经没有什么观众看他们的节目了，实际上这已经失去了活动本身的意义。所以我觉得是这样的，其实极端一点，我宁愿以后自己找设备，找场地，也不愿意要你（政府的）东西，是这样的，你不应该要的东西过多。

我知道确实有许多节目被砍掉，有的不是网友，但是是H社区的居民。比如我是网友，你是我的朋友，叫过来表演一个节目。其实，这样的活动就是我提供一个舞台，你表演，大家认识一下，交流一下，而不是让一个人去展示他的表演天赋。

（2008年1月3日访谈）

最后他甚至说“我想如果今年的节目单事先挂在网上的话，很多人都不会来了”。他的意思是，网友自己的节目只占了近一半，办事处的节目则占据了本该属于网友的表演机会。事实上网友报名节目确实非常踊跃，这意味着许多网友的参与热情无法得到满足。

在与PLZ、DF等网友的交谈中，他们还提到在“5·12”汶川地震的捐助活动中，社区网网友和办事处也发生过一些意见上的冲突。当时，社区网在H社区募集了50多万元捐款，办事处的意见是交给地方办事处，然后以H地方政府的名义汇到灾区。一些网友还提到，一些办事处工作人员想要从善款里拿出一部分作为大家的午餐费，这些想法均被当时在场的网友拒绝。最后的结果是站长 QL 出钱请义工吃饭，善款最终是以“H 人民”的名义捐出。

实际上，在诸如此类的“合作”中，类似社区网这样的民间组织非常容易处于一种弱势状态。但是如果合作不是以平等和协商的方式进行，那么政府组织的过度介入会进一步损坏“社会”的组织过程，最终使得这些组织失去了作为民间组织的自愿和平等参与的特性，从而不断倾向于政治化或政府化，这些组织的参与和积极性会受到破坏。如此一来，政府希望通过这些民间组织来实现自己的“政绩”或“和谐”的目的也难以实现了。因此合理地处理政府与这些民间组织的合作关系是使双方实现双赢的关键。

（三）自组织的嵌入性

无论是无奈还是抵触的态度，社区网及依托于社区网而建立和组织起来的社区自发活动都无法回避地方办事处的影响。政府与社会自组织似乎被看作是两种先天抵触的逻辑与行为，实际上，我在访谈中还遇到了一种非常积极的观点。DF 在自己的经历里可能使我们能够更正视政治与社会或政府与社会的关系。DF 是 H 社区的名人，甚至接受过中央级媒体的采访，从 2005 年、2006 年开始成为社区足球联赛的组织者之一，2008 年之后，尤其是“5·12”募捐活动之后，他开始更多地参与到社区其他公共活动组织之中。

DF 认为，“政府并非不作为”，许多活动能够举办到今天，在 DF 看来，是和政府尤其是 H 地方办事处的 CSY 主任的支持是无法分开的。在和我、HFH 聊天过程中，DF 纠正了一些关于社会自组织和政府之间的某种刻板认识。他提到，H 社区许多网友都认识的办事处主任 CSY，访谈中多次表达了对 C 主任支持的感激之情。他反复强调，社区网和整个社区的成功也确实来自于地方办事处的支持。

DF：很多媒体找过我，想报道社区联赛，想报道志愿者协会，所以以什么角度呢，想以咱们是自发，跟政府没有关系，所以才能做得好。我说，我拍着胸脯跟你讲，我不是巴结政府，我们的活动能做得这么好，跟政府的密切合作是连在一起的。其他社区为什么没有，是因为他有自发了，但是政府没有支持他，他起不来。咱 H 社区网确确实实是政府支持。

我：什么样的支持？

DF：比如你需要备案，咱去派出所人家给你备案吗？政府给你出面，你搞活动需要场地是吧？政府给你协调，你需要费用吧，政府给你解决一部分，不明着给，我私底下给你，就是这种的。一开始确实是咱们把活动做起来了，媒体有人关注，政府知道这个情况之后跟我们联系。

HFH：应该说，是先自身做强了，自身的能量展示出来了，然后政府这块呢，也需要这个东西。实际上应该怎么讲，是互有所需。

DF：对，这是实话，是互有所需。就是政府可以把我们做的活动作为业绩，但是我们要的是活动的本身，是吧？就是各有所需，也是各取所需。我们需要政府的外部关系，政府也需要它内部活动的延伸。那么咱们就结合，咱们结合的原因是平等的啊，不是因为你是政府我们就低下来，不是的。现在咱们和政府的关系是平等的，非常平等。现在政府常挂在嘴边的一句话是“你们的活动我们支持，但是不干预。”这句话对政府来说是很难的。

（2009 年 8 月 25 日访谈资料）

DF 在志愿者协会的申请过程中，对这种支持有了更深入的了解，也有了以前“想象不到的”体会。在办手续的过程中，区里管理民政的和红十字会非常配合，他以为会很难办，但是办事处都给办好了。

通过这件事之后我们发现，区里主管民政的、管红十字会的跟我们的那种配合，通过以前惯例来理解是你感受不到的。比如说，慈善协会这块，我就以为需要很多手续，那么镇里就把所有手续给办了，没有让我们去跑。昨天我去镇里想问问这个程序一周之内能不能办完，按我的理解最快也得一周。人家说下午就可以来取。而且政府说，如果你发现H内部有这种情况需要救助的，你去帮我核实一下，可能我没有精力和能力去核实，你核实完了之后你给我，我就尽可能地帮你申请救助资金。这按以前的惯例是想象不到的。

为什么很多人在说H活动也好，救助项目也好，跳出政府你真做不起来。然后呢，政府如果干预你，你也做不起来。怎么能做起来呢，就要结合，咱们是真正的结合，这个真不是空话。

（2009年9月15日访谈资料）

针对外界（比如媒体）总是希望他谈，社区网和社区自组织如何外在于政府而展开，DF反复强调，“自发性是个前提，我们还有一个根本的东西就是得到政府的大力支持。二者的结合才是H社区网活动的全部。”当然，DF和站长QL私底下聊的时候也认为，“很多时候也许是咱们带动他们，被咱们感动，这是咱们自己在家里说。他觉得你们确实做得好，那么本身能力范围内就全力配合，就这样一点一点的。如果说真能这么带动起来凝聚力的话，过一段时间再有事情一下就起来了。”DF的经历提供了一些与普通网友不同的立场，这种立场也似乎与常规上我们对自组织的认识不同。我把这种立场归结为自组织行为的“嵌入性”。

针对经济学强调市场自发调节的思想，波兰尼提出了他的“嵌入性”概念，他认为，自发调节的市场是一个神话。市场经济系统本身就是在现代国家与教会夺取世俗权力的过程中推动而形成。“在我们的时代之前，市场只不过是经济生活中的附属品，一般而言，经济体系是被吸收到社会体系之中的，并且无论经济活动中主导性的行为原则是什么，……在市场得到最充分发展的地方——即在重商主义的情况下，它们也是兴盛于集权的中央管理者的控制之下，……实际上，管制与市场是一起成长的。自发调节的市场是闻所未闻的”[①]。市场与社会在运行中存在一种“双重运动”：市场组织的扩张伴随着在货币、土地和劳动力这些虚拟商品方面的限制。也就是说，一方面，市场扩张到让人难以置信的程度；另一方面，各种措施和政策之网与各种制度相互配合，目的是抑制相关的市场行为。“在自发调节的市场体系所固有的威胁面前，社会奋起保护自己——这就是这个时代历史的综合性特征。”[②]

H社区里的政府与社区自组织也存在类似波兰尼所提到的“双重运动”：一方面政府的支持与介入或干预；另一方面是社区和网友想要脱离甚至抵触。虽然在《国家的视角》里，斯科特批评了集权国家在20世纪大型社会工程中所扮演的不光彩角色，但是他仍然想要告诉读者，我们每个人又都是国家及其社会工程的受益人[③]。而泽利泽也提示我们，警惕一种“对立世界”的立场，这种立场倾向于将经济、文化对立和分离开，假设存在

---

① 卡尔·波兰尼：《大转型》，刘阳、冯钢译，杭州：浙江人民出版社2007年第1版，第59页

② 同上书，第66页。

③ 詹姆斯·斯科特：《国家的视角》，王晓毅译，北京：社会科学文献出版社2004年第1版，第127页。

两个对立世界：一个是理性的，另一个是文化和亲密性的。两个世界应该相互独立，相互接触会造成相互损害对方[①]。而她强调的是，经济与文化（或社会关系）相互交织，也就是认为，把经济与文化或“亲密关系与经济活动混合在一起的民众，会积极地参与、建构、商谈并形成‘各种相互联系的生活领域’”[②]。我们不能简单地将国家与社会、经济与文化（或亲密关系）对立起来，而是需要在它们如何相互交织与作用过程中发现经验的事实。

就像卡尔·波兰尼所提到的，市场经济实际上也是在由现代国家强力推动起来的一样，尤其是在中国，社会自组织无法脱离国家或政府的支持与控制。如何正视政府的作用，政府如何改变与社会自组织的关系是双方需要进一步思考和把握的事情，而在这种斗争、妥协与合作之中生成了 H 社区精彩的社区生活。

四　社区网与商业组织

从建立之初，社区网的目的就是一个社区居民加强沟通的平台，是一个互动的领域而不是一个商业性的电子商务社区。但是社区网作为一个社区组织需要获取经济资源保证它自身的运作和维持。从西方的发展来看，社区网从技术和管理上都需要商业机构的支持，而社区网作为一种促进社区内部居民和组织信息沟通的平台，基于方便社区居民生活，社区商业组织的信息也是网络的重要内容。但是商业或市场如果成为社区网的主导力量则又会导致社区网的“变质”。在哈贝马斯看来，“系统”（政治和经济

---

① 薇薇安·泽利泽：《文化与消费》，载《经济社会学手册》（第二版），罗教讲、张永宏等译，华夏出版社 2009 年版，第 396 页；薇薇安娜·泽利泽：《亲密关系的购买》，姚伟、刘永强译，上海人民出版社 2009 年版，第 17 页。

② 薇薇安娜·泽利泽：《亲密关系的购买》，姚伟、刘永强译，上海人民出版社 2009 年版，第 13 页。

系统）的运作是靠“权力”或理性的算计，而“生活世界”则是一个“沟通行为”的领域。在这个意义上，社区网本质上是一个“生活世界”，而非“系统”。如何处理与商业或市场的关系可能是社区网能否健康和持续存在与发展的重要因素。

（一）虚拟空间中商业与社会的斗争

在社区网上，还是存在着商业信息、商业活动与网友日常交流的生活世界之间的抵触与争执，会有所谓的“软广告”“灌水帖”，甚至有商家通过“刷屏”，以引起网友注意。实际上网站对于商业信息的发布有一定的管理，尽管这种管理仍然不是非常严格。

1. 对信息空间的争夺

随着网站注册用户的增加，网站越来越多地受到商业力量的“青睐”。尽管社区的商业信息也会方便社区居民和新来的野猪们的日常社区生活，但是无所节制的商业广告必然影响论坛的气氛，排挤野猪们的交流空间。

实际上，在社区网上论坛的许多版面都有一些关于处置商业广告的版规。这是综合论坛“电子电脑”版主置顶的一个帖子：

> 本版广告有点多，貌似年初到现在，都以转帖到广而告之的处理方法居多，基本上也没有怎么删除、踢人之类的，——但，这不代表我没有血性了!!! 虽然我上站的次数越来越少，但是，更加坚定了对于广告信息帖子的查杀力度!

其他比如在“家居装修”和“邻居评楼”这样的论坛都有针对不允许随意发布商业广告的规定。“田园风光”小区论坛版规有关于广告的相关规定：公司的账号“不能主动发言”，“只能跟帖”；不允许在讨论的帖子中夹杂“广告帖”；注意语言的文明；保证广告的真实性，等等。另外，容易充斥广告帖的就是那些新开发小区的论坛。“七七家园”版主开始的时候也作出针对性规定：

> 七七家园的新规定：各位业主，大家交流的地方现在变成了一片广告的海洋（这是我的失职），我们应该把本属于我们的地盘要回来，有好的建议请提出来我们集体商议。
>
> 各位商家，你们这么大量的发广告贴（即使是装修知识帖也是另一种形式的广告），真正的业主发帖后就被淹没，业主来得越来越少，你们的广告还给谁看？不但广告帖没用，连在网站上做的广告也白做了。

该论坛规定，没有商家正式标志的不能发帖，商家不能发“主帖”，只能回复业主的询价，商家之间不能发“互相吹捧得广告帖”等，并警告违背版规、“屡教不改者踢出3个月到永远”。但是仍然由于广告的帖子过多，影响了论坛分区野猪正常交流和对该论坛的参与。野猪们抱怨说，七七是“一个只有商家的论坛？实在无聊。谁不希望自己的家有特色又舒适？谁喜欢满眼小广告？可我们的论坛却只有商家的软硬广告，七七改名野猪林算了。”

> 看看七七家园都成什么了，除了广告、马屁、有几个真正的业主能够利用这个平台做真正的交流，也不知道版主都是吃干饭的……如果有装修的需求、租房的需求有专门的论坛，在这里，你拍我一下，我拍你一下有什么意思。——潜龙观（84字节 阅读：68次 09/13 09：26）

针对“七七家园”的问题，2007年9月17日，一位野猪在

“站务讨论”论坛中发了这样一个帖子：

> 请到七七家园转一转，看看什么叫杂乱喧嚣的场面，没有一个版主出来管理局面，真正的邻居也都不来了！！！如果BBS的主持者没打算管理七七家园版块或者就让其在目前情况下存在的话，我就不说啥了。我作为七七一员，申请尽快组织人力对七期家园版块进行整理，目前最主要的就是把不办事的版主踢掉，选出新版主。

帖子获得十几个网友的回应，但是，由于状况没有改变，2007年9月24日，针对同样问题另有野猪再次发帖，要求重选版主，网友最终把矛头指向版主的不作为。野猪们抱怨，“装修的广告实在太多了！论坛看起来挺无聊的！”装修公司彼此跟帖占用论坛的空间。实际上，大家不是完全反对广告，尤其是装修广告，只是认为，需要规范约束装修公司互相追捧，“瞎顶起哄”，破坏了论坛交流的空间与秩序。网友认为，现在这个论坛已经成为“商家的论坛”，很无聊。

一些装饰公司认为，目前的状况只是“过渡时期，慢慢就好了”，并认为，“业主来多了，就不觉得商家多了”。不过也有网友认为，同样是初期阶段，“和谐家园”当时就不是这种状况。“同样是装修期间，和谐版块管理得就很好，业主也多，装修公司也多，但是不显得乱，对大家都有好处。”这才是一个“双赢”的局面。这场话语权和话语空间的争夺过程似乎没有出现业主和商家之间“真正的双赢”。直到2008年初，我做第一阶段调查的时候，“七七家园”已经没有版主主持了，而且业主的帖子也要比其他小区论坛少得多。

2. 网站对商业信息发布的管理

实际上网站本身并没有禁止商业信息以及广告的发布，只是对商业信息发布有进一步管理。比如最可能引起商家（主要是装修公司）注意的版面——“家居装修”论坛就对商家发布商业信息有具体的规定：

1. 只有在网站做了广告的商家才能在本版发布商业信息，其他商家发布商业信息一律删帖封 ID。（欲做广告请与站长联系）

注释：本站合法商家在其签名处都有猪标为证。

2. 对于业主从事商业行为的，其从事商业行为时的身份是商家。

3. 商家发布商业信息时，必须采用实名制。

4. 商家在本版发布信息只限如下种类：装修常识、回答业主问题、优惠活动信息。

5. 禁止商家自己顶自己的帖子，如果有话，请一口气说完。

6. 如果在本版发布非法或非合法商家广告时，版主会随时删除、锁定、隐藏帖子，而不会另行通知，并视情节处理，包括警告、禁言以及永久踢出。

7. 严禁商家用马甲自吹自擂，发现有欺诈业主的嫌疑，一经发现，马甲永远删除，实名禁言一周。

8. 反对商家贬低同行，互相攻击，对业主投诉竞争对手推波助澜，违者禁言一周。

9. 未经业主同意，禁止利用邮件、信使发送商业广告骚扰，一经举报，禁言一周。

有权利发布商业信息的商家必须是已在网站做了广告，并且采用实名制，从而减少了欺诈行为。这背后意味着网站对商家信息的审核。论坛对商家信息的性质、发帖形式、语言等做了明确规定。为了避免商业力量争夺有限话语权，影响野猪们的交流，版规还规定商家发布的信息从内容上只能是与本版相关的“常识”“回答业主问题”和“优惠活动信息”。而在“健身休闲”论坛也做了相关规定，比如，该版要求发布健身培训类的信息只能在版主置顶的一个帖子下跟帖，[①] 同时非本类的信息不允许发布等规定。采用相似的措施，“购房专栏”版主也设置了买房和卖房置顶的帖子，并对房产中介公司信息发布的资格条件、形式和信息发布的约束等做了具体规定。

在几十个论坛中，“家居装修”“购房专栏”“电子电脑”“健身休闲”这样的版面更容易受到商家“青睐”，其中尤其以前两个论坛为最。除此之外，只有那些刚刚开始入住的小区分站由于居民更多涉及装修等一系列事情，才可能吸引大量装饰公司蜂拥而入，比如，刚才提到的“七七家园”。总的看来，基本上社区网对于商家的商业行为采取有所控制，但不禁止的态度，要求只有在社区网做了广告的商家，在采用实名制情况下才有权利发布商业信息。除了“广而告之”论坛外，大多论坛不允许商家主动发帖，而只能在业主咨询的情况下回复帖子；规范商家的竞争行为，如禁止商家之间的相互攻击或“追捧”。这样可以在相当程度上控制商业信息，不会严重影响网民的正常交流，破坏论坛的气氛。

作为一个互动性虚拟社区，它的关键在于参与者的沟通和互动。如果商业或市场的信息压抑了这个“生活世界”的维度，那么网站就必将衰落。网站的创建者们也意识到了这个关键问

① 这也是许多分论坛都惯用的方法，用一位版主的话来说，一些广告和商业信息对业主日常生活来说还是有用的。设置一个置顶的帖子，让各个商家跟帖，即能保证商业信息不会泛滥到淹没业主“话语”，同时也能方便业主对商业信息的获取，可以说是一举两得的选择。除此之外，一些论坛还直接声明禁止非公益性商业广告的发布。

题，实际上从 2003 年开始，社区网已经开始盈利，收入主要来自广告。不过按 QL 的说法来看，虽然他是社区网的创办人，但是“网站是在大家的帮助下建立和维持的”，所以他一直控制广告的数量。

在社区网中，网民既是信息接受者同时又是信息生产者。甚至网站也没有什么专门的工作人员，日常由各版面的版主负责审查和维持。有纠纷可以到“站务讨论”版发帖，由副站长协调解决，这些版主和副站长都是无酬的，某种程度上就是社区网的义工。社区网的维持现在基本上已经可以通过网站广告维持，并开始有盈余。根据站长的介绍，这些盈余主要还是用于社区网组织活动。

（二）商家与作为商家的网友

网站的开发中一个重要内容是广告。随着社区网的注册用户增加，不断受到越来越多公众的关注，商业组织也开始有意识地运用社区网开拓市场。比如，在网站的首页就有许多文字和图片广告，而一些小商家，比如，许多装修公司，还可以选择缴纳费用，从而获得在论坛有选择地发布商业信息的权利，当然这个信息发布的同时也会受到一些版规的限制。关于发布商业信息的限制，在前文我们从一些论坛和分站的相关规定中有大致了解。装修公司可以在一些论坛里回复一些新的业主关于装修的询价，可以在个人资料中发布自己公司的相关信息，通过这些手段扩大业务范围。除此之外，也可以参与业主和商家合作的集体采购和团购等活动。

1. 社区网上的商家

ZF 是河南人，30 岁，公司业务范围是水电维修，公司工作人员都是自己的老乡。2007 年上半年，他刚在 H 社区东部一个新的小区租了一套房间，30 多平方米的客厅空空荡荡，只有一台办公桌，一套有些发旧的沙发，两间卧室，工作人员基本都住在这里。当天我去的时候，一群人正在阳台上打麻将。我笨拙地寒暄了一番，具体地介绍了一下自己的来意。ZF 似乎也有点拘谨，可能他也没有接受采访的经历，好在我们的谈话最终还是在一片麻将声中略显生涩地开始。ZF 来北京好多年了，在 2000 年左右来到 H 社区，那时候 H 社区还没有现在的规模。刚开始时，ZF 跟着河南老乡一起做装修，“非典”那年开始，自己拉起一伙人做水电维修工作，一直到现在。刚开始的业务主要是靠老乡介绍，从 2006 年 3 月开始注册了社区网，缴纳费用后，可以“合法”地通过社区网来联系客户。据他说：

> 我们好多搞装修的老乡都在网上，现在社区网上差不多都是我们老乡。以前靠朋友介绍（业务），上了网后就基本上靠网上联系，上网跟业主聊天，谈业务。我们老乡许多都是在网上发家的。
>
> （2007 年 10 月 31 日访谈）

按照规定，在网站一次性缴费时间越长，就越能获得一些广告费方面的优惠，他采取半年缴纳费用的形式。按他的说法，现在他的大多数业务差不多都是通过社区网，也有的是以前的客户介绍过来的。尽管无法提供具体数字，但他还是能够确信，在注册社区网后业务量有明显增加。ZF 自己不经常上网，但是自己的这伙人中有一个年轻的小伙子经常上网，负责和客户联系。同时每年当有新的小区开放的时候，还可以参加由业主、装修和建材商家共同组织的集体采购活动。这些活动就像招标会一样，许多需要装修的业主和装修公司、销售相关材料的商家在这个时候讨价还价。每次这样的集采，他都可以签十几二十几家的“活儿”。实际上，他在社区网上做这种广告也是在老乡的带动下，他有 40 多个做装修的河南老乡也差不多都在网上，许多河南老乡通过社区网发家。按照他的说法，他的河南老乡相当大程度上垄断了 H 地区装修的业务。

当然，随着 H 社区日渐成型，新开发的小区必然越来越少，社区网对于装修公司这些商家的作用可能会发生变化。因此有些商家会做出进一步调整。YR 是一家装修公司的负责人，在几家装修公司拒绝我的访谈后，我终于联系上了他。不过在进行访谈的时候，我感觉到他对我有些顾忌，而且态度略显冷淡。我的一些问题他都以“不方便告诉你”作为回应。根据他的介绍，公司从 2003 年开始就在社区网上做广告，应该算和社区网合作商家中比较早的。这些年来他大部分的，差不多 70%—80% 的业务都是通过社区网获得的，应该说在业务拓展上还是很有力的。不过 2007 年 4 月开始，他撤掉了广告。他的一些做装修的老乡和亲戚也开始撤除广告。当我问他为什么撤的时候，他没有直接回答，不过最后还是给了我一种说法，就是现在的社区网对他可能作用不大了。他解释说，主要是因为现在 H 社区已经接近成型了。新开发的小区少了，“H 地区的业务快到头了。”不过一个有意思的地方是，当我问他如果不做广告了，是否还能继续通过社区网来发展 H 本地业务的时候，他隐晦地说，“那要靠运作”。而我问他这个“运作”指的是什么，他却以“不方便告诉你”作为回答。这种隐晦的回答在我访问的商家中都遭遇过。

除了像 ZF 和 YR 这种纯粹在社区网上做广告的商家之外，社区网及其活动还经常有一些商家赞助。比如，社区运动会、足球联赛及一些足球队，以及社区内的歌唱比赛，甚至社区网组织的慈善捐助活动中都有一些商家的赞助行为出现。QL 有时候会为那些赞助社区网公益活动的商家给予广告上的优惠，尤其是那些支持慈善活动的商家。社区网上出现的商家还有一种存在方式，就是他们自己本身也是网友。那么作为商家的网友如何自处以及如何与一般的网友交往呢？

2. 作为商家的网友

社区网上有一些网友本身就是商家，他们或者原来就是商家，或者原来是网友，后来做了一点小生意。他们和一般网友之间的交往由于商家的身份而与一般的社区网关系有了一些微妙的差异。一些网友对此持“无所谓”的态度，但是作为商家的网友在生活中也遇到一些尴尬和非议。

（1）“商家”与“网友”：双重身份的困惑

2002 年，“酸汤”① 在社区网注册，属于比较早期的网友。她说，自己在社区网上有很多收获，甚至社区网已经成为她生活的一部分，现在 80% 的客户来自于社区网。没有社区网，她就不可能认识这么多社区的关系和自我的提高。

> 他们说，我这两年变化挺大的，我前两年来的时候是很盛气凌人的，他们前两天聊天说，酸汤以前是很咄咄逼人的，对，我以前是这样的。我以前经常在网上和人讨论问题，都是针锋相对。

“酸汤”认为，自己现在不断成熟了，她把这种成熟归结为社区网的经历。1998 年到 2001 年，她自己做生意，担心被社会脱离，所以试图通过看报纸、上网看新闻，进而与社会保持紧密的联系。后来，准备在 H 社区买房，她就常常上社区网，上装修的论坛，了解关于装修的知识；后来，上“亲子小屋”，了解一些关于孩子的信息，比如，幼儿园的信息和买一些东西的信息；其他就是去“单身乐园”论坛娱乐一下。

---

① “酸汤”是唯一一个主动提出不必将名字隐去的网友，但是笔者思量再三，还是对她的名字做了处理。此处为了表示对她的谢意，没有用代码而是为她起了一个名字，她也是另外一个直接得到社区网帮助的网友，祝“酸汤”身体早日康复。

"酸汤"也参与过一些社区网大型活动的组织，比如，社区运动会最早就是她提议并参与组织的。不过，对于"酸汤"来说，她觉得自己最大的收获是在社区网结识了几个妈妈，加入了一个妈妈群，认识了几个非常好的朋友。这个群给了她很大的帮助，帮助她提高了对自我和生活的认识。

> 我如果是27岁的话，遇到生活的事情我可能也会来这个网站发帖子。可能我要孩子有点晚，31岁左右才要，而且呢，我觉得在这个网上最值得的是认识了非常好的朋友。有时候晚上在QQ上和她聊天，我觉得她对我影响很深。最重要的是在这个网上有一些人推荐的一些书对我影响很大。都是关于调整心态的，让我重新认识生活，遇到有些事情怎么去看。
>
> 我觉得上这个网最大的收获就是心理层次方面对我有很大的提高。我觉得我生孩子以前夫妻关系不是特别好。是相处得不好，不是感情不好。有时候，我很明白我老公是个很内向的人，我经常会纳闷，他为什么会这样？为什么不听我的？为什么他会和我对着干？我搞不清楚，很难受。我看了这些书后，就豁然开朗，就是说如果他不能变，我做出调整，他就会随着我变。这样的话，我觉得我获得了一种生活的真谛，这是我上这个网最大的收获，这也是他们觉得我改变了的原因。
>
> （2009年8月13日访谈）

但是，在从社区网上有各种收获的同时，"酸汤"也有很多困惑，这些困惑基本上来自于她的"商家"身份。生意和生活，线上和线下交织在一起。在日常生活中，许多来她店里的人总会冒昧地问她："你常上社区网吗？你是'酸汤'吧？"她有时候也很困惑，有点不自在。她自己认为，网上和网下应该分开。但是由于她算是社区网上的“名人”，许多人就认为，这个 ID 是一个完美的人，而在日常接触中，比如，集采或到她店里的时候，会发生线上和线下两个世界、网友和商家两种身份的交汇和纠缠，有时候就会有一些矛盾。对于她而言，H 社区网不只是一个私人的生活世界，而且还有一种生意的关系。不过现在她也想开了，朋友之间涉及钱也可以分清楚。

YCR 是一个摄影师，在 H 社区开了一家照相馆，许多社区网大型活动的照片都是他提供的。YCR 于 2004 年来到 H 社区，算是一位老网友了。据他介绍，在照相馆的业务中，网友比重非常大，接近一半客户来自网络。最初是因为可能带来客户，否则的话他可能就不会上社区网。不过，在社区网上除了带来生意之外，几乎所有社区内的朋友都是通过社区网及社区网组织的活动认识的，在社区网上逐渐也感觉到有“意思”，比如聚会的 AA 制。

> （我）H 地区大部分，应该肯定是 100% 的朋友都是通过社区网认识的。感觉是 30—40 人能有电话，其他的认识得就多了。因为接触得不多的话，我这个人不是愿意交际得人，有事说事，没事就不扯什么，还是小圈子比较多。我们那几个人原来在 LJ 小区那边，我们五六个人总在一起，每周都聚会、喝酒，后来搬到这边，少了一些。
>
> （2009 年 9 月 14 日访谈）

人们上社区网的目的不一样，YCR 认为，一些商家就是为了“混个脸熟”，上网就是“灌水”，他对此也有些不屑一顾。

> 我也算老人了，但是我很少去灌水，我不是那种人，没

事我不愿意灌水的那种，我就不理解有的人恨不得每天吃什么了都去说去。我上“亲子小屋”非常多，不发言，但是经常看。我估计如果社区网关了，许多人都得病了。没地方说话去了，就是说有人愿意说，有人不愿意说。

（2009 年 9 月 14 日访谈）

酸汤和 YCR 都属于一开始就是商家，然后由于社区网而具有商家和网友的双重身份。而 GY 和 PLZ 则属于原来只是普通的网友，后来由于种种原因在社区做一些小商业。

GY 的特殊在于她兼具网友、版主和商家的多重身份。就像其他作为商家的网友一样，社区网除了带来生意之外，还使她认识了社区内的朋友。GY 通过社区网的论坛和 QQ 群的交流，通过参加羽毛球俱乐部的活动认识了“成百个”社区内的邻居。除此之外，社区网还使得 GY 认识了现在的爱人，找到了两个失散多年的同学。同时，社区网也锻炼了她的能力。用她的话说就是，“以前从小到大都是别人安排我干什么，现在成了我组织大家一起去做，需要了解的东西更多了，比如，出去玩的话住宿、路线都需要我去安排”。

但是通过社区网对社区产生感情的同时，也产生了一些新的烦恼。2007 年以后，GY 成为社区分站的版主，2008 年，因为私人原因辞职后开了一个小店。每星期一个 ID 可以通过社区网发一次集采，可以在“广而告之”论坛发广告帖，这也带来了一些生意，与此同时，新的烦恼出现了。

GY：有网友说，我们分站的一些版主以权谋私。他是那么说，但是实际上大家不会做。这个版主工作，大家是基于热心义务去做这个事情。对于我们来说，没有什么可以以权谋私的。

我：是利用自己是版主为自己谋利这样的事吗？

GY：没有，其实没有。就是，比如说像有一个帖子，就是有人发广告帖。比如，我们楼下有个叫“活龙”的，她发的帖子我们按惯例应该转移或删除。但是有一个帖子看起来，你说它是广告吧，也就是一个服务理念的东西。你说删还是不删？我说就是先不删，看看别人怎么看这个事情，因为现在我属于商家了。

有 QQ 群里的朋友跟我说，有些事你得避嫌，广告帖你不要去管了。但是有些时候你发现有些帖子别人半天什么也没做，我就把它转移了，删掉。而这个事情，我正在犹豫，就没动弹，等别人去处理。有一个人就说为什么你不删这个帖子，是不是因为你现在是商家了，大家之间互相帮忙照顾。但是，对我来说根本就没有这么回事。那个网友“联想”看到了，就发了个帖子说“对广告置之不理，然后以权谋私”。大家呢，也不知道情况，就跟风嘛，就发出这些言论，后来他跟我道歉了。我老公说，这都是无理取闹，不用搭理他。

（2009 年 8 月 26 日访谈）

现实生活中，GY 倒是没有发生酸汤所产生的困惑和麻烦。GY 认为，自己开店得到了许多网友的支持，甚至开店就是网友的建议和启发，而她自己在论坛中也能保持一个网友和版主的本分。比如，她“在小区分站从来不发广告，除了广告日。在其他地方从来不会说到我家买东西，除了在 QQ 群里头”。

尽管 GY 认为，自己和在 H 社区租房的网友在论坛上交往没有什么差别。但是她还是强调了一点，同样也是借助于社区网开展商业活动，她认为，“作为业主的商家”和“作为租户的商家”可能会有很多不同。

GY：说的那什么一点吧，我在 H 社区是个有头有脸的人了。对我来说我不可能，我不想拿我的声誉砸在里面，我要在这里住好几十年呢，走不了的。即使将来为了孩子去城里几年，但是我还是要在这是住几十年，我不可能。

我：有些网友说为什么 2005、2006 年氛围变化了，一个重要原因是租房子的多了。有些租房子的网友没有根在这里，只是在这里租房，可能转身就换别的地方住了，说话和做事可能更容易不负责任。

GY：对我来说，这确实也是个压力。我是业主我也是商家，我和别人不一样，我卖东西要价廉物美，东西必须保真。但是我觉得有的租户商家，可能是打一枪换一个地方，声誉不声誉无所谓。

我们想讲的最后一个网友商家的故事主人是 PLZ。PLZ 人称老 P，据 RY 说，他是“最不是商家的商家”。老 P 参与了大量的公益活动，社区网组织许多公益活动经常在他的茶馆开会，还会有一些网友将做淘宝的商品存放在他那里。他的茶馆也是一些网友聚会和闲聊的场所。我的访谈对象 ZZH 和 YCR 等人就是在这个茶馆结识了许多朋友。

在约好的时间，我来到他的茶馆，老 P 一边泡茶，一边和我聊着通过社区网、通过茶与社区的网友如何结识的各种故事。老 P 最早不是商家，刚来 H 社区的几年，通过社区网认识了很多朋友，那个时候大家都是单身，没有什么娱乐，大家就常到老 P 家打牌，后来因为家庭的一些问题，他的爱人辞掉了工作，为了让爱人有个事做，一个经营茶叶的朋友建议他在 H 社区卖茶，最后就开了茶馆。

PLZ：那个时候（2002、2003 年）陆续住进来，跟市里也隔绝，没有什么娱乐。大家总在我家打牌，整宿的打牌，也不赌钱，男的打牌，女的聊天。那个时候，认识了一个做茶叶生意的朋友，他就教我喝茶。他每年都来北京开会，给我带来好多茶，非常好的茶叶。在我们家打牌，我就给大家泡茶，都是好茶，一人一杯铁观音，都喝得很不错。就在网上说呗，说干什么呢？在喝茶打牌。后来就有人说，喝着你的茶不错，能不能托他买一点茶过来，我说那就买一点呗。我就给那个做茶叶的朋友打电话，他说没问题，厂子里都有，发一点过去给你就行了。当时，还只限于二期的邻居，确实不为赚钱，当时特级铁观音发过来也就80多块钱一斤。

大家都在网上说茶好喝，一说一期的邻居就知道了，大家都在一个坛子里混。就有人发信说，“你那个好茶能不能给我一点？”呵呵！弄了好几次，新茶下来的时候，我就在网上发个消息。现在很少了，我那个时候发一个团购茶叶的帖子就能被置顶，现在不可能了。那个时候就和LL等人认识了，以茶为媒吧，就认识了更多社区里的人。之后慢慢社区活动就参与进来了，小到腐败活动、出去玩啊，大到2003、2004年绿地维权，后来认识的人就越来越多。

我：那个时候还没有做这个生意吧？

PLZ：没有。真正做这事（开茶馆）大概是从2005年开始的，大家都来捧场买东西，慢慢店就开起来了。

（2009年9月11日访谈）

不过，老P也强调，在H社区做生意很不容易。比如，社区相对封闭，居住分散，小商业生存能力不大。社区网一方面带来了生意；另一方面也产生了一些麻烦，比如，虚拟社区会放大交易中的摩擦。

PLZ：社区网肯定有很大帮助。比如说，有人问去哪里买茶，就会有和我比较熟的网友说去老P那买。哎，人家就可能到我这来买，这是很好的广告效应。这是好的一面，但是也有不好的方面，你应该能看出来，社区网天天在吵架。如果你的东西不好，价格高了，服务不好了，因为你不知道是不是网友，有人来了也不说。在这方面你必须很谨慎，因为一旦买得不好，他回去发个帖子，这个你很难去解释。是吧？

我：你跟普通网友交往的时候，有没有什么障碍什么的？

PLZ：没有。我不觉得我是一个商家，大部分人也不觉得我是商家，好多事都和这个没关系。比如，这个茶馆被用来做好多事，像社区的公益活动，捐衣服什么的。如果是纯商家，他肯定不会做这个事情，那会影响形象和收益。我认为是无所谓，我并不是拿这个店来挣钱的。但是，我的原则是不赔钱，它自己能循环，第二是不能往里搭钱就行了。毕竟解决了一个人的就业，让我老婆有个事做。

（2009年9月11日访谈）

（2）是商家，也是网友

正像格兰诺维特对嵌入性的强调一样，经济行动始终嵌入于行动者所在的关系网络之中。泽利泽在《文化与消费》一文中，曾批评了将文化和消费之间的界限清晰化的观点。这些观点或者认为消费是理性的，或者认为消费是表现性的，或者把消费行为划分为理性和文化表现的。泽利泽则认为，“消费，同生产和分配一样，事实上承担着极其重要的社会工作，它不仅维持人类生活和社会制度，而且也塑造人与人之间的关系”①。将文化和消

① 薇薇安娜·泽利泽：《文化与消费》，《经济社会学手册》，罗教讲、张永宏等译，华夏出版社2009年第1版，第395页。

费（理性）看作两个对立的世界，这种假说实际上是一种严重的误解。比如，鲍威尔·迪马奇奥（Paul DiMaggio）等人研究的“网络内部交易”的存在就证明了卖者和买者之间消费交易中存在的非经济关系①。前文我们提到作为商家的网友由于多元的身份带来很多困惑和烦恼。而对于网友来说也有类似的情况，在交往和交易之间难免有一些抵牾。但是，基于这种嵌入性的视角，我们又应该理解交往和交易并不是可以截然分开的。

ZZH跟我提到和作为商家的网友的关系，他有两个这样的网友：一个是PLZ，他这些年很多在社区内的朋友都是在PLZ的茶馆里认识的；另一个是做摄影的YCR。而他与YCR还有一个老乡的关系。在他的经历中似乎也没有因为他们的商家身份而有什么不便，彼此之间跟常规的朋友一样交往。甚至老P的茶馆成为很多网友日常聚会聊天的场所。

> ZZH：像我媳妇就说，你们这和农村有什么区别，吃完饭就过去（老P的茶馆）一蹲。我说我们不蹲着。她说那跟蹲着有什么区别？也可能原来就喜欢这样吧，不愿看电视，看电视有什么意思。随时去，随时有人。
>
> 他就给大家提供个场所，也不指着那个赚钱，他那个不赔就不错了，指着那个得饿死。
>
> 我：跟他是怎么认识的？
>
> ZZH：也就是在茶馆。当时，论坛上他的茶馆很火，之前也就是彼此都熟悉对方的（网）名字。我就想认识认识去。有一次晚上，我就溜达过去了，自我介绍一下，然后坐那就聊呗。做个什么活动都在他那里，有的人做集采的东西也放他那里。

---

① 转引自薇薇安娜·泽利泽《文化与消费》，《经济社会学手册》，罗教讲、张永宏等译，华夏出版社2009年第1版，第384页。

我：你交往的范围中有哪些人原来就是商家的吗？交往的时候有没有什么不一样的地方？

ZZH 短暂思考了一下：除了老 P 就是 YCR 了。YCR 还是我老乡。YCR 是个搞摄影的，后来也在社区网注册了，有什么活动也都参加，去摄影。没事出去喝个酒，吃个串什么的，也没有什么。他毕竟是做生意的嘛，没事少打扰。但是，你有事可以想到他啊，照相可以去他那照。在哪儿照不是照？反正都是要让人挣钱。

（2009 年 9 月 16 日访谈）

网友即使是商家，对于 ZZH 来说，基本持有无所谓的态度，用他的话来说，“钱让谁挣不是挣啊”！QYJ 等人的态度与此相似，不过他强调的是，商业对于社区网和社区的作用以及作为商家的网友的“权利”。

QYJ：我也有社区网的朋友一早就是商家，我也没觉得有什么问题。可能是我成天和商家接触，我觉得非常正常，呵呵！再有可能是有人有一种意识，哎呀，一听是网友、是业主感觉很亲切，就放松了，上当了。一听是商家就提高警惕，然后怎么怎么着，这是错误的。不是人家错，是你自己错了，跟网站没有关系，你不改变自己是不行的。

我：我接触的一部分网友也说没什么影响，我买东西或者卖东西的话，该什么价格就什么价格，我保证质量，和我们是网友没有太多关系。但是，有的商家上社区网不是基于交流的需要，就是灌水，是为了赚取眼缘那种。

QYJ：那有什么坏处吗？你想要个什么样的环境呢？人家违反了法律？违反道德？还是违反了什么规定？你有权利上，人家也有权利上。有人上来是为了卖东西的，有人是为了买东西的，有人上来是抒发心情的，有人上来是因为高兴。每个人都有权利，不影响你就完了。当你有需求的时候，你就要找谁能满足你的需求，你俩能搭上。网站给了你一个免费的平台，这不挺好嘛！

你为什么要反对呢？他愿意发帖子逗乐子不挺好吗？他需要卖什么东西的时候，最起码人气还在啊！你觉得好你就买嘛，他又没有拿刀架你脖子上要你买，没有啊！无所谓啊，有人气了，来得人更多了，对双方都是好事，它会带来更多商家，更多消费者。没有任何不好的，我不明白为什么有人反对。可能就是认为，你来就是为卖东西的，这就不好，这特幼稚！思想相当不成熟，这是你自己的问题。

人家有权利这么做，正因为有商家参与，你这个（社区网）才更好。我们装修的时候细算了一下，通过集采应该省好几万块钱呢！没有这个呢？没有商家参与，没有这个网站，你根本省不出来。对你来说省钱了吧？对于商家来说赚钱了吧？扩大销售量了吧？提高影响力了吧？对网站来说壮大了吧？大家都好，为什么要反对呢？又不是你家炕头，非得你说了算。呵呵！这是个趋势，没人挡得住。

（2009 年 9 月 14 日访谈）

QYJ 的认识非常具有包容性，这可能与他的工作就是和商人打交道有关，他对商业和社区网的商业化有更理性的分析。这种态度与泽利泽在批评关于消费和文化的“对立世界假说”时候的立场一致。QYJ 并没有把社区网（交往空间）和商业（交易行为）之间对立起来。而 HL 作为一个比较年轻的网友，也有比较清醒的认识。他把这种关系定义为“相辅相成”。“跟我们一起玩的也有商家，我们一起玩和商业没有关系。还有什么情况呢，比方说，他开酒吧，那环境不错，人也不错。去哪里玩不是玩呢？反正都是挣钱，给谁挣不是挣？而且也不是一看到商家就抵触，比如 DF 组织足球联赛，他也是商家。这事是相辅相成的，什么事情不能只看到一面。”

（三）社区网的性质：商业与非商业的纠结

无论网站是公益性还是营利性的，都必将面对运营经费的问题。在西方的许多社区网大多是在地方政府、某些公共部门，比如学校，以及一些非营利组织和商业机构的合作之下建立的，因此网站的维持经费有稳定来源。但是对于像 H 这样完全由社区居民自发建立的社区网来说，社区网日常如何维持就是一个重要问题。在西方社区网发展的早期，互联网的相关基础设施还没有健全，这就涉及需要一系列投入以及由谁投入的问题。而在中国一些大都市的社区网迅猛发展的 21 世纪初期，互联网的基础设施已经开始在城市大多数地区开始铺建，上网并不是一个技术难题。H 地区的社区居民（除了几个村改居社区居民）在工作和生活中普遍用到电脑和互联网。无论从基础设施、互联网知识和使用还是从中国的社区网进入社区来看，都要比西方社区网发展要容易得多。

就网站的运营费用来说，QL 的意思是，网站也用不到多少钱。由于 H 社区网是由社区居民自发建立的，社区网的内容生产及其更新都不需要专门的工作人员来维持。但是，由于网站的一些商业运作，对于网站的性质，以及网站的管理不是不存在争议。比如就网站的性质而言，装修公司老板 ZF 就说：“你说他为人民服务也是为人民服务。你说他是商家也是商家。它也赚钱，作广告，你不作广告他就不让你发帖。”他估计，网站每年应该能够有 10 万—20 万元的广告收入①。实际上无论社区网是

① ZF 对网站性质的理解可能有点误解。一个组织是否是营利性的，不是仅仅看它是否考虑赚钱，而是看它是否以营利为组织目标，以及这个利润是否归组织所有者拥有，也曾有媒体质疑网站是一个营利性商业组织，笔者一直没有找到这个报道。不过可以确定的是，确实有一位记者对北京几个大的社区网进行过调查，他认为，包括 H 社区网，它们都是商业网站。

营利性的，还是非营利性的网站，最重要的是我们应该从网站的实际功能上来看。只要它发挥了社区居民所期待的作用，或者说预期的功能得到实现，就不必要奢谈“性质”。这正像改革开放早期的那句名言“不管黑猫白猫，抓住耗子就是好猫。”

1. H 社区网是一个公益性网站？

有网友在论坛发帖子时认为，网站应该是一个公益性的、非营利性的组织，过多的商业化会使得社区网“变味”①。那么什么是非营利组织（nonprofit organization）或非营利部门（nonprofit sector）呢？一般而言，学者们认为，非营利组织具有一些共同的特征：组织性，私有性，非营利性，自治性，自愿性等②。从这几个方面看，社区网似乎符合非营利组织的基本特征，它由社区居民自发建立。网站具有大致的组织结构，QL 是法人代表，有站长、副站长和版主等负责网站运行。从管理上看是独立的，不依赖于地方办事处或其他机构。网站的广告收入按站长的说法还是大多用于社区网网站服务器的购买和维持、空间租用，以及一些活动组织方面。站长和版主的形成，论坛管理以及活动组织都是志愿、自发的而非基于命令、强制和摊派③。

---

① 笔者在和记者 XK 聊天过程中，他鲜明地提出自己的看法。他说，即使它是商业网站又怎么样呢？他的看法是社区网就是商业网站，可是它毕竟能够网聚一大批社区居民，营造一种家的感觉，这和笔者的看法最终是相似的。我们更多应该从网站的功能实现角度来审视和评价社区网的历程。商业并不可耻，没有必要讳言商业。

② 莱斯特·萨拉蒙等：《全球公民社会——非营利部门视界》，社会科学文献出版社 2002 年版，第 3—4 页。

③ 2007 年 10 月 27 日，社区网汽车俱乐部和一些网友组织了一个帮助网友找母亲的活动。活动中的一些图标是社区网负责印刷的，同时社区网还联系了一些媒体报道本次活动，试图增加人们对这件事情的关注，而这次活动确实最终起到了关键作用，通过这次活动以及媒体的连续报道，在 11 月 2 日，网友的母亲被找到了。按站长的说法，这是本年度社区网做得最好、最成功的两件事之一。

实际上，对网站性质的最大质疑来自于一些人对网站广告收入的使用以及所有权问题。毕竟从所有权的角度上看，网站是QL个人所有，网站的广告收入及其使用，网站财务都是不公开的，因此人们难以界定网站是营利性还是非营利性组织[①]。

不过，网站的某些核心人员和网友还是倾向于把社区网定位为一个公益性组织。作为副站长的LL跟我提到，包括他在内许多人都曾建议QL把社区网商业化运作，但是QL坚决不同意。他认为，“邻里之间的感情是用金钱无法衡量的事情”，商业化可能会破坏已经建立起来的“凝聚力”，伤害网友的感情，所以网站仍然是严格控制商业化的脚步。

> LL：你上过T那个（社区）网站吗？那个网站商业化味道浓一点。原来我也上过T网站，最早T网站的站长在H网站和我们一块混，后来搞了一年不搞了，退出干别的了。现在好像由一家公司运作，商业化了。我们没有变，我们还是最大的公益网站。其实包括我在内，很多人都说，应该把网站变得商业化一些，但是班长[②]坚决不同意，可能他理解的更深一点。他觉得邻居之间的交流不是用多少钱可以衡量的，这就是所谓的凝聚力。（商业化之后）现在T网站就没有了，没有这种凝聚力了。
>
> （2007年11月25日访谈）

---

① 尽管一些人估计网站从财务上是盈利的。但是根据RY的估计，基本上也就是持平。他给笔者算了一笔账，服务器的耗费，程序更新、日常维护和相关软件等费用每年保守估计就得10万元，而广告收入大体如此。即使有盈余，但按照QL投入的精力来看是不成正比的。

② 社区网网友日常大多称QL为“班长”。在本文中作为对QL的称呼，“班长”和“站长”可通用。

从总体上看，H社区网在这一点上还是与北京市许多社区网有很大不同。LL认为，T社区网的商业化已经使得社区网的“凝聚力”或人气坏掉了。看得出，他对H社区网网站比较满意，认为H社区网比较“干净”，并且坚信，H网是“公益网站”。但是DF则认为，把社区网看作是非营利性网站是对QL的“不尊重”。这个说法是我在和DF、HFH一次聊天中表达的。DF很了解北京市的其他社区网，也了解并非常尊重及推崇QL。

DF：他这个人有个活我自己累点扛过去也不喊另一个人帮我抬。他就是这么个人。

HFH：对，他也不吱声，就自己在那闷嗤闷嗤的。呵呵！

DF：我去过八通、大兴，参加过很多他们网站的活动。所谓网站站长就在那一坐。介绍领导，什么领导，别人在那干。

我：他们的网站和咱们是一样的吗？

DF：类似，但是他们的经营模式是完全商业化。H社区网我认为它的定位最准确是什么呢，半公益、半商业。如果你说社区网完全是个公益的，那是对QL不负责任，把QL推到一个万劫不复的地步。但是网站是不是一个公益的网站，确实有公益的部分，而且QL本身就是个做公益的人。那么它有没有商业，广告就是商业嘛！对不对？所以你要给定义为半公益、半商业。去年文化衫的费用，“5·12”文化衫的费用，几千块钱谁出的，QL一个人出的。

我：这些事网友知道吗？活动总结的时候有交代吗？

DF：不知道，不体现，就是个金额告诉大家就完了。

HFH：当时，其实没有个总的活动的总结，就是有一个总的回顾，做一个结构性的回顾。

DF：有那种回顾，每次活动后我做的总结。只是写每次活动中我们应该记住的网友的，感动的企业的、孩子的一些片段，没有组织者的一点东西。以前所有的活动都是这样。你的公信力在建立就是大家的肯定，而不是对自己的弘扬。你自己记住就完了，舒坦了就完了。你像我和QL一人捐了1万块钱，我要给他承担一部分费用，他不干。后来我给他承担了不到1000块的费用，像在各小区做宣传的、在YCR人那里做张贴的海报什么的，我说你别结了，我跟他还有别的东西要做，我一起结就完了。

（2009年8月25日访谈）

DF认为，应该把H网站定义为“半公益、半商业”性质的网站。一方面是因为，H网站从所有权上属于QL私人的公司，但是另一方面QL个人又对社区事务和慈善捐助活动有大量物力和人力的投入。

2. 社区网是“商业行为支撑的社区网”

针对QL对社区网和社区公益事务的贡献，网友HFH说，“网友还是有良心的，没有把这当成你做什么就是应该的，总有很多感谢的话。”就社区网的性质而言，我的一位访谈对象XC的说法比较客观。XC原来从事IT行业，现在是个自由职业者。2001年开始就成为社区网的网友，他本来想买一期的房子，由于没有“号”了，2003年才买到二期的房子。XC以前做过其他网站的版主，由于职业关系对网站的管理颇有一些心得。当我问他“社区网网站的商业化运作是否会影响到社区网野猪的参与”时，他说：

这种网站进行部分营利很正常，因为你要维系它，一些硬件和必要的投入是必需的。你不可能让人家贴钱干这个事情，也没有必要。这些必要地获取这些利益，我觉得非常正常，也可以理解。但是关键地就是说必须有一个“度”，不能干扰正常的交流。如果有些变成了纯商业性的东西，就会问题很大了。

（2007 年 11 月 8 日访谈）

他认为，尽管不好界定网站的性质，但它应该是一个靠商业行为支撑的社区网，有一些营利性行为是可以理解的，但是关键是这个“度”的把握问题。

不能把一个交流平台变成一个广告的平台，一个纯商家的销售平台，这对长期发展没好处。比如，有的人上来看到都是广告，也许他再也不来了，有的人就有自己的想法。

（2007 年 11 月 8 日访谈）

对于网站的性质存在许多争议，这种争议不仅仅是由于网站是挂靠在 QL 个人公司的名下，却很大程度上以非营利的姿态出现在社区生活之中，而且对于网站的所有权在许多网友心目中也存在争议。

JJ：这个论坛实际上也是政府的。

我：这个我第一次听说，怎么说的呢？

JJ：当初 QL 他有一阵子干不下去了，他就在网上说有没有人资助他，他愿意把股份让出来。当时有 LNN、洋葱、LL 等人每个人出了 1 万块钱，剩下的是镇政府出的。你看现在 QL 抬头是副站长，实际上政府是站长。

我：那在产权上是什么状况？

JJ：你看每次遇到这个话题，就没有办法继续了。有人说 QL 你网站挣了多少多少钱，他也不会出来解释。其实，他在里面已经没有多少股权，被 LNN 几个人一稀释，再被镇政府一稀释就更少了。大家可能感觉这是他个人的，这样觉得更放得开，更自由，其实早就不是了。

（2009 年 8 月 24 日访谈）

JJ 根据一些老猪的说法认为，大约从 2003—2004 年开始，H 社区网就应该不属于 QL 所有了。当然，关于网站的所有权，似乎更多的网友认为是 QL 个人所有，但是确实也有少部分网友认为几个副站长也拥有股权。为此，我曾向两位副站长 LNN、LL 甚至 DF 咨询过，他们的解释则很明确：网站是 QL 个人所有。那么 QL 到底是如何处理这个敏感问题呢？在 2008 年 1 月份，我和 QL 聊过这个话题。他告诉我，从法律意义上，社区网是一个商业网站，挂靠在他个人公司之下。QL 给我介绍了在网站发展过程中的顾虑，个中曲折难以一时言明。

刚开始，我想把这个网站做成纯公益的，包括收入都用于做成一个基金什么的，用于网友的活动啊什么的，现在也有，但是可能没有完全的那种。毕竟现在我的一部分工作是做这个，原来是想我那边上班，这边做这个公益网站。后来他们说要捐服务器，我刚开始不接受大家捐款，当时有一个网友非要攒拢大家捐款。

我为什么刚开始不接受呢？我就怕没捐的不舒服，怕有区别对待这种感觉。后来有网友说，“这个网站到底是你自己的，还是大家的？”因为当时我说这个网站是做成大家的。我说，那就捐吧，代表这是大家的，然后就有个网友去组织了部分网友捐款，但是这个钱很长时间一直没有给我，后来一些老猪知道之后，这个钱才部分地转给我[①]。

① QL 强调，后来他又将这笔捐款退还给网友了。

其实，我完全自己拿这个钱也能承受得了。其实，网站做完之后，差不多半年之后，就有人想要买这个网站。后来人气逐渐就旺了，开始有人想做广告，我也没有去主动找。然后，当时想怎么生存呢，服务器开支也不多，我靠编程啊什么的，一年做几个活，几万块钱就够了。后来广告这块，人气旺了，装修公司的，当时有几个网友看到了商机，一见面就问怎么规划的，怎么打算的？我总是说没有规划。包括现在，其实也没有什么规划，都是走一步，看一步。

（2008 年 1 月 17 日访谈）

那个时候，有一个网友在论坛里被封贴了，他很恼火，就说要揭发 QL，说网站是“非法的”。QL 挺生气，但是这也确实使他注意到网站是“非法”的，就想着怎么能让网站合法化。正好，后来几个网友，包括 LL 等几个副站长都找到 QL，想把网站商业化。当时 QL 认为，“反正都是老猪，只要保证对网友利益不损坏，商业化也无所谓。当时也同意了，就委托一位网友做商业计划书。自己是做技术的嘛，不愿意做这些”。本来事情可能就朝向社区网的商业化方向发展了，紧接着就出了“绿地维权”的事情。QL 当时认为，网站应该支持网友维权，但是这次活动中，社区网在立场问题上，内部出现了严重分歧，这种分歧直接促使 QL 断绝了合作操作网站的念头。

后来这个事不了了之之后，就想算了，就自己怎么弄成合法的。注册公司比较简单，找代理公司注册了一下。主要是 ICP 这块，听说没有 100 万元做不了。后来才知道不用 100 万元，挺高兴。用半年的时间手续办全了。那个时候我还在上班。现在看应该是网站被封的前期，2004 年 1 月份

ICP 办下来，春节之前就是。

（2008 年 1 月 17 日访谈）

尽管 QL 通过注册私人的公司，从商业上使得社区网网站合法化。但是，从性质上又与某些初衷相悖。而按照 QL 的说法是，即使是最早的时候，网站也难以成为公益网站。

QL：这也是没有办法的事，网站必须有 ICP，有 ICP 必须是公司。有时候听网友嘟嘟囔囔的，就当没听见，不好说。其实，好多商业我一直在控制，包括广告我一直都在控制。

我：广告从什么时候开始有的？

QL：从 2004 年吧，你看我都没做推广，都是人家找上门来的，我都没时间搭理，除非给我打电话，好多申请都没有处理。包括有些别的合作的，开栏目的，特别多。比如开个游戏频道什么的，包括新浪都找过我，但是我都没通过。

我：那怎么没有在商业化道路上前进一步？

QL：这块就说，我是想保证原来的味道。再有就是，那些东西没特色。比如新浪有的是，再弄一个也弄不过人家，弄得挺商业的，网友还有意见。

（2008 年 1 月 17 日访谈）

QL 认为，网站发展就是“顺其自然”，不想进一步商业化。他不断跟我说，在做网站的过程中，他也感到，“挺有意思的”。谈到社区网的建设与维护，QL 说：“这是一个兴趣，我做这个东西也很有意思。比如开发（社区）地图的时候，就很有成就感，很早就想做了。有一个网友不知道从哪里弄了一个卫星图，就是 H 地区的卫星图，还有横拍图，从飞机上照的。在卫星图基础上拼起来的，一笔一笔画出来。好多地方实地考察，都要去看。弄了三个月，做出来后特有成就感。”从他娓娓道来那些网站建设的小想法中，我能够感觉到QL的投入与用心。

QL的努力和付出并没有被网友们所忽视，在调查中，大多数我访谈过的网友都对QL非常认可，甚至是尊重。用资深网友LBT的话来说就是，“QL原来想法很简单，就是一个交流平台，但现在社区网还是一个商业平台，他还不适应这个变化。”LNN是社区网最早的，可能也是年纪最长的网友。她也证实了不同阶段的确有一些人想要将这个网站“商业化”和“股份制”。

> LNN：以前有人说，希望股份制啊什么的，QL是怕人多了不好管理。他始终坚持“为人民服务”那一块比例大一点，利益上能够维持网站运转就可以了。QL这个人呢，是一个很不错的年轻人，为什么我特别愿意帮他，他主要不是只盯着利益这块，主要还是为大家搭建一个平台。但是运转这个网站必须需要费用，人多以后就容易在利益上做不了主了，他还是坚持自己运营这个网站。这个我觉得挺能够理解的。
>
> （2009年9月13日访谈）

归根结底，在我看来，无论社区网是不是属于非营利组织，至少它在功能上或事实上不同于政府组织和纯粹商业组织的运作。它更像是一种“社会企业”，“介于公益与营利之间”，一种“表现为非营利组织和企业双重属性、双重特征的社会组织”[①]。借助于商业企业化的运作获取利润，主要服务于社会问题的解决，而非单纯地追求经济价值的实现。尽管并不完全如人意，社

① 王名、朱晓红：《社会企业论纲》，《非营利评论》2010年第2期。

区网网站自身还是试图严格控制商业广告对论坛的影响，并且积极带动商家参与社区组织活动，包括慈善活动。据我的了解，有能力拉到商业广告和赞助前后，网站确实持续在大型组织活动中分担了相当的活动经费，同时积极参与公益活动。

第四章　地方认同如何生产：基于虚拟社区发明传统与孕育规范

社区网作为一种自组织的产物有两层含义：其一指的是，社区网网站自身的产生、发展和运作是独立的、自发形成与组织；其二则是指，社区网内部组织维度，论坛、社团和社区网活动相对于社区网网站的自组织。甚至 QL 自己也不知道到底在社区网上有多少自组织群体及其活动。无论是站方内部从站长到斑竹，还是站方与社区网的网友及其组织都倾向于是松散的、自愿的、平等和协商的关系。通过社区网的一系列自组织过程逐渐形成了社区自己的传统。由于没有共同的历史作为社区成员的集体记忆，新生社区的传统的生产与实践成为社区认同的重要根源。这里的“社区认同”指的是，社区成员对“我社区”身份的认知，以及对这种身份的归属和情感，是个体对社区成员身份的自我意识。

借助于社区网，H 社区逐渐形成网站周年庆典、社区趣味运动会、社区网新年音乐会、足球联赛等传统活动。这些已经成为传统的社区活动，最初都是来自于网友和站方的创意。这些活动已经不再只是网友们的传统，甚至已经开始成为一般意义上地域社区的传统。虚拟社区和地域社区或物理社区（physical community）开始出现了融合与互构。

第一节　传统的发明及其效用

对于我们而言，“传统”似乎意味着具有古老过去，不断被重复展示的、稳定的行为系统。它的缘起甚至消失于历史的长河，成为古老的传说。但是霍布斯鲍姆告诉我们，传统也可能是并不古老，甚至是被发明或创造出来的，通过不断重复来建立起与过去的联系。

一　传统的发明与历史连续性

在《传统的发明》这本书里，霍布斯鲍姆等学者认为，目前欧洲人所热衷的那些传统，至多只能追溯到19世纪末。这些所谓的传统没有传说中那么古老，甚至许多传统还是舶来品。作者试图用翔实的材料与生动叙述揭示出，“传统不是古代流传下来的不变的陈迹，而是当代人活生生的创造；那些影响我们日常生活的、表面上很久远的传统，其实只有很短暂的历史；我们一直处于，而且不得不处于发明传统的状态中，只不过在现代，这种发明变得更加快速而已”。“传统”其目标和特征在于“不变性”。与传统相关的过去，无论是真实的，还是被发明的，都会带来某些固定的活动，譬如重复性的行为。“‘被发明的传统’意味着一整套通常由已被公开或私下接受的规则所控制的实践活动，具有一种仪式或象征特性，试图通过重复来灌输一定的价值和行为规范，而且必然暗含与过去的连续性。”①而且这种“连续性”大多是人为的，它们采取参照旧的方式来回应新形势，或是通过强制性重复来建立自己的过去。这种“与过去的连续性”

① E. 霍布斯鲍姆、T. 兰格：《传统的发明》，顾杭、庞冠群译，译林出版社2004年版，第2页。

不一定是“真理”，相反它可能有谎言的成分，但是不断的“重复”已经使得其自身变得崇高与珍贵。传统不在于它是“真的”，只在于它的“重复”是否建立起一种“延续性”的历史感。根据霍布斯鲍姆的思路，借助于这种历史延续性的建构，民族的认同和归属得以产生。或者说，这种传统的发明最终也有助于构成一种安德森意义上民族共同体的“想象”①。

传统的发明在一定情况下更容易频繁发生。比如，“当社会的迅速转型削弱甚或摧毁了那些与‘旧’传统相适宜的社会模式，并产生了旧传统已不再能适应的新社会模式时；当这些旧传统和它们的机构载体与传播者不再具有充分的适应性和灵活性，或是已被消除时；总之当需求方或供应方发生了相当大且迅速的变化时”②。这些新的传统可能移植到旧传统之上，有时候则可能是“通过从储存了大量的官方仪式、象征符号和道德训诫的‘仓库’中借取资源”③，将一些旧的材料再一次改造。比如，一些传统习俗活动出于新的目的而被调整、仪式化和制度化。在社会转型的时期，一方面存在大量涂尔干讲的社会失范和大量传统的适应性降低；另一方面也产生着发明传统，重建社会规范的客观需要和实践。尽管涂尔干没有刻意讨论霍布斯鲍姆这里谈的“传统”，但是他们对于社会转型或变迁带来的影响的分析还是有许多相似之处。涂尔干讲的是，社会剧烈变迁产生的社会团结问题，也就是随着社会从机械团结向有机团结转变的时候需要新的社会整合方式④，而霍布斯鲍姆谈的则是社会转型期各种旧的

---

① 本尼迪克特·安德森：《想象的共同体》，吴叡人译，上海世纪出版集团2005年版。

② E. 霍布斯鲍姆，T. 兰格：《传统的发明》，顾杭、庞冠群译，译林出版社2004年版，第5页。

③ 同上书，第7页。

④ 埃米尔·涂尔干：《社会分工论》，生活·读书·新知三联书店2000年版。

传统无法适应社会变化，而需要发明许多新的传统。这些传统的作用就是促进社会认同和社会凝聚力的产生。就此而言，无论是"规范"或"公民道德"①，还是所谓的"传统"，其作用和过程是相似的。在《传统的发明》最后一章，霍布斯鲍姆分析了19世纪大规模传统的发明，他认为，这些传统的发明反映了这个时期迅速的社会变化。一方面是全新的或是虽然陈旧，但也已发生显著转变的社会团体、环境和社会背景呼唤新的发明，以确保或是表达社会凝聚力和认同，并建构社会关系；另一方面，变化中的社会使传统的国家、社会或政治等级制统治形式变得愈益艰难甚或行不通了。这种状况要求新的统治方法或建立忠诚纽带的新方法②。

二　政治的传统与社会的传统

总的看来，社会变迁使得旧的社会整合方式变得不适用，从而需要新的社会纽带确保社会团结。而传统的发明在这个时期就成为促进社会团结的实践之一。大规模传统的发明可能出于各种目的得以实施。包括官方的和非官方的实践。官方发明的传统主要是"存在于国家或有组织的社会与政治运动之中，或是通过它们实现的"。而非官方发明的传统"主要是通过并非如此正式组织起来的社会团体，或其目标并非是明确的或自觉的政治性团体，例如，俱乐部或互助会，而不论它们是否也有政治功能"③。霍布斯鲍姆把官方的实践称为，"政治的"传统之发明，而非官方的实践则可以称为"社会的"传统。

---

① 埃米尔·涂尔干：《职业伦理与公民道德》，上海人民出版社2001年版。

② E. 霍布斯鲍姆、T. 兰格：《传统的发明》，顾杭、庞冠群译，译林出版社2004年版，第338页。

③ 同上。

政治的传统之发明由于很大程度上是由有政治目的的机构承担，因此可能更有意识或深思熟虑。即使如此这些有意识的发明的成功与否也取决于是否能够获得接受。如果无法获得共鸣，就无法动员公民自愿参与，也就无法实现促进社会凝聚和认同的作用。如果我们说官方或政治的传统之发明是一种自上而下的实践的话，那么非官方的传统之发明则可以说是一种来自草根的或"社会的"实践。他们的区别既来自于行动主体的差异，同时也表现在传统发明的组织性程度上。如果我们套用马克思分析无产阶级斗争的"自发"和"自觉"两个发展阶段的话，"社会的"发明传统应该更倾向于属于分散的和自发的实践。而"政治的"发明传统则属于更为自觉的、更有目的或意图的实践。不过，传统的"发明"不能完全等同于"可以控制"[①]。在政治的和社会（或商业）的传统的发明中，这种"控制意愿"可能会有不同表现。但是，即使最成功的"操纵"的例子也是利用满足特定人群能够感觉到（不必然是清楚地理解）的需要的实践。也就是先要发现这种"需要"，然后才可能被"利用"或"发明"。而且，传统的发明往往最终远远超出了试图"操纵"它的那些人的控制[②]。或者说，它总会产生大量非意料的后果，超出发明传统并试图控制传统的人们的意图。当然，即使是"社会"传统之发明可能也将遭遇霍布斯鲍姆所谓的如何被接受或认同的问题。因此无论传统的发明来源于国家还是社会，我们都应该从"实践"而非"理念"层面来理解这种发明的运行机制。

相对于"政治的"发明传统来说，H社区的传统之发明则属于一种"社会的"发明实践。在霍布斯鲍姆那里，政治的发

① E. 霍布斯鲍姆、T. 兰格：《传统的发明》，顾杭、庞冠群译，译林出版社2004年版，第394页。

② 同上书，第394—395页。

明实践来自于国家或社会和政治运动这些具有明显政治目的的组织行为。而社区传统则是来自于社区居民基于共同的生活史和集体记忆而逐渐发明的实践。这些传统的发明可能并不具有明确的意图，更多的是基于社区生活和社区动员的需要，也大多不是一个系统的具有完整规划的组织过程，但是就这些传统的作用来说还是相似的。它们都发挥着增强团体凝聚力、促进社会动员和认同，进而保持群体差异的效应。当然，前提仍然是这些传统得到人们的共鸣，传统的重复实践过程得到人们自愿的参与。否则传统的发明只能是少数人的游戏，最终因为缺乏根基而沉寂下去。

第二节　发明社区传统：历史的生产

传统的发明在于创造一种历史的连续性。霍布斯鲍姆不断强调，这种传统的仪式或象征特性。但是无论如何只有当它不断被重复实践，并被认同才能真正发挥作用。而就一个社区而言，它可能缺乏强烈的仪式和象征特性。但是就通过行为的“重复性”来表达或灌输一种历史感，而这种历史感有助于促进内部凝聚力形成而言，它们又是相似的。

H 社区本身就是一个在几个乡村原处建设起来的社区，其居民大多是非本地的外来人口。也就是说，H 社区只有一段短暂的当代史，而没有遥远的“过去”，进而也就缺乏所谓的“社区传统”。在我的访谈中，几乎所有人对 H 地区由来的认识都远远少于对于 H 社区现状的了解。但是在社区网的凝聚下，H 社区正在形成自己的“传统”，形成自己新的历史。这种历史不是试图和那个似乎遥远的“过去”建立一种“连续性”，而是重新制造一种属于自身的“过去”及其“连续性”。

从社区最初的形成开始一直到现在，在短短十几年间，这种连续性不断被再生产出来，比如，网站的周年庆典、社区趣味运动会，社区足球联赛、新年音乐会等等。现在社区网上的网友不知道H地区历史的居多，但是不知道这些社区传统活动的人很少。在这些传统活动组织过程中，社区网不断走出虚拟网络，开始重构地域性社区的历史。而在这种社区传统的生产与实践过程中，社区认同以及个体对于社区成员身份的自我意识也被生产出来。

一　社区网周年庆典

社区网最早可以追溯到2000年3月9日。为了便于想要购买H社区房子的人们交流，QL创建了个人网页。QL曾经给我看过当初很简单的网页，基本上只有一个专栏，只是用于讨论和交流一些买房的经验，而这一天就成为社区网网站的出生日。每年的这个时候网友们都会组织起来搞一次大型的聚会，庆祝网站这个值得纪念的日子，到2015年3月已经是第15个周年庆典。

（一）从聚会到晚会

在刚开始的几年，周年庆典主要是以网友们聚会和吃饭的形式为主，组织者找一个饭店，大家边吃边聊，网友先签到，然后登记通讯录，席间彼此介绍，按小区照相留念。即使许多人都没有见过面，但是可能在网络上早已闻名，神交已久，许多在网上很熟悉的朋友终于在线下认识了。偕妻携子，呼朋唤友，其乐融融。当时由于饭店条件有限，无法满足太多的网友参加庆典的需要，每次也就200—300人。但是当时的盛况仍然是外人无法体会，难以描述的。

第一年的庆典没有多少人，大家在社区网上聊天就算庆祝网站庆典了。到了第二年的时候，LL发了个帖子说“咱们聚餐吧，腐败一下”。他说：“我后来看视频，觉得挺感动的。当时定在一个叫十八盘的饭店，整个二层都包下来了，去了有300—400人，大家开着车，吃完晚饭就照相。老乡照相，然后就有人喊足球队、羽毛球队什么的照相。大家都自我介绍，很感人。我记得，还有网友带了鞭炮，大家跑到外面放鞭炮。”从当时许多网友事后对第二届周年庆典的回忆中，我们依稀可见个中盛况。由于事先有事没能按时到场，一位网友后来还在社区网发帖描述当时的状况：

> 送走了同学，兴冲冲地奔向十八盘。大间里真是高朋满座，灯火辉煌啊，热腾腾的一股酒气扑面而来，差点把我打了一个跟斗，我心里暗暗叫苦，坏了，坏了，来晚了，好吃的都让这帮家伙吃光了。挨着桌子一个个瞧，没几张熟脸儿，傻乎乎地被班长带到卡拉 OK 前头，做个自我介绍吧，一个摄像镜头就对准了我，俺这辈子还没经过这阵势呢！手脚都不知道怎么放好了，干巴巴地讲了几句，那个摄像的先生说你再说一遍吧，刚才没录上。我的天！我这眼可现大了！走下台来，有几个聊得不错的和我打招呼，让我顿时觉得很有面子。后来又有几个迟到的，臊眉搭眼的凑了一桌开聊，越吃越兴奋，越喝越热乎，互相打听着：这个 PLMM 是谁呀，那个有点喝多了的又是哪位野猪啊，一个个如雷贯耳的名字对上号了。今天这一趟真是没白来，回到家，躺在床上翻来覆去睡不着，LD① 问我怎么回事啊，闹腾什么呢？我说是可乐喝多了，肚子胀得慌。哈哈！

网友“贝壳”也描述了自己参加两周年庆典时的情况和

---

① LD 也就是“领导”的缩写，是对老婆的爱称。在社区网上经常有各种类似的缩写，这也是网络语言的特征，其他比如 CP、ZZ 等。许多这样的缩写只有社区网的网友才能解码，它们体现了 H 社区独特的生活方式和经历。能不能理解这些缩写也是网友和居民身份的鉴别手段。

感受。

到了“十八盘”，小六和几个人已先我而来，大家都在一张纸上签了自己的名字，紧接着，一个个陌生的面孔带着一个个熟悉的名字在我眼前晃过。这些名字，许多都是我在网上天天能够见到的。天色黑了下来，房间里的空气随着人员的增加，像火一样越烧越旺。小六说了几句开场白，接下来，便开始自报家门了。那一瞬间，甚至让人感到一种不可思议的不真实，真的不敢相信这些有血有肉、有情有义、既熟悉又陌生的邻居们朋友们，竟然真真切切地离开了网络，从四面八方汇集到这小小的房间里来。此时此刻，素未谋面的人们却像老朋友一样彼此问候着，介绍着，没有一丝拘谨与隔阂。不断地有新的面孔涌入眼帘，我不知道一共来了多少人，只是急切切地在记忆中努力地搜索着他们的名字。

菜上桌了，吃到嘴里，竟然不知是什么滋味，脑子里飞快地旋转着，停不下来。邻桌的香槟泉涌般喷射了过来，耳边擦过的是笑声、喝彩声、酒杯撞击桌面的叮当声，令人捧腹的是 dipi 的介绍，文文静静的一介书生，竟然恶作剧般地起了这个名字，大家当然不会轻易地放过这个契口，众目睽睽之下，他竟然也有了些许的不好意思，只肯一字一顿地自我介绍：“D-I-P-I!”这种讲法岂能过关？大家高声叫着嚷着“听不懂!”，终于迫得他咬咬牙，大声迸出一句：“地痞——!”瞬时间，满屋的掌声、喝彩声、笑声，一齐爆发了出来，像汇集了一个汹涌的海浪，把全屋人的心都高高地捧了起来。

整个晚上，我全身涌流着的都是幸福和甜蜜，真真切切地感受着那快乐的滋味。在这里，我不知道任何人的背景、身份、来自何处，甚至他们真实的姓名，但却可以很自然、很真切也很由衷地渴望着把自己的落寞孤寂以及内心最原始的东西去向他们倾诉。我想：别人一定也和我一样。曾经有人说过："世上最美的东西是天上的星光和人心最深处的真实。"突然间我感觉到，那一刻我与大家拥有的正是世界上最美的东西，仅仅这一点，就足够了。

在每一朵花的背后都站立着一个季节。此时此刻，我想说的是，在每个网名的背后都站立着一个真诚的朋友，很想很想把那一刻挽住，也很想很想把自己的心情用文字表达出来，但不知为什么，竟然无从下笔。小六忙碌的身影、狼哥热情周到的关照、大漠漂亮的新娘和那不够分享的喜糖、dipi 的勇敢所博得的欢呼、神仙姐胖乎乎的笑脸和真挚的关心、发条、007、小猪……9 点多了，老奶奶从亚运村赶过来接我。我俩站在走廊，看着室内热闹依旧的人们，久久不舍得离去。她轻轻地跟我说："是网络，是缘分，是真诚，是情义，把这些素不相识的人串了起来，像一串天然的珍珠般无价衡量。"我会永远把它珍藏在心里，我会永远记住这欢乐的时刻。H 社区——我心中永远的净土！①

三周年庆典仍然是吃饭，由于有了商家赞助，开始增加了抽奖的环节。等到了第六届（2006 年），由于参加者太多，聚餐已经无法满足网友们的参与热情，就改为晚会的形式。这个时候庆典需要大量的组织工作。DL 从这个时候开始成为庆典的重要组织者。

到我第一次做调查的 2007 年为止，DL 已经在 H 社区居住了两年左右，当然从 2003 年开始就已经是社区网网友了。社区网网友史比居住史长是社区网上比较普遍的状况。DL 过去从事

① "H 网站两周年庆典纪实"，引自"H 资讯中心"，2002—03—13。

互联网网站运营工作，在公司做过一些活动的组织和策划，作为社区网的网友和社区居民也开始在社区网的活动中参与一些组织工作。作为导演和主要策划，DL参与了2006、2007年周年庆典的组织工作。她和一些组织者付出了大量时间和精力来筹划和商量晚会的各种安排。2006年的庆典晚会采取以社区网的虚拟货币——龙币——来购买门票的形式。1000个龙币换一张门票，组织者本打算用两周的时间把门票售完，然而，2006年2月16日刚发布通知，谁也没想到不到6个小时，350张门票就已全部售罄，而且还有800多名“持币待票”的网友强烈要求参加庆典活动。面对网友们的热情，站长QL只能代表网站向网友们道歉。

2006年3月2日，网站的班子和庆典筹备组开会试图确定最后的一些细节。舞台节目、各项活动、发放礼品甚至入场方式等细节都要求在最后一周内确定下来，当天最终确定下来晚会总导演、服装、道具和后勤各部门负责人。庆典鼓励网友自编自排节目，以个人或小区或论坛名义报名参加，庆典的导演、策划、主持人、演员和相关服务人员都是社区网网友以义工的形式自愿参与。许多节目的主题都和H社区的生活实践相关，因此大家喜闻乐见，庆典盛况空前，吸引了一些媒体的报道。

（二）7周年庆典的争议：商业的阴影

由于前一年庆典筹备比较仓促，2007年网站七周年庆典提前两个多月就开始筹划，确定导演和策划，一些热心的资深网友也纷纷献计献策。2007年1月4日，论坛上发布了通知征集建议和节目，呼吁商家赞助，正式开始了庆典活动的筹备。各个小区论坛也向自己的居民呼吁组织节目参加晚会，甚至有的小区自编剧本，表演小品。这次庆典有一点与上次不同的是门票的处理。2007年2月25日，在社区网上公开开始放票，组织者声明本次庆典票的发放方式，2006年是用虚拟货币购买门票，而

2007 年的庆典则采用货币购买门票，票价 10 元。组织者考虑的是试图控制人数，因为想要参加的网友实在太多，由于场地所限根本无法满足网友们的要求。但是这个决定随后几天在社区网上引起一些网友的质疑，2 月 28 日一个名为“坚决抵制社区网七周年庆典”的帖子引起大家的讨论。

> 社区网，社区网，到底是谁成就了谁？是网站成就了网友，还是网友成就了网站？不上纲上线地说，在这里上网的，都是消费者，交流的同时，促进了网站的发展，提高了网站的知名度、点击量，换句话说，就是广告收入。网站的庆典，是网站工作人员的庆典，还是网友的庆典？如果是网友的庆典，这个 10 元的门票是网友的意思吗？这门票钱总计 7500 元，都用去做什么了？哪怕是一次普通的活动，大家也有权知道所有的费用构成。更何况，还有很多的企业、个人赞助，这都不需要跟诸位网友明示吗？如果说，去年以龙币的形式收取门票，拍卖东西还只是一个娱乐精神的体现的话，那么今年直接出售门票，是不是就属于商业行为了？那请问：这张门票，有没有工商税务部门的许可？有没有向国家交纳税金？通览整篇放票通知，除了收钱，没得到任何与庆典有关的信息，都有什么活动？有什么节目？谁出席？就算是春晚，节目单也是早就出来的呀。最后说一句：连五环路都不收费了，一个社区网的庆祝活动还卖门票，不是我穷疯了就是你穷疯了。

实际上大多数的回帖还是持理解的态度。而质疑的观点主要是认为网站有没有权力对门票收费。同时如果收费是合理的话，那么相应的是应该具有知情权，比如庆典相关信息的公示。这个帖子发出的一个小时之后，站方针对门票收费问题及时给出了解释。

庆典是咱们网站成立以来，一直持续进行的、网站全体级别的大活动，大家反映比较好，所以无论实际客观情况有多大变化，我们还是想坚持要办下去。随着网站的发展，网友人数的大幅度增加，活动聚会的情况有了很大的变化。目前网站全体级别的活动，是千人左右。去年参加庆典人数350人，是采取网上龙币售票的方式，得到大家的支持，门票半天就抢空。龙币售票的弊端有两个：一是有好多不是每天都上网的网友根本没有看到售票的消息，票就没有了；二是入场的时候凭密码进入，造成很长的排队，去年300多人，就在门口排起了将近一个小时的长队，今年人数是去年的两倍多，考虑到入场问题，不得不采取提前卖票的方式。提前卖票也可以使用龙币，但是由于售票点的限制，考虑再三、权衡各方面的利弊，感觉还是取消了龙币购票这种方式。

不过请大家放心，网站不会靠庆典来赚取网友的血汗钱，庆典上给大家的礼品回报肯定会超过门票的价格。至于没有公布庆典具体节目内容的原因：我们网站庆典组委会一直在征集和筛选节目，由于大家都是利用业余时间在义务做这些事情，加上今年赶上春节比较晚，庆典筹备时间比较仓促，场地的安排等问题，所以只能等到下周一晚上才能彩排审查，在这之前确实没办法透露具体能上哪些节目。包括对报纸媒体的记者采访也是这样回答的。如果大家有关于庆典的好主意可以跟帖回复，包括门票、形式、节目等，我们今年能够采纳的就采纳，不能采纳的明年举办的时候再加以改进。谢谢大家的支持！

但是似乎这些解释仍然没有平息争议，一直到3月初仍然有人在议论这件事。不过，一些老网友还是比较能够理解网站和活动的组织者的热心和辛苦。网友 hy63 说："虽然没参加过，目睹网站几年的经历，相信大家推选的 zz① 们，别凉了热心人的心，支持一下。"另有网友认为："收费也有收费的考虑，T 社区的网庆都是收费的，都是为了让每一个来的人过得更开心。我相信网站也会把收费的明细算清楚写出来公布的。小人之心就不大好了。去与不去都在个人的想法。不去最好也不要伤了邻居间的感情。"更有网友认为，这位发帖人实际上是有些不负责任，如果"让他参与一下就知道组织活动的难处和组织者要多么无偿的付出。"

许多网友还是对网站和组织者表示信任。这种信任大多来自于自己多年社区网的经历。但是还是有网友坚持一种质疑："当然网站维护和建设都需要钱，但是就凭社区网的点击率，还有网站广告的价位，还有每次活动厂家的赞助费用难道真的连维护的钱都不够吗？庆典聚会是社区网回馈 zz 的，是一种感情的付出。你们对 zz 的回报是什么呢？"

原帖子的作者在另一个回帖中进一步对网站的管理提出质疑，他认为，现在管理上的问题随着网站规模扩大将导致社区网进一步发展的困境。实际上社区网络上的各种活动组织者和各位斑竹都是义工，他们用大量业余时间为网友服务，老网友一般都能够理解组织者付出的大量辛苦。由于大家都有各自的工作，在社区网的活动组织上也并不专业，因此难免留下一些管理和组织上的漏洞②。争议最终还是没有平息，QL 不得不在 2007 年 3 月

① "zz"即野猪（或业主）的符号。

② 笔者认为，实际上争议的根源是来自于网站身份属性的模糊化。这一点我们在第三章讨论社区网的组织问题时已经谈到。尽管许多网友，包括副站长 LL 都认为，网站是公益性或非营利性组织，尽管网站在活动的组织中并没有以营利为目标，甚至根据笔者的了解，许多活动还需要网站的补贴，但是由于网站最终是 QL 个人所有，在管理上没有正式组织的相应制度，包括财务的公开等，所以难免在网站的性质上受到怀疑。

3 日再次对门票收费这个决定形成的过程做出解释。

> 去年庆典应该说很成功，唯一遗憾是好多网友没有购买到门票，今年筹备的时候就在场地上仔细考虑。考虑了欧德宝汽车城的某个大厅、H 中学羽毛球馆、昆泰会议室、××市场、华星影院、××电力大学报告厅。欧德宝稍远，没有座位，场地不够大，羽毛球馆是塑料凳子，泰昆酒店会议室只能容纳 300 人、××市场太冷、华星影院没有开业，比较来看，只有××电力大学比较合适，唯一缺点就是远点，但是如果去过北城市场的都应该感觉不会太远。场地确定了之后就考虑门票的形式，大家一致认为应该提前售票，因为去年凭借密码售票造成 200 多人排队入场近一个小时，庆典开始时间一拖再拖，好多提前入场的网友都表示抗议，认为是对他们的不尊重。
>
> 提前售票也可以使用龙币售票方式，当时想了一个方案就是网上卖票，到售票点去凭借密码换取纸质门票，但是这样就要求售票点必须能够上网，而且给售票的网友带来很大的麻烦。后来我想了一个办法，就是卖门票，然后把门票的所得捐给希望工程或某一捐助对象，并跟 LNN、LL、free、YCT 等副站长商量。经过讨论，感觉这样会使事情变得复杂，包括捐助对象等很多问题会引起网友的争论或者不满。这个想法就被取消了。第一次庆典筹备会上，经过讨论，定下来收取门票这一方式，当时 YCT 订的价格是 5 元，后来在两个非版主网友的建议下定为 10 元，两个理由：防止多买不去；避免找零，给售票者添麻烦。现场会给每个进场网友发一份礼品，把门票的费用返回给大家。这次质疑也是好事，给我们提了个醒，当时只考虑了能去的网友都不会在乎这 10 元钱，但是没考虑到不去的网友却会在乎这 10 元。实

际上我们完全可以龙币售票，然后花钱顾一个家政公司给大家送票，这样的方式我想会花钱更少，挨骂也会更少。明年，如果有明年，打死我也不敢收大家的钱了。

由于前几次的庆典非常受欢迎，很多网友没有机会参加，因此2007年的庆典对于QL等组织者来说，首先考虑的就是场地容量和怎么入场等问题，但是还是产生了一些质疑。实际上根据LM和MT等网友反映，其实庆典活动的纪念品就已经超过了门票钱。MT几乎参加了每届的庆典活动，是一个纯正的H社区网人，对于2007年庆典的门票闹剧，MT[①]持有一种接近“阴谋论”的解释[②]。

那一年是有礼品的，有一个小包，小背包。那个小包就不止十块钱，还有一个宜家的玻璃瓶，也不止十块钱。说这个事情的人，肯定没去。他去了的话，肯定知道啊。交了钱的话，肯定物有所值，物超所值，没啥意思，你可以不来，说这怪话干吗？这个人肯定没参加，参加的话肯定不是这个说法。或者说他的目的不纯，肯定是有别的目的。

我：别的目的？

MT：就是想把水搅浑嘛。

（2009年9月11日访谈）

---

① MT是一个与社区网有特殊关系和情感的网友。他曾经患过重病，社区网网友为他组织了一次募捐，帮助他渡过了一个艰难时期。在访谈中，笔者能感受到他对社区网的真挚情感。

② 实际上，随着社区网在社区内影响力的提高，商业上的竞争对手有一些攻击网站的行为，比如黑客攻击，2009年夏天已有几天网站被黑，无法正常登录。而一些发生在论坛上的争吵和不光彩事件，也有一些网友认为，是某些“别有用心的人”在给网站抹黑。笔者在访谈中常常会从网友那里听到这种阴谋论的解释。事实上，社区网确实有竞争者，2009年，笔者再次回到H社区做调查的时候，已经又有人创建了一个新的社区网。

即使是现在，当时作为主要组织者之一的 DL 和我说到这件事的时候仍然颇为感慨。我可以理解她的心情，就像人们对于网站性质的质疑一样，不在其位，有时候很难真的体会到个中甘苦。RY 比较了解网站的过去，他给我计算了网站维持所需要的费用，这让我能够理解社区网表面上获得经济利益可能相对于站长和一些组织者付出的精力不成比例。很多伴随网站发展的网友都反复向我强调，QL 如何有意识控制网站运营的商业化，以避免社区网“变味”。

所有的怀疑者实际上都把网站看作是一个纯粹商业经营的组织，因此有意或无意地以经济和理性的态度看待社区网上组织的一些活动，进而在一些事情上容易出现过激和过于敏感的反应，所谓好事多磨。尽管这次庆典有这样一个波折，但是门票仍然供不应求，最终庆典仍然是成功举办。大多数老网友是认可社区网和大多数的组织者，争议并没有影响这个传统活动的人气，700 多张门票仍然一抢而空，许多网友仍然期待着八周年庆典给社区网带来历史性的喜悦。

庆典是一个与社区网的过去建立一种连续性的传统形式。这正如霍布斯鲍姆所分析的那样，传统的发明常常表现为试图与某个适当的，而且具有重大历史意义的过去建立某种“连续性”。“历史”也就是人类与过去的关系，常常成为被发明的传统作为行动合法性的依据和团体一致的黏合剂①。对于一个缺乏历史的社区而言，社区网周年庆典不断构建着社区“历史的连续性”。从 2000 年开始，每年的 3 月 9 日对于社区网及其网民来说就是

① E. 霍布斯鲍姆、T. 兰格：《传统的发明》，顾杭、庞冠群译，译林出版社 2004 年版，第 15 页。

这样一个具有纪念意义的历史时刻，社区网在这一天诞生[①]。借助于庆典的重复性庆祝，网友和社区居民建立起与社区和社区网过去的联系。对于大多数社区居民，包括社区网的人群来说，社区所在地区的历史实际上在集体记忆中是空缺的。甚至作为在北京出生的人来说，LL 也只是知道现在的 H 社区边上曾有一个经营了 20 年左右的饭店而已。他们了解的只是社区的短暂历史。用一位网友的话说就是，他们“只了解 H 社区的当代史”。

对于大多数人而言，H 地区的过去已经淹没在历史的长河里，而社区网的经历几乎是与 H 社区同步而行。对于社区网的网友而言，社区网就是他们的社区，其他的社区组织形式都无法实现和体现他们对社区生活的需要。他们大多数没有直接接触过居民委员会，甚至不知道他们的工作以及办公地点。通常在他们看来，居民委员会能否满足和体现自己的生活需要是不太乐观的，至于地方办事处作为政府组织距离个人生活则更远，两者意味着“生活世界”和（政治）“系统”的不同逻辑和场域。社区网的自主、平等、协商的气氛和组织逻辑更能够贴近这个人群的诉求。因此作为社区网历史建构的机制，周年庆典也正是社区“历史延续性”的再生产过程。在一次次的庆典组织过程中，社区网网友们通过周年庆典见证了网站、社区和网友自我走过的道路。对于社区网的网友来说，社区网是他们所认可的社区组织，社区网就是他们的“社区”。

---

① 从严格意义上讲，QL 在 2000 年 3 月 9 日建立的只是一个网页而已，当时叫“H 文化居住区”，2001 年后才真正叫“H 社区网”。而之后的若干年里，社区网已经不只是涵盖“文化社区”这一系列小区范围，所有 H 地区的社区几乎都包含在这个网络里，这个时候才应该算是社区网的开始。当然对于庆典而言，并没有必要考证历史的真实性。创造一个明显值得记忆的历史时刻，并建立与这个时刻的联系才是周年庆典的意义所在。

二　社区足球超级联赛

H 社区最引起外人关注的或最有社会知名度的传统活动是社区足球联赛。H 社区足球联赛是中国最早的完全由社区居民自发组织的社区联赛。当然，H 社区足球联赛的产生一开始并不是一个计划的产物。最早一届正式的足球联赛于 2004 年举办，并于第二年正式建立了完全民间的足球协会，开始专门负责管理足球联赛的运作。到 2015 年，足球联赛已经举办了 12 届①。这个社区赛事得到包括中央级别在内的各种媒体的报道，获得广泛的社会甚至市场知名度。

（一）自发组织：从踢球到踢联赛

H 社区在 2000 年还只是两三个小区，没有球队，更不可能有联赛，那个时候大家只是在社区网上相约一起踢球。2002 年 5 月，住在 T 社区的一位网友发了一个帖子，相约和 H 社区的人来一场比赛，使得 H 社区网友萌发了组织球队的念头。据现在足球协会负责人 DF 介绍，当时去看与 T 社区比赛的人就有 100 多人。赛后，网友们在吃饭过程中商量建立足球队。最早的一支球队“野猪”在这次聚会之后就建立起来。后来球队数量越来越多，业主们组建自己联赛的想法也就越来越强烈。LBT 向我介绍了当时网友和球友们的一些考虑：

H 超最早很简单，就是大家一起踢球玩。那个时候大概有 8—9 支队伍，平时要解决场地问题，平常每周都得约球。时间长了就平淡了，场地也不好协调。当时就想组织起来经

① 社区足协网站上 2013 年最新资料显示，2013 年第十届足球联赛，有了网友自己创作的会歌，开始增加了秋季联赛和 7 人制联赛。2013 年之后，网站的创建者 DF 退出管理之后，网站没有进一步的更新。

> 济上省一点，组织一下有个锦标形式更刺激一点。想法很简单，几个队的队长一碰头，就开始踢了。
>
> （2009 年 9 月 29 日访谈）

当然联赛的形成可能也有一点偶然因素，DF 认为是“非典”的原因。“‘非典’是 H 联赛的诱因，大家熟悉了。‘非典’之后约好，然后说大家组织比赛踢球吧。”“非典”过程中，社区网上的交流达到某种巅峰，之后，一群热心网友开始试图组织联赛。据 LBT 说，网友 WR 最早做这个联赛的组织和审批工作。

> 他就开始专门去……首先我们遇到一些阻力。比如说我们去租场地的时候，要经过当地派出所，派出所说你没有批文不能允许你这么干，这就逼着 WR 去昌平，各部门去跑。一到昌平人家非常支持，镇政府也非常支持。说这个是好事啊，政府采取一种非常欢迎的态度。我估计也是因为奥运前期，得到大家的认可，然后顺利地把批文搞下来了。
>
> 当时大家内部也有不同态度，有的说就这么黑着踢算了，我比较支持 WR。当时还有一个想法就是把联赛搞下去，那么你不可能一直黑着，WR 走在前面了。
>
> （2009 年 9 月 20 日访谈）

第一届联赛在 2004 年正式诞生了，虽说当时只有 8 支球队，但却为以后的发展打下基础。DF 跟我说：“由于当时没赞助，因此场地费和奖品费都由大家自己出钱。我记得当时有一个老大哥（本地业主）掏了 5000 块钱为球队买奖品，这也是 H 联赛获得的第一笔赞助费用。”各个球队日常训练和比赛大多数还是依靠网友自己承担费用。不仅仅联赛自身的发展是一个居民自组织的过程，而且它的发展也远不是一个周密计划的产物。相反联赛的发展速度和规模也远远出乎当时组织者们的预料。

在接受记者采访时，DF 强调，没想到 H 社区联赛会发展到今天这个地步。“因为英超是从社区足球起来的，人家是‘百年英超’，我们也就提了个‘百年 H 超’的口号，当时大家都把这句话当作是玩笑了，没想到后来越做越大。”而且，整个联赛最初“就是居民自娱自乐的一种活动，就是大家在一起踢球”。

足球协会由 H 社区热爱足球运动的业主们自发组织，于 2004 年 3 月 4 日正式成立民间体育协会组织。协会完全是一个民间组织，没有固定办公场所，足球协会的工作人员也完全是义工，自愿利用工作之余的时间来组织联赛。协会的管理者由各球队队长推选。根据协会负责人之一 DF2009 年 9 月给我的材料显示，协会设置有主席、秘书处、宣传部和财务部等部门。在联赛期间，足协成立联赛委员会办公室为常设办公机构，设置 7 个职能部门工作组承担联赛期间常规管理：综合部职能为文件管理、俱乐部审核、注册、资料库管理。财务部负责委员会财务管理、俱乐部财务审核、协调、指导。竞赛部负责联赛竞赛管理（规程、日程、文件、组织），赛区工作（协调、指导），体育场（标准、审核）。裁判部负责联赛裁判员管理（与裁判委员会合作，负责裁判员的聘用、选派、评定）。技术部负责联赛技术管理（比赛调研、交流研讨、技术资料、技术手册）。宣传部负责联赛宣传、新闻管理、信息管理、H 超网站、会刊管理。市场部负责联赛市场管理（资源维护和筹划、落实商务协议、协调商务工作）。安保部负责安全保卫工作管理（与公安部门合作、指导协调赛区安保工作、志愿者工作、球迷组织工作）。

联赛不仅有健全的机构设置，而且具有相当正规的管理制度。每年都会相应颁布一系列规章制度，如《H 业主足球协会联赛委员会章程》《竞赛规程》《违规违纪处罚办法》《纪律保证书》《联赛免责协议》等。根据 DF 2009 年提供的数据，目前足协下辖 32 支足球队，1000 多名注册球员，85% 左右的球员来自于 H 社区的业主。H 地区的足球联赛有两个特点：一个是参加者都是社区网的网友，自发组织成球队，平时还是以网名称呼。另一个就是以业余时间组织联赛，不仅仅球员是业余的，而且组织者也是业余的①。大家都是在工作之余组织比赛，比赛一般都是在周日和周六进行。

表 4－1　足球联赛发展规模②

年份	社区足球队数量（支）	参赛球队（支）	参赛人数（人次）	比赛场次（场）
2004	（近）10	9	180 余	36
2005	18	11	近 300	32
2006	20—30	16	500 余	120
2007	20—30	21		210
2008		22	近 1000	240
2009	32	18		153
2010		21	近 800	210
2011		18	近 1000	153

① 2009 年，在镇政府的支持下，DF 成立了一个体育文化公司，专门负责组织这个联赛。部分联赛元老对此有异议，这也许是 DF 于 2013 年后退出联赛组织工作的原因。

② 相关数据缺乏精确性，只能根据 DF 提供的 2004—2007 年数据和足协官网（截止到 2013 年）和社区网上相关报道得出大致的参赛人数等信息。根据官网报道的信息，截至 2013 年足球联赛已经累计观众 10 多万人次。社区足球队总体数量在 2007 年之后缺乏相关资料，无法统计。2013 年第十届足球超级联赛之后，DF 退出了足球联赛的组织工作。

续表

年份	社区足球队数量（支）	参赛球队（支）	参赛人数（人次）	比赛场次（场）
2012		18	630	153
2013		18	600余	153
2014		12	200余	66
2015		19	600余	171

（二）原住民的加入与组委会的分裂

借助于联赛的成功举办，网友和社区居民的广泛参与，联赛已经成为北京社区组织中的成功典范。经过足协工作人员的努力，2007年的联赛获得商家赞助，一家商场赞助10万元获得冠名权。这笔收入不但能够帮球队解决场地和裁判费用，而且在年末每支球队还能得到一定的分红。作为北京，乃至中国最早由民间自发、自组织举办的社区联赛，H足球联赛具有广泛的示范效应。如今在H超级联赛的带动下，北京已经有其他类似的社区联赛[①]，并于2007年4月23日由北京本地一家媒体和四家社区足球联赛共同发起的“北京社区足球联盟”正式成立，5家单位的代表共同签署了加盟协议书[②]。这个社区足球联盟是北京首家以社区足球联赛为单位，各成员本着平等、自愿的原则组合成公益性社区足球联盟。据了解，到2008年，H社区已经有各种业余足球队伍30余支。2008年社区联赛大体有22支球队参加社区超级联赛，赛事实行分级制和升降级制度，社区足球进入一个

① 丁文亚、黄敬：《四大“超级联赛”战火纷起——社区足球渐成燎原之势》，《北京晚报》2007年4月2日。

② 王军华：《足球为媒共建和谐，北京社区足球联盟今成立》，《北京晚报》2007年4月23日。

新的发展阶段。

但是，在社区联赛的壮大过程中，原来组委会的成员也开始产生分歧。主要的分歧围绕着当时是否应该让 H 地区的原住民加入，这个冲突 DF 和 LBT 分别都提及过。DF 的态度是原住民也是 H 社区的人，也应该可以踢社区联赛。而 LBT 等人则担忧原住民的素质，认为在一起踢球会有很多冲突或者说“文化差异”。

DF 没有隐瞒在 H 足球联赛发展过程中充满斗争的情况。2006 年，他从内蒙古辞职回来之后，组委会的网友请 DF 去找商家拉赞助，此后 DF 开始全面介入联赛组委会。

> DF：有组织的地方，你就记得有斗争，很多存活下来的组织者，一直坚持走下来的可能就是斗争的胜利者。我就是，我不隐瞒，我跟他们说，我是跟你们的斗争中走出来的。但是斗争完了，若干年沉淀之后，我们又能跟当时像仇人般的人成为哥们，因为当时是对事不对人的。我们现在都非常好，都是很好的哥们儿，现在还是能拍着桌子吵，但是吵完后还喝，喝完还玩。
>
> 我：当时你们有什么样的冲突？
>
> DF：最开始是 2006 年，H 联队是原住民球队，他们不让我们加入，我们坚持加入，H 联队是 H 本地几个村的联队。真正 H 社区联赛改成 H 地区联赛，谁改的？我改的。从 H 社区足球协会改成 H 地区足球协会，谁改的？我改的。他们不同意，没有一个人同意。
>
> 我：他们为什么不同意？
>
> DF：他们觉得原住民素质低，原来都是本地村里的人。我说不行。大家都是 H 的人，你觉得咱们素质高，如果实践证明，他们素质低，请出去。但是你不能主观认为他们素质低，就不让他们进来。我说你定个规则，符合就进，不符

合再出去。他们说，组织不了，我说我组织，大家就散了。

2006 年是个过渡年，在矛盾中组织起来的。2007 年大家都不抻头，我说，我干。完后呢，2007 年的时候我原来公司的客户都跟我走了，我拿着单子和几家公司合作，每个单子挣几千块钱，就这样存活下来了。

（2009 年 8 月 25 日访谈）

LBT 对联赛的参与和组织要早于 DF，也是 2005 年成立足协时的核心成员之一[①]。他认为，最初的争议实际上就是最早的几支球队存在着话语权的争斗，H 联队的加入可能是个导火索。

我：我记得有一年联赛，还请了高峰等一些前足球队员来踢？

LBT：就是 H 联队嘛。原住民球队首先是这群孩子比较年轻。我倒不是说他们不可以参加这项运动。我只是说他们年轻啊，他们对足球的理解和我们 30 多岁的不一样。我们把它当作一种活动，他们当作一种就是什么呢，反正想法不一样。

我：他们是太有竞赛心、好胜心吗？

LBT：对，对。好胜心我们也有。只不过我们会把这个看得很淡，而且原住民素质，没有接受过高等教育，社会历练也不够成熟。村民也是，H 联队也是，都是村民。首先我对村民的素质不太认可，非得把他们弄进来，当时我和 WR

---

① 2006 年之前，DF 还不是足球协会的核心组织者。也许正因为 DF 不是足协的元老，造成了后来 DF 成立一个文化公司单独组织这个联赛受到部分足协元老的质疑。2009 年，围绕着 DF 的一个重要的质疑就是联赛的商业化问题。但是，根据足协网站的信息，直到 2013 年第十届足球超级联赛，联赛的组织者仍然是 DF 和他的公司。2013 年之后，DF 退出了联赛的组织工作。

不太同意。因为这些球队球员的约束性不强，每年都是红黄牌大户，它影响那些和谐的气氛，踢球首先要有个气氛，这个气氛不是说不铲球，不是那样，即使我们铲球，比方，我们俩熟，可能就一笑而过。他们不理解，以为把动作啊、碰撞啊，避免就行了，其实不是这样。你干什么事情，搞一些体育活动，有时候赛场上的气场，那种气氛是无形之中形成的，这个东西你控制不了。

我：那他们和我们业主、网友踢球冲突很多吗？

LBT：不是冲突，大家踢着不舒服。比如，他们踢球的时候不自觉地带口头语啊，什么傻逼什么的。他们可能是习惯，不自觉地就带出来了。平常，我们业主除了踢比赛之后，下来我们还一起喝酒。但和这种队踢，没有交流，踢完就完了，输赢无所谓。

而且，本身北京这个城市，本地人和外地人在文化和价值观的差异也是存在的。

（2009 年 8 月 25 日访谈）

作为一种社区居民自发举办的社会活动，H 足球联赛在早期形成了以组委会为核心的、自发的组织团队。LBT 说："所谓的组委会最开始就是各个球队的领队，但是许多人就是为了踢球，不是很热心参与。最后形成了一个固定的小团体，就形成了组委会。但是组委会组织了一些活动，比如和足球元老一起踢球等等。"那个阶段仍然存在许多"斗争"。DF 说："这里面有好多有意思的事情，他们球队老队员给出主意，你们应该这样这样干，然后我们球队的老队员也给我们出主意。那个时候大家争得水火不容，见面不说话！现在看来真是很幼稚，现在都能一起打台球了，还是现在大家觉得当时的问题不是问题。"之后，组委会成员由于私人原因、精力不足和内部分歧等原因纷纷退出，从

2007年开始，联赛组委会就形同虚设，DF开始自己一个人承担组织工作，联赛的商业化开始常规化。

除了原住民球队的问题之外，H联队有几年还请了几个退役的前职业球员参加，这件事本身也褒贬不一。从商业和声望角度，这是一个很好的策划，但是从社区草根联赛的宗旨角度上看，则有一些社区网友对此有不同认识。

> LBT：我为什么要参与这个，是因为我在踢球的时候能够给我也带来一些实惠，对不对？同时这里面也倾注了大家的感情。如果你把感情忽略了，以后可能就不会有业主联赛了。就像现在北京市正在搞的什么草根足球啊，新浪网大肆宣传那种。其实里面有多少是真正的平民足球？有多少业主足球？我不太理解。有的人理解什么呢，平民足球就是只要你没有现役的足球球员，这就叫平民足球。我觉得这个不是，平民足球是只要会踢就能踢，这个叫平民足球。你那个叫什么平民足球？比方说，几个退役的球员带上几个体院的专业学生，这叫平民足球吗？没有任何文化在里面，没有任何情感在里面。
>
> （2009年8月25日访谈）

LBT坚持的是联赛的“草根”性或“平民”性，关注的是社区内的居住者们基于踢球而形成的“感情”。所以，总的看来，他对目前联赛的操作很不看好。他认为，联赛并没有给大家带来实惠，比如，场地费用的降低等[①]。同时，由于近几年联赛组委会形同虚设，实际上就是由DF成立的公司来组织。因此

---

① 就这个问题，DF曾给笔者算了一笔经济账，按照他的说法，各支足球队还是得到很多费用上的实惠。

LBT 认为，这其中又牵扯了联赛的商业化以及所有权不清造成的纷争和不满。他认为，这个联赛实际上是大家共同支撑起来的，本身最初也是“非营利的”。这种情况下，商业化经营就涉及利润的分配问题。

无论如何，在 DF 加入足协，尤其是独自承担组织工作的两年里，社区联赛的社会知名度逐渐增加。2007 年，DF 千方百计联系了中央电视台，拉来了当地一家大超市的赞助，同时本地一些报纸开始做相关报道。2007 年联赛进入了顶峰，DF 说，“现在就是在顶峰维持着”。联赛正在走向规范化、专业化甚至商业化。无论经过什么样的转折与转型，社区联赛仍然是 H 社区的骄傲，也是参与率最高的群体性活动。很多网友，甚至是仅仅知道，但是从没有上过社区网的社区居民在和我的交流中都会骄傲地提到 H 超[①]。就 H 社区联赛的组织对于本地社区的意义而言，足球协会的官方网站的一段话可能非常具有代表性。协会声明，官方网站的建设方针是“铭记历史，加强交流，天下足球，天下朋友”。

> 网站以记忆联赛成长、记录联赛球队成长历史为己任，铭记历史、铭记业主们青春成长的痕迹、铭记 H 足球的成长历程。
>
> 通过记忆，加强业主之间沟通，成为好朋友、好邻居，记录一起体验快乐足球的每一天，每一个心情，让我们未来的孩子们能看到现在的父辈们足球青春是如何闪耀在 H 社区的足球天空上的。
>
> 网站不追求点击率、不追求访问量，但是追求成为 H

---

① 一位不踢足球的网友也曾表示：“对我们这些不踢球的人来说，足球联赛也算是 H 社区的骄傲之一，社区文化和凝聚力的体现之一”。

足球历史忠诚的记录者和见证者，目标是建设最完整、完全的 H 足球档案库。

网站的意义在于“记录”和“记忆”社区足球的历史。通过联赛的互动进一步加强社区居民的了解和联系。作为 H 社区集体组织过程的产物，社区足球成为社区网和社区集体记忆的一部分，而这种集体记忆成为网友和社区居民共同的生活史。并通过社区下一代居民的社会化，完成一种社区传统的延续和再生产①。

三　社区趣味运动会

社区运动会从 2004 年开始到 2007 年已经举办了四届。运动会的组织和策划都是由网友自愿参与。最早运动会是网友“酸汤”的提议②，不过她说，自己更多的只是提供了一个建议，她负责外围招商，具体执行还是由 DF 和另一位网友负责的。

DF 还记得，2005 年的一次准备会就是在他家里开的：

DF：大概是 2005 年，2005 年是第一届还是第二届我有点忘了。我记得很清楚的是，2005 年我刚买了房子。准备会是在我家，酸汤刚生了孩子，她抱着孩子和她老公在我家，从餐厅点的菜，我做了两个菜，在我家吃的饭，我记得很清楚。

---

① 2015 年的足球联赛开始了第一届青少年的足球联赛，共计 40 支球队参加，参赛队员约 500 名，采用六人制赛制，根据参赛队员年龄分为五个组别，年龄跨度从四岁到十五岁，H 社区足球文化和足球传统在制度上有了正式传承。

② 不过 LBT 也提到，他们小区是最早举办社区运动会的，还有其他一些活动的创意也来自他们小区。比如，他们自己举办过联欢会、运动会和卡拉 OK 大赛等活动。

我：需要牵涉很多精力吗？

DF：那是肯定的啊。场地是不是需要协调？项目是不是需要提前制定？义工是不是需要召集？义工来了是不是得培训？他不懂体育，你得告诉他怎么怎么算分，得培训吧？体育器材，是不是得提前去借，该去买的去买，还有场地需要提前画，氢气球和条幅需要安排吧？比赛现场需要管吧？奖品、证书、商业赞助，肯定需要有人去干。而且资料报上来之后，需要分组抽签，发令员需要去请。以前我是发令员，园丁（网名）在终点掐表。然后再到另一个场地（做裁判）。

（2009 年 8 月 25 日访谈）

从严格意义上讲，至少从参加者和报名方式上看，这个社区运动会更像是网友运动会。第三届（2006）运动会在社区网上发布信息时称呼的就是“网友运动会”，似乎意味着这是一个针对网友的运动会。确切地说，应该是社区网网友运动会。运动会完全是由网站、作为社区居民的网友建议和自发组织起来的，但是从第二届开始得到地方办事处（镇政府）的支持。经费主要是由相关的政府部门及一些企业提供的资金和奖品赞助所构成。不过如今的趣味运动会已经不仅仅是社区网网友的运动会，已经开始融入本地的物理社区，至少办事处作为物理社区的行政单位已经开始试图把这些活动纳入到日常传统社区的管理范畴。2007 年的社区趣味运动会就是由办事处和移动公司以及北京电视台共同举办，由社区网来承办。

第一届运动会（2004）在上半年举行，第二届开始也就是 2005 年后为了避开足球联赛调整到秋天举办。一般情况下，运动会组织者提前一个月在社区网上发布信息。确定运动会的基本要求或规则，比如，竞赛项目、参赛者的资格、报名方式、录取规则、注意事项等，参赛的单位一般是以小区为主，小区论坛斑竹作为领队，负责组织小区参赛队伍的训练和联络事宜。运动会之所以被称为趣味运动会是因为它的比赛项目以趣味性而不是竞赛性为宗旨，重在娱乐而非竞技。比如，2006 年运动会设置如下项目：个人项目包括跳绳、立定跳远和踢毽子等，集体项目有集体长跳绳比赛、集体哈利·波特接力跑、集体拔河比赛、趣味接力赛（青蛙过河）等，这些项目都是以趣味和参与为主。用组织者的话来说就是“为了丰富 H 文化社区业主生活，展示野猪们的风采，增近邻里情谊，增强野猪体质”。

在 2006 年的社区运动会筹办的时候，一位副站长一开始的时候就预计，“由于举办的前两届 H 社区运动会都非常成功，所以预计今年的运动会与前两年相比，在规模上将会更大。”事实上也是如此，这一传统活动经过两年的举办已经开始深入人心，网友积极报名参加运动会，有大量网友保持着对这个传统活动的热情。许多网友甚至下班后到公园练习，一些小区的领队带着队员集体训练①。2006 年第三届运动会就有 630 人次报名各种项目。跳远类参赛选手共 54 人报名，毽子类参赛选手共 73 人报名，跳绳类 75 人，100 米 61 人，长绳类 102 人报名，哈利·波特接力跑 85 人，拔河 102 人，青蛙过河 78 人。如果加上各种义工和组织者，以及其他包括家属在内的观看者，整个运动会不下千人参加。社区网甚至为运动会建了专门的网页，回顾过去两年的盛况，介绍本届比赛的现况。

2007 年，第四届社区趣味运动会与往常有一些不同。该届运动会主办单位是北京本地电视台、一家通信公司北京分公司和地方办事处。承办单位是社区网和一家体育文化发展公司。比赛的经费和比赛奖品主要由办事处和这家体育公司承担。比赛项目

---

① “小区开运动会，居民练出感情”，引自“H 资讯中心”。

则和往年相同，还是包括个人和集体两种类型，报名形式仍然是以小区为主，其他比赛规则大体与往年相似。

运动会于2007年11月3日13点举行。我本来也想报名做义工，不过QL告诉我，这次义工很多，我只来观看比赛就可以了。我在12点35分到达赛场——H地区一所中学的体育场。这个时候，现场大多数参赛网友和义工都已经到了。体育场彩旗飘扬。感觉上真有点大赛的气氛。由于那年组织得比较仓促，发布信息时间比往年要晚。QL告诉我，那年最终报名人数要少于2006年。不过由于有电视台和办事处的支持，因此在资金和各种资源方面倒是有所收获。我刚到的时候，由办事处组织的太极扇和球操等大型团体表演正在彩排，这些表演者以中老年人为主。

下午1点运动会正式开始。首先是入场仪式。各个小区和一支羽毛球俱乐部的代表队按顺序入场。开幕式主持人DF介绍每一个走过主席台的代表队，并用轻松和幽默的语言来介绍他们往年的表现和他们对运动会以及自己队伍的期待。当所有运动员都步入会场之后，开始由办事处的领导和赞助公司代表讲话，以及运动员代表宣誓。随后运动会进入赛前表演节目时段。之后比赛正式开始。

社区运动会以趣味性和参与性为宗旨，比如，集体项目中的哈利·波特接力跑和青蛙过河。“哈利·波特接力跑”是个考验两人之间协调和默契的项目，两个人一组，必须是一男一女，同时骑在一支长扫把上，只允许各用一只手扶着扫把，每位选手各自身披一个床单当作斗篷，跑到对面和队友交接后再出发，先跑到终点者为胜。在2005年的比赛当中，这个项目吸引了数十对夫妻、父女、母子报名参加。五颜六色的扫帚、“斗篷”、搞笑的动作引来了众多居民的呐喊助威。趣味接力赛“青蛙过河”则是以小区为单位，每个小区选派8人，4男4女，选手手持两个方垫子，脚踩一个垫子，向前放第二个垫子，跳到第二个垫子上，再拾回第一个垫子向前放，如此反复完成50米长的比赛路程。这个项目要求脚不能沾地，如果脚沾地就必须退回3米再出发，然后再继续比赛，到达终点线后，队员间交接垫子，开始第二名队员的比赛。另外，比赛突出的是加强社区关系的融洽。运动会不是以个人，而是以小区或者社区网上兴趣团体的形式来报名，最后根据个人和集体项目的成绩来确定各个小区或团体的名次。因此通过论坛中的讨论，运动会从组织、网友自发地集体训练到比赛，都有助于一种集体意识和情感的形成。比如，集体跳长绳就要求大家的配合和默契。拔河比赛中的竞争与集体协作，以及群体观念更加明显。每个人都喊着自己小区的名字为队伍加油助威，甚至间歇时出谋划策。主持人不断在广播里通知哪些小区和它的队员应该去准备参加什么项目的比赛①。

社区运动会使网友们不断意识到自己属于物理社区中一个共同的地方，也意识到，在整个H社区里，同时存在的其他小区的朋友（网友）。即使不是住在相近小区，在社区网上同为交往关系意义上的“邻里”。在这里，虚拟社区的网名和物理社区的小区、虚拟空间和物理空间不断有趣地融合起来。不过，近些年的社区运动会不再具有早期的人气。DF说，“老人不怎么参加了”。不过，他们也在试图做出调整。DF认为，“得打破传统，增加孩子项目、老人项目和家庭项目，做好宣传和定位，还定位

---

①　运动员的名字大多数还是网名，这实际上是社区网活动中的特点，FL告诉笔者：“许多朋友甚至认识几年了都不知道彼此的真名。有几次，有些人问我，你认识谁谁谁吗？说的是真的名字，我说，不认识啊，后来才发现，还是我比较熟的网友。有时候这样也挺有意思的，而且名字不过就是个符号而已。”从语言学上看，“能指”确实具有任意性，网名与真名都是一个人的两个符号而言，他们的所指是相同的。不过从社会学的意义上来看，“真名”的相互确认仍然代表一种进一步的信任，因为真名是一个人在社会和制度上的符号代表。

于网友聚会就不行了，要有突破。很多东西需要去构想，这和学校运动不一样”①。

四　新年音乐会

相比于其他社区传统，新年音乐会在 H 社区是比较新的传统。尽管创意来自于社区网的网友，但是这个传统活动与其他传统活动有一点不同的是，它一开始就与办事处合作举办，而其他的传统活动最早都是社区网创意，逐渐引起办事处的关注，最后变成共同组织的社区传统。

> 班长 QL：去年（2007 年）音乐会是我们（和地区办事处）一个深入的合作。第一届音乐会，2007 年新年音乐会，是怎么举办的呢？当时是我们吃饭的时候，C 镇（长），主管文体的副镇长，现在是主任了，C 主任，地区办事处副主任。T 社区网站搞了一次社区之歌，弄得在昌平影响很大。我们这边挺不服，其实我们比他们弄得好，只是没跟电视台打好关系什么的，感觉挺不服。然后“葱头”就说，咱们可以搞个征集社区之歌的活动。以征集社区之歌为由，搞个新年音乐会。镇里面给提供个舞台啊，也给提供一万块钱。也是弄得挺成功，主要是以网站为主体。
>
> （2008 年 1 月 17 日访谈）

第一届新年音乐会于 2006 年 12 月 31 日举行，当时是由地方办事处和社区网主办，由 H 社区网音乐联盟承办的一个活动。音乐会于 2006 年 12 月 12 日在社区网上发布报名信息，尽管由

① 社区趣味运动会后来就不再举办了。但是，它有时候以其他形式不断再生，比如社区亲子运动会等。

于场地所限，限定报名900人，但是最后截止到12月29日，报名人数还是达到了913人。据QL反映，实际参加者应该不少于一千人。12月22日，当时的组织者“洋葱”发布了“H新年音乐会现诚征集20名义工”的帖子，到25日，有27人报名义工。义工的任务是:“布置现场，签到接待、秩序维护、会后整理”，其实最早按照一些网友的想法是举行真正的音乐会。DL大概是2006年开始介入社区网传统活动的组织和策划工作，她原来在公司也作过一些这样的活动策划，具有相当高的职业策划能力，之前还参与了社区网六周年庆典的组织工作。她告诉我:

> 本来我们想搞的是那种真正的音乐会，你知道吧，就是那种纯粹的音乐会。
>
> 但是后来，大家一看在H本地可能找不到那么合适的人，组成一个类似交响乐那样的团体，所以最后就弄成这样的晚会形式了，有点不伦不类，但是重在娱乐嘛!

第二届新年音乐会仍然采取上一年的形式。2007年12月5日，DL和QL等音乐会的组织者们与一个H社区本地的阳光合唱团见了面，确定音乐会的主题是“奥运与和谐”。这次音乐会由社区网和阳光合唱团共同举办[①]。12月20日，DL在社区网上发布了关于举办第二届H新年音乐会的帖子。报名限定500人，但像上一年一样，再次冲破限定人数。2007年是提前近20天发布信息，2008年发布信息比较晚，只有一星期报名时间，到12月28日的时候已经有539人报名。

---

① 阳光合唱团是一支以中老年人组成的社区团体。2002年7月成立，团中年龄最大的80岁，最小的50岁，平均年龄63岁。在北京市各种比赛中多次获奖，常年活跃在社区活动的各种舞台。

2007 年 12 月 29 日下午，天气转冷。我于 15∶30 左右出发，大概 17 点提前到达音乐会现场——H 社区的一所中学的羽毛球馆。这次我和 DL 联系报名做义工，当我到达现场的时候，舞台已经搭好。原来地方办事处昨天上午刚刚举办了自己的新年音乐会，舞台、音响和灯光等一应设施都是直接可以借用过来，费用和相应协调工作由办事处负责。我来到现场的时候，几乎还没有人来，我和现场的一位办事处的工作人员聊了一会儿，几个义工在 17∶30 左右陆续到来。DL 交代了义工负责维持现场秩序和协调工作，我们按照她的吩咐在场地内摆放塑料凳子，然后就是等待网友们的到达。到 19 点时，来的网友还是不多，接着见到了 LM、RY、LL 和 FL。QL 扛着摄像机来了。每次社区网举办这些传统活动他基本上都是负责摄像或一些幕后工作，然后把录像挂在网站供大家事后观看。

RY 转了一圈说："没几个认识的人，老网友几乎都没怎么来。周围这些估计都是 2005、2006 年以后注册的，我都不认识。"我问他："已经时间到了，怎么来的人这么少？"RY 嘿嘿一笑道："（大家）正常这个时间应该刚到 H，今天还是上班的时候，路上还很堵。H 社区网的活动经常这样，从来没有准时过，无组织无纪律惯了，这么多年，我也没见过什么活动准时过。"当然"无组织、无纪律"也是因为社区网的活动都是完全自发组织和参与的活动，完全是基于网友的意愿，没有任何强制摊派，这和地方办事处组织的活动还是不同的。接着，我见到了"上善若水"和她的老公，今天他们也是来做义工的。她记得我参加过社区网组织的帮助她找母亲的活动。她说已经把母亲送回老家了，"（妈妈）不习惯这里，老家那里门口几个月也不会有汽车，很安全。"

到了 19∶30 左右，网友们陆续来到，许多都是孩子和老人一家集体来参加活动，小孩子们在现场跑来跑去。随着阳光合唱团的人来到现场，经过调试设备后，音乐会正式开始。我大概估计了一下，到场的观众总计能有400到500人左右。音乐会由四位主持人主持，两位网友，两位阳光合唱团成员。他们的主持风格正好体现了两种组织的不同风格。阳光合唱团的主持人语言更正式、更规范，两位社区网友则更随意、亲切和口语化，这也正是社区网和办事处以及阳光合唱团这样的社团的区别。

主持人先是介绍到场的一些办事处的领导，并请办事处C主任致辞。有趣的是，C主任的致辞里重点提到，“本次音乐会是H地区第二届新年音乐会。第一届新年音乐会在H社区网的首创下获得了成功。”至少从表达上看，地方办事处把网友组织的新年音乐会看作是整个地区及社区的活动，而非单纯社区网网友的社区活动。

然后音乐会节目正式开始，整台节目的演员由网友、阳光合唱团和昌平一所小学的学生组成，音乐会共计23个节目，阳光合唱团民族唱法的曲目大约占总体的一半，其他基本都是网友们的演出，以通俗和流行歌曲为主。演出者主要是社区网历年歌唱比赛的前几名获得者，经常在社区网的一些传统活动中表演。DL说，这次音乐会主题中的“和谐”就体现在社区中老年人和青年（网友）以及孩子们共同欢庆新年。不过就像《千里之外》这首歌中四个阳光合唱团的老人和一位网友的合作一样，几个老人可能还没有习惯这种配合，对这种曲目的风格不熟悉，总是有点慢半拍，因此合作得不和谐倒是显而易见。不过在诸如此类的办事处和网站的合作中一定程度上可以看出，双方各得其所。网友们的自组织在获得了各种资源支持的同时，也可能带来了两种观念的冲突。办事处得到了社区管理上的业绩和对社团的控制，而社区网及网友们获得了资源和合法性的支持。不过对于办事处不断介入到社区网的活动组织中，实际上许多网友还是对此有些不满。

QL认为，从过程、人员和观众等方面看，这次音乐会不太成功，网站报名500多人，他猜测估计只去了300多人。办事处预留的一半名额，人也没来，在策划与合作上也有问题，“他们认为我们的节目多，我们认为他们的节目多。其实，我们网友的许多节目都被砍掉了。”不过，这次音乐会还是给QL一些启发，他认为舞台和灯光很好。他准备在2008年夏天搞一个超级回声的演唱会，“咱自己玩儿，全是网友，怎么玩儿都行”。

无论是不是网友意志的体现，新年音乐会可能正在从网友的新年传统活动转化成社区的传统活动[①]。除了这些由社区网网站组织的传统社区活动外，一些论坛甚至兴趣团体也组织了一些传统活动。比如“亲子小屋”就由斑竹负责在每年的圣诞节组织晚会。这些社区传统与霍布斯鲍姆所谈的“传统”的不同，在于它们没有那么明确和系统的“仪式或象征特性”[②]，但是通过其行为的“重复”、广泛的参与来建立与过去的“连续性”而言，又是相似的。这些社区传统的重复实践不断建构着社区网和H社区自身的历史，而借助于这种传统的共享和实践过程，社区的认同和归属，一种“我们”感不断得以产生。从“我们”小区，到“我们”社区，社区网网友从虚拟社区的参与开始逐渐融入一个本地的物理社区。尽管存在某种张力，但是虚拟社区和本地物理社区在他们的生活世界里慢慢相互交织、相互作用，成为完整社区生活的一部分。

---

① 实际上，社区网及网友同时也是社区组织，因此他们组织的这些活动同样是社区活动。这里说的实际上是原初网站的传统活动正在逐渐转化成以办事处为代表的“社区”意义上的传统。

② E. 霍布斯鲍姆、T. 兰格：《传统的发明》，顾杭、庞冠群译，南京：译林出版社2004年版，第2页。

第三节　作为“生活世界”的虚拟社区：社区精神或规范的形成

在霍布斯鲍姆看来，传统就是建立一种与过去或历史的连续性。这个过程需要通过不断重复来维持和保证这种连续性的存在。而传统的不断重复则促进了诸如认同和归属这样的群体意识的形成。不过，认同的生产除了可以借助于传统的发明之外，另一个重要的工具就是某些群体互惠规范的确立。这些规范同时在具体实践中可能也表现为人们共同认定并遵守的行为惯例。尽管霍布斯鲍姆认为，惯例并不是传统，因为它缺乏思想意识性，更加具有“技术性”。“它们的存在是为了简化那些可迅速界定的实践活动，此外为了满足变化了的实践之需要，它们能被迅速调整或是放弃，而且还常常考虑到任何实践随着时间推移都会获得惯性，同时已与之紧密相连的人们对任何革新都会强烈抵制。”①一个复杂社会必然需要这些常规化的发展，否则就无法实现普遍交流和控制。工业革命以来的社会，这种惯例的产生是为了适应快速的生产和生活节奏。

在H社区中，除了上文提到的那些借助于社区网形成的传统活动之外，对于社区网的网民来说，还在社区参与中形成了一系列社区精神。这些社区精神体现在一系列社区活动及其行为惯例中。但是这里我们提到的惯例并不强调它的“技术性”，而是关注这些行为背后的某种社区规范的体现。在社区网和社区网组织的活动中，我们可以发现，活动展示了诸多的社区精神或规范：公益、互助和民主，而这些社区精神也是H社区产生认同

---

① E. 霍布斯鲍姆、T. 兰格：《传统的发明》，顾杭、庞冠群译，南京：译林出版社2004年版，第4页。

和归属的来源。在日常甚至每一天，线上线下都可以发现这种精神或规范如何被重复实践。

一 公益

一般而言，社区网网站本身被认为是一个公益性或非营利性网站。当然，在访谈中，一些访谈对象对此有所质疑，质疑的根源基本上在于网站的广告收入，这些收入如何使用是不公开的。不过，还是有很多网友甚至网站的核心组织者 LL 和 LNN 等人始终还是认为，社区网仍然是一个非营利的或公益性的组织。

LL 对 H 社区网网站的总体评价是，“比较干净”。关于这一点很多网友都向我表达了相似的观点。不同场合，不同的人都对网站的商业化运营提出建议。但是，QL 个人始终对商业化保持克制。H 社区网坚定而又有些艰难地保持自己准公益性的本质。站长本人和一些社区网知名网友也带动大家积极参与公益活动，社区网也在很多社区传统活动中提供包括经济在内的各种支持。

（一）慈善活动与募捐管理草案

我们关注的是，在社区网上自主发生的事件也突出地表现着 H 社区网和 H 社区正在形成的一种传统或精神。这些活动大多数不是由网站方面组织，而是由网友自发组织，逐渐形成社区网及其网友的“公益”或“慈善精神”。H 社区网上网友参与和组织慈善捐助活动已经成为一个传统，甚至经过一些媒体的报道，许多非本地的人都了解到这个情况，他们在社区网上注册用户，然后发帖子求助。

有人特意做过简单的统计，几乎在网上每个月都会有一次公益活动。儿童运动会募捐、为烫伤女婴义卖玉米、帮助残疾人艺术家义卖、为半瘫少年募集善款、组织车友远赴外地支教等等。这样的慈善活动仅仅在 2006 年就大概不下 10 次。2007 年下半年，仅仅是我所了解的慈善活动就不下 6 次。帮助网友寻找母亲、为兔唇和白血病的孩子募捐、为西藏和内蒙古偏远地区的孩子们捐衣物，以及为盲童捐助挂历等。

DF 强调，社区网网友之间关系的特殊性在于“网络生活化”。“大家本身是邻居，那种地域的隔离没有了。”这种空间的接近也给予网友关系一种“特殊性”，也是社区网区别于一般的虚拟社区的本质所在。DF 在一次和我的聊天中，尤其强调的是 H 社区的“特殊性”，他认为，这种“特殊性”是社区公益活动参与率如此高的根本原因。

> 咱们 H 社区太特殊了。为什么说大家一有公益活动，就能聚到一起？首先一点，前期牵头人跟组织者确实做到了，大家确实做到了公正。还有一点，咱们都是来自全国各地，很多都是农村基层出来的。咱们能了解到人家需要帮助而没有帮助的时候，甚至咱们小时候家里某个阶段都经历过这样的苦难，不懂事的时候可能都看到过父母那时候（受苦）的样子。所以，大家觉得，哎！我得帮一下，而且人心都是善良的。
>
> 这种状况很普遍，我身边很多人都是这样。他是从社会底层一点点走出来的，了解每个层次的人。再一点就是，人都有一种怜悯心，他在做善事的时候有一种自我救赎的感觉，是在释放自己的心情。
>
> （2009 年 8 月 25 日访谈）

除了社区的特殊性外，DF 还提到慈善事业和 NGO 目前存在的信任危机问题，这种信任危机可能也进一步导致人们不愿意捐助。“郭美美”等事件在不断挑战人们对慈善事业的道德底线，这种状况与 H 社区公益事业参与的状况却形成了鲜明对比。

> 捐到上层之后，上层机构那种对钱物的使用问题。有多

少 NGO 领导开的是什么车？只要你有个度，你的工作，你的付出，你有收获，可以。但是只要你有个度，这个度不要太过分，就像咱们捐上来的钱，要留 10%、20%。本身这些 NGO 也是跟政府挂靠的。

我去开会时，刚开始很不习惯。区志愿者协会，我跟他们去开会。去的都是各个区的团委书记，这个单位，那个单位，讲他们组织了什么什么活动，大家都不爱去。他们说让我讲两句，我说，我首先根据刚才大家发言我总结了一点，你们组织的活动为什么大家不愿意去，你们是强制的、带有命令性的，是政府性行为。今天咱们要去干环境清扫，这是你们应该干的事吗？你们应该去管理，而不是亲自干。

你们组织的活动有多少是志愿的？而且，你们想一想，今天咱们搞完志愿活动你们会聚餐啊，要发洗发水啊，有福利啊！他们就笑，我说，你们不用笑。我们做的活动是大家从内心愿意做的，所以大家愿意去。大家不仅付出时间和精力，而且要付出钱啊。

（2009 年 8 月 25 日访谈）

接着，DF 又讲了一个社区志愿活动中的事情。2008 年“5·12”之后，“亲子小屋”做了个义卖，当时下着大雨，有几样东西被雨淋得不能用了。一个义工网友突然掏出 100 块钱，把那个无用的东西买走了。说到这里，旁边的网友“孔雀”跟我说，“DF 也干过这事。‘5·12’义卖的时候，买了一个无用的帐篷，因为那个帐篷估计没人买，不能冷场，于是 DF 就把它买走了。”DF 说，QL 也经常在社区网的活动中捐款。“这种情况特别多，网友们总是自己掏钱。比如活动中，我需要什么，就会有人去买，回来说多少钱，他就说没花钱，怎么可能没花钱？他不要。”这种“志愿”和“自发”是社区网的公益活动区别于某些正式慈善组织或 NGO 的关键。

由于这些活动都是网友自发组织，因此也存在大量隐患。为此，在接受报纸采访的时候，LL 甚至提出一个设想，成立一个“爱心银行”来管理社区网上的慈善捐款。“设想采用类似基金会管理的办法，设立一个固定银行账户。居民想献爱心，可以往这个账户捐钱。”[①]当然根据我的了解，目前由于找不到合适的第三方监督，这仍然只是一个初步设想。但是由于没有统一管理，所以诸多不规范的慈善组织活动存在不必要的隐患，伤害了网友对公益活动的参与热情。甚至发生过有人借助于社区网的这种公益精神和管理上的不完善，骗取钱财的恶劣事件。这已经引起了网友们的担忧，有人因此发出将出现爱心“赤字”的担忧，其中也发生过一些误解，比如 2007 年 11 月，一封求助帖子就遭遇这样的经历。网友们发现，这个求助的帖子与网络上另一个帖子相似，进而产生怀疑。后来经过网站方面和网友的进一步了解，发现原来是求助者自己不会写求助信，于是把网络上的一个求助信直接粘贴过来。一系列类似的情况促使网站和热心公益的网友商议，应该进一步加强管理，避免网友的热情受到伤害。

2007 年 11 月，网站发布了一个关于慈善募捐行为的管理条例（见附录 2）。LL 交代了关于这个草案的初衷：“原来谁发起的这种活动，如果你认识他，一般大家都认识。但是最近出现了一些比较陌生的人。好像都不太信任。”由于难以获得大家的信任，所以这些活动都不成功。关于社区网的慈善行为管理的草案就是在这种背景下产生，而这个草案的提出正是因为在社区网上

---

① 社区网上的慈善行为还是以事件为主。而不是像某些慈善基金会那样有自己固定的针对对象和具体的组织目标。所以成立所谓的“爱心银行”可能并不合适。但是成立一个相对稳定的管理委员会来监督和管理慈善活动的组织和资金使用状况并及时公示还是有必要的。

的慈善组织活动越来越多，已经有必要加强管理来规范社区网上的慈善捐助活动。这个草案要求所有慈善捐助活动都需要在社区网站方面登记，经过站方有关人员审核条件之后才能在社区网上发布募捐倡议，这样可以进一步避免出现欺诈行为。

但是，我在2009年再次回到H社区的时候，了解到这个管理办法并没有被真正执行。为此，我特意向DF咨询过这个问题。DF重点谈到，过去多次发生的有人利用社区网友的爱心行骗的事情，并非常担忧这种欺骗会使得大家"（爱）心死了"。"大家太善良了，有什么事一说，行，我们帮忙！就没想到有人会利用好心钻空子，骗子成功就在于利用大家的同情心。"长久下去，这种欺骗行为必将损害社区网友的慈善爱心和参与。所以网站经过和一些网友商议，最后试图执行这个管理办法。一个捐助计划，最初需要20几个理事同意，核实情况，互相监管。但是具体运作过程中，这个法案并没有得到有效执行。

> DF：捐助法案其实还是不正规，按理说必须走程序。比如说你要做这个救助项目，你要立项的话，需要（志愿者协会）这些人同意，你需要递交材料。但是，我给志愿者协会的定位是，松散的组织，我就是很松散，我不要那些条条框框。我们不要那些程序，有事我们就做事，没事就散了。这个东西你如果完全按照规则程序来办得话，就不是H特色了。
>
> 有人问我你们有多少会员，我说50、100个？我也不知道。说你为什么不知道，我说一有活动我一喊，有几百个人出来。如果这个活动大家不满意，我嗓子喊破了可能就来俩人。如果你完全让大家都是规规矩矩，那就走老路了。
>
> 我：那以后再有什么事情的话，还必须有一个大致的审核啊什么的，这个人，这个事件什么的。

DF：那肯定要审核。但是审核这块主要还是在我和QL身上。因为我觉得，最根本的一点是保证这事是真实的，谁审核，谁负责。那天我还跟他们说，我审核了，我就负责任。

你说让谁去核实，你让一个不相干的人，说今天我热血沸腾了，我要去做负责人。结果他去了，回来说是，其实未必是。

为此，我还向LNN求证，她也一再和我说："愿意参与的人多"，但是"发起募捐的就一两个人"。而且组织和落实工作量很大，需要一个"团队"去做。由于早先没有专门的人做，许多早期的网友很多都有了家庭和孩子，也无法投入更多时间。用LNN的话说就是"要（是）我（的话），我愿意捐助，（但）让我去组织就特有困难"。

最终，负责审核工作的基本上还是DF和QL两个人。在这个过程中，实际上他们两个人也有困惑，这个事需要坚持下去，需要"能干事的，而且能坚持下去的"。但是大家都很忙，要"牺牲时间"。法案之所以无法得以实施似乎有两个主要原因，首先，是因为社区内的慈善活动本身就是志愿行为，几乎不具有强制性。而这种自发和自组织也恰恰是社区的"特色"和优势。DF常常就此提到社区的志愿者协会与那些政府的和专业的协会的区别就是"自愿"，参与的积极性也是基于这个自发和自愿。其次，"时间"也是一个重要原因。有时间和有意愿的人并不是重合的，所以无法把法案和慈善活动组织工作交给特定的人来负责，最后还是要由DF和站长QL自己负责。

（二）从义工群到志愿者协会

社区网组织的所有活动都是网友来充当义工。每次活动的通知中都会附带招募义工的通告，甚至社区网的网友还成立了专门的“义工群”。2008 年初，这个群有固定成员 30 到 40 人，都是一些热心公益的网友组成。这个“群”是由 NQ 在 2007 年夏天建立起来的，谈到这个群建立的过程，她说：

在网上，组织是很分散的。我记得第一次参加的活动是运动会。当时报名做义工的人有好多，好几十号人。但是第一次去开会，因为毕竟要分配工作嘛，分配工作的时候就去了很少的一部分人，十几个人。等到第二次开会的时候，那一年运动会组织得比较严谨一些，我们义工就开了两次会，第二次开会的时候人就更少了。一个（方面）说可能他们确实是有事情，另一个（方面）说毕竟是网上的活动，没有什么约束力。我想来就来，不想来就不来。当时在网上发帖子的时候说来，但是后来可能临时有事，来不了了，根本没法及时通知你，你也没法找人，毕竟在论坛发帖子不是很方便，而且有一部分人做义工是很固定的。这样的话，把大家组织起来，毕竟在 QQ 上聊天比较方便。而且今年夏天（2007）的活动（消夏节）时间跨度比较大，大概十几天，都是在外边，需要的人手很多，建个群，比较方便，就这样建起来了。

在 2006 年的 H 社区网网庆时，其实就有网友专门组建了一个这样的群，后来就散了。NQ 说：

其实当时是想建一个义工专门的版块的，但一直也没有组织起来，毕竟有很多活动嘛。在网上发帖子交流很不方便，帖子要找很长时间都找不到。有些人今天有时间，明天没时间的。建个群，大家比较方便一点，也有后备力量。就是这样，毕竟你进来了，比较有时间、比较守时的人才会参加这个群，就是说人员会有一定保证吧。你要是在网上发帖子找人，现场找人的话人不会那么齐全，最起码人员有个基本的保证。

义工们经常在一些慈善捐助活动、社区网的一些其他活动中帮助做一些组织和联络的工作。社区网的公益精神不仅仅体现在社区网本身的性质和通过社区网动员的慈善行为，而且还体现在借助于社区网而发展的各种团体及其活动的组织方面，它们大都是非营利性的组织和自愿活动。

实际上“义工群”只是热心公益和社区参与的网友的交流和联络平台，每次参加志愿活动的人仍然是流动和开放的。志愿行为如今在社区里有了更加组织化的形式，也就是社区志愿者协会，并取得了在政府方面的合法性。这个社区志愿者协会是在长期的社区组织活动中不断形成的想法。不过它的形成也有一些波折，并且从组织形式及宗旨上与原初网友们的想法颇有距离。

LNN：政府一级一级都有协会，咱们居住这么散，他们通过居委会动员不起来，都是老头老太太，跟这志愿者协会似乎没有那么（容易结合起来），区政府通过网站组织这个协会，成立了这么个组织。

我：是（你们）自己想要成立这样的社团吗？

LNN：没有。就是在网上号召，谁有时间谁来。完事就完事。基本上比较成功的，没有那么多目的性，达到一个什么个人目的什么的。动机越简单，往往事情办得越好，也容易办好。

（2009 年 9 月 13 日访谈）

按照 LNN 的说法，志愿者协会并不是有意为之的结果，而且她认为，整个网站及其社区活动的组织也是如此，都很“简单”，没有那么多“目的”。网友基于对网站的信任，基于“同情心”而参与这些活动。“网站多年来在这方面也没有大的失误，没有失败的案例让大家对网站不再信任。”LNN 的说法代表了大多数普通网友的心态。但是，正是每个人基于自发和自愿基础上的“无意为之”却产生了巨大的社会效应。

不过，基于多年社区内慈善精神的积淀，像 DF 和 QL 这样的一些网友还是萌发了成立一个组织的想法。当然成立志愿者协会也是受到了区政府的影响，在区政府有关部门的号召和配合下，经过 2008 年下半年几个月的筹备工作，志愿者协会筹备委员会于 2008 年 12 月 13 日正式成立。2009 年 2 月 17 日，志愿者协会在社区网上注册 ID，同时发布了《关于成立志愿者协会相关情况的通报》。在通报中，大致介绍了协会成立的背景，协会的性质、宗旨、组织机构和活动范围等情况。2 月 26 日，在“亲子小屋”发布第一个消息：《志愿者协会成立大会通知》，计划在 3 月 7 日正式成立协会。在通知中，协会号召网友们在既有的社区志愿者和慈善传统基础上，以组织的形式整合社区资源，更好地服务于社区居民和网友。

> H 社区一直有志愿互助、自助的良好社区文化，过去我们一直是自发活动，如今我们可以通过志愿者组织，整合各种社区资源，凝聚社区内热心邻居的力量，广泛开展社区服务、生活服务、科技服务、法律咨询服务等一系列特色活动，铸造良好互动的平台，搭建沟通协作的桥梁。现在我们征集所有关心 H 志愿者协会建设的热心居民，所有想申请加入 H 志愿者协会的社区居民，均可参加本次成立大会（会场规模有限，参加的志愿者申请人代表将控制在 100 名以内），到现场感受成立大会的氛围，为协会加油，为 H 的

> 志愿者加油。会后以志愿者申请人的身份参加协会第一次志愿者培训。

截至3月20日，仅仅网上报名的志愿者就达到115人次。当然，就像前文所表露出来的，一些网友对于地方政府的介入仍然保持着反感和有所保留的态度。一位网友说“在成立大会上，看着前排就座的领导就很不舒服”。就此，DF表示，他与QL也很无奈。在最初，只是DF和QL等个别网友想要自己成立组织来协调社区内的慈善活动。但是，2008年8—9月份，两个人参加一次团市委青年骨干培训，使这种初衷发生了改变。

> 我俩那时候正在研究怎么能成立个志愿者协会，怎么能成立一个基金，以社区名义咱们成立一所希望小学，我们正在考虑这个事情。最后F书记找到我俩，说成立志愿者协会这一切都解决了。而且志愿者协会都快成立的时候，我们才知道叫“区志愿者协会H分会”。说句实话，这是我们不能接受的。要是当时知道这样走体制的话，我们不会成立的。后来，我和QL退一步讲，无论任何组织形式的存在，有一个原则：损害大家利益的事我们俩不干，过于政府面子的事[①]，咱俩不组织。不组织是什么概念？咱俩可以去干，但是不组织大家去干。如果发生在身边的事，咱们全力而为，如果上述三点咱们违背了，咱们就退出。
>
> （2009年8月25日访谈）

这算是DF和QL等核心的志愿者协会组织者面对现实的一种妥协。当然，这个过程中DF和QL也逐渐认识到媒体的“炒

① 指的是过于形式主义，缺乏实质内容和意义的事。

作效应”。一开始面对媒体的采访，两个人互相推诿。后来也认识到归根到底是可以带动组织的活动。“媒体的炒作效应出来了，社会自然会有人关注。社会关注，媒体关注，影响力大的时候，政府不得不进行援助，事情就解决了。”而且，在这个过程中，DF也意识到，“政府中也有好人，比如当时快要退休的办事处C主任，‘5·12’募捐[①]的时候，就和我们一起干。C主任真的好”。

（三）MT的故事

提到社区里的慈善活动，每一年都有一些让人感动的故事上演。其中大多都是针对儿童的救助和公益，比如，救助白血病和兔唇的儿童等。有一些网友还跟我提到发生在网友之间的感人故事。许多网友和我提起MT[②]，但是我还是想听他自己述说在社区里的故事。第一次遇到MT是在老P的茶馆，当时我一边喝着老P泡的茶，一边听他絮叨发生在他身边的事。MT就这么风风火火地进了茶馆，并很爽快地接受了我做访谈的请求。

MT是一个网友和社区居民，2002年购买了社区里的房子，2005年入住社区。和很多网友一样，从要买房开始就成为社区网的网友。2005年搬进新居的MT被查出有肠癌，每月化疗一次，2005年病发后，MT辞去工作，开始在社区开体育用品商店。2006年复发，住院、手术、化疗，所有积蓄几乎都用于治病。MT病发后，网友们组织了捐款。MT说：“那些东西、那些帖子现在我还留着，那是很艰苦的岁月！”

---

① 2008年5月12日汶川地震后，H社区网联合地方办事处共同组织了在社区内的募捐活动，事后共募集善款50余万元。

② MT在社区网针对社区内网友和居民的慈善故事里绝不是仅有的案例。酸汤后来也因为一场大病，得到网友的捐助。经过当时委员会的成员投票后，同意将捐助一位社区内的白血病儿童所剩下的基金余款作为帮助酸汤进一步治疗的资金。

当时很多人帮过我，那时，我在家卖体育用品，很多人慕名到我这里来买东西。其实，那时我的价位不是最便宜的，人家就是帮我一把，我也都明白。到了第二次手术的时候，另一位网友帮我组织了一次义卖，把我店里的东西加价卖，比如说1块钱的东西，卖2块，挺多的。

这些人中除了少数一起打球的人外，大部分都不认识MT。MT笑谈说，那个时候他的ID是出现频率最高的时候。出手术室后，第一件事就是打开手机上社区网，他觉得，“那是一种精神安慰”。

MT：真的是一种精神支持。那个时候，有家人在旁边，老婆在旁边，有同学在旁边。很多人给我打电话，当时我电话接不了，话都说不出来，做完手术麻醉还没过去呢，哪儿都动不了，但手能动，拿着手机上网。

感觉是一个莫大的精神支持。手术完了后，疼啊，睡不着，彻夜不眠。眼睛看着钟表，就觉得时间特漫长，特难熬过去。那时候手机可以发帖，就拼命在（社区）网上看、发帖。那会儿上社区网比后来任何时候都多，后来好一点的时候，就拿个笔记本在床上上（网）。

我：网友有没有发帖子鼓励你坚持下去?

MT：太多了。那样的帖子太多太多了，不计其数。估计你现在还能搜到。现在社区网上搜索好像很发达，好几年前的都能搜到。当时我发的帖子，大家给我捐款的帖子，那些帖子我打（印）了一摞，十几页，特别多。就一个主帖下面跟帖，我捐多少，他捐多少……当时大概捐了1万多块钱。当时也是燃眉之急嘛！

这种状态持续了很久，后来 MT 开店的时候，很多不认识的网友也是慕名而来，看看 MT，问问 MT：“今天怎么样啊？还用化疗吗？”到店里，多少都买点东西。MT 说：“那种感觉特好，非常好，这不是语言能聊出来的，暖烘烘的。”2009 年夏天，我访谈 MT 的时候，他说，这个病快到“大限”了。说到这里的时候，我们两个人不禁欷歔不已。在 2012 年年初，MT 已经过了这种病的 5 年大限。他仍然在社区开一个小店，儿子很健康，而社区网仍然是他每天“不可不上的网站”。

像 MT 这样的故事，在社区里并不少见。关注兔唇儿童的“微笑墙”计划、为小区里的孩子捐款建设游乐设施、每年数次为西北地区的人捐衣物活动、为白血病孩子捐款、“5・12”汶川地震募捐等等。有的可能是针对本社区内的人，有的则是网友们所遇到的社区外的人与事。不过，DF 也认为，社区慈善活动也应该更多地关注社区内的人。他说，现在总有人通过网络或电话联系他或社区网寻求各种帮助，核实具体情况也很麻烦。这种现实也逐渐使他认为，我们没有能力更多关注整个社会中需要帮助的人。基于这种考虑，DF 认为，社区慈善需要一个重新“定位”，也就是“基调问题”。他提出，“H 人帮助 H 人，救 H 社区的孩子，做 H 社区的事”。因为这种身边的人与事是“现实的”“大家都有感触的”。

二　互助

社区网所代表的社区生活具有一种公益精神，组织过程秉承了自愿原则。社区网的活动组织和参与都是以自发组织、自愿参与为特征，而不是强制的和行政官僚化的逻辑。就像 NQ 说的，“网上的活动，没有什么约束力。我想来就来，不想来就不来”。在这种志愿参与和动员的原则下，社区网的一些活动体现着一种“互助”的精神。

（一）大家一起来“集采”

“集体采购”是一种团体购买的形式。之所以值得关注的原因是，这种集体采购借助于网络使得原来并没有关系的人们可以形成一种“暂时的”集体，以集体的形式与商家谈判。这是购买者之间的一种松散联合的形式。在H社区网上这种集体采购非常普遍。最初的集体采购实际上是社区网网友之间基于共同的需要，借助于社区网这个媒介把这些具有共同需要的网友连接起来，大家以团体消费的形式与卖方进行统一的讨价还价。集体采购的物品从装修、建材到日常生活中很微小的东西都可以见到在社区网上有网友倡议“集采”。

在H社区这种类型的集体采购很普遍。RY跟我说，对于网友而言，这种集体采购也是一种交流的机会。

> 我们那个时候甚至买个马桶都要采集。有网友在网上发个帖子说谁还想换马桶，大家一起集采。然后定个时间、地点，大家到一起商量一下，说去你家看看装修，那走吧。

在早期，集采大多是网友们自发组织、共同协商、联络的一种集体采购行为。这个过程既能更省钱，同时也为网友们提供了更多交流机会。一些早期的网友反映，那个时候许多网友就是通过集采认识的。不过，H社区的集体采购随着社区规模的扩大在发生变化。在RY看来，“现在集体采购开始变味道了”。他估计，现在至少一半的集体采购是由商家或者专门做集体采购的个人在组织。现在商业化气息已经成为集体采购的主要特征了，也有网友发帖子缅怀那消失的集采时代，为现在集体采购纠纷如此多而沮丧。

无论如何，“集采”现在更多地成为一种商业化或职业化的行为。许多商家和作为商家的网友专门组织这种集体参与活动。

比如，作为一个从事装修工作的商家，ZF就经常参与组织装修类的集体采购。

ZF：我参加的都是装修这方面的（集体采购），组织集采，团购。买电器啊，家具啊、装修啊什么的。售房之前，是吧，忙着搞装修、买家电、买瓷砖，组织一下，业主和商家都去。

问：就像一个招标会一样，是吧？业主和商家在这里砍价。

ZF：对。

问：这种形式多吗？

ZF：每个小区下来都有一两次。每次都能弄个几十个单子。

不过，像QYJ这样的网友则认为，只要网友获得实惠就无所谓商业不商业。也许，像RY这样的网友们对集采的悲观与失望属于对社区网一个“田园牧歌”的黄金时代的缅怀①。

（二）信息与知识共享：“万能的H，万能的北城市场”

社区里的互助除了集采这种重要的形式外，还有很多其他表现。从入住开始的各个环节到日常的信息交流与共享，像大多数社区网友一样，KXS从登记选房开始就在论坛上和未来的邻居们交流、共享各种信息。

建设的过程中，常有网友拍了照片传到网上。大家一看地基好了，架子搭上了，路修好了，大家随时交流信息。入

① 在笔者和LNN谈到这种针对社区网的变化产生的独特情绪时，她保持着冷静和坦然。我们会在本书的讨论部分再次回到这个问题。

住前就组织过几次活动，大家经常一起去爬山什么的。比如说，十来个人到茶餐厅聊聊天。入住验收的时候，我们还组织了互助的东西，我还参加了。就是请一些对验房有经验的（人）辅导我们，有一些年轻人有经历、有热情，帮着验房什么的。大家都做预习，做功课，应该注意哪些环节。比如说空鼓啊，方方面面的，设计个流程，义务地帮助一些人验房。

（2009 年 9 月 18 日访谈）

他所在的小区甚至通过社区网论坛建立了自己的“互助会”。从 2006 年入住以来，各种各样的互助就开始了。不过，他认为，“互助会只是一种形式，这种互助一直就有。比如，代缴电话费、通风报信、出去玩啊什么的，有的人擅长电脑、养宠物的、养花的等等。即使有互助会，今天有，明天没了，但是大家在下面的互助一直有”。

互联网本身是一个信息网络。但是对于社区网而言，除了在社区网上有许多关于社区的各种信息之外，另一个信息上的支持是在网友之间的信息流动和传播。从社会网络的角度看，网络本身就是一种重要的信息获取和传播的途径，而这个网络指的是关系网络。而社区网在没有形成“关系”状态下，信息仍然可以在这个虚拟网络中流动。这体现了网友之间的一种互助规范。一些网友这样和我说他们对社区网的某种印象，在网上大家如何及时提供信息帮助。

LM：生活在 H 社区特别方便，有什么事情去（社区）网上问去，比如你想订比萨饼，找不着电话了，在（社区）网上敲一下，就会有人告诉你。

FL：遇到事了，比如我家突然没电了，或者快没电了，我看上面就剩1个电了，赶紧上网，发一帖子问“哪里有半夜买电的地方?”一刷新，唰！好几个人跟帖。这个人说“风亚”有，那个人说矩阵有，选一家离我最近的，杀出去买电，赶在那个电字快用完之前，卡插进去，这是一个非常方便的途径。包括不同版块有不同作用，“亲子小屋”是妈妈们交流育儿经验的地方，“轻松上路”很多人关注车的问题，组织郊游啊什么的，“单身男女”是单身青年撮合的这么一个地方，大家可以在这里相互找。看你当时需要干吗?要租房，你就去“交易中心”，你是商家，要做广告，你就去“广而告之”。

HXZ：我刚来社区的时候常上那个住房版，目的性很强，想来看看有啥活动？装修的时候上装修版发个帖子做个咨询，不需要认识，许多人就给你回帖子，给一些建议，你也不知道是谁。尽管我没有参加过那个集体采购，但还是得到很多建议，社区网挺好，各种信息很全。社区里的各种电话，服务部门的联系方式都有，很好。

MT：社区网真的很万能，一般求助的，都能得到答案，所以社区网很万能。因为社区地儿大，人多，各行业的都有，你提出某个行业的问题，都能得到解释。有时候，在淘宝上看到一个东西，觉得不错但是运费太贵。到社区网一看，有人卖，差不多，还省了运费，这种事情很常见。

很多人在网上盯着，同时在线几千人都没问题，可能只有几百人知道，有几个人回你就够了。这也是一种互助，一种保险。

除此之外，社区网上的许多论坛搜集了各种大家需要的电话和地址等信息，为网友提供了很多方便。这些信息基本上是在网友不断提供的基础上总结而成，社区网的这种能力被网友戏称为

“万能的”。这个戏谑式的说法，我在2007年到2008年第一次调查的时候还没注意到，2009年夏天，我再回到H社区的时候，不断有网友跟我提起这种说法。“万能的H”指的是在H社区网上什么你都能知道，什么需要都能满足，就像一盏“阿拉丁神灯”。而“北城市场”则是社区北部的一个大型市场，网友们认为，在那里什么都可以买到，因此也被称为“万能的”。

（三）亲子小屋：从虚拟网络到情感支持网络

除了信息上的互助，社区网还有很多更有组织性的互助形式，比如亲子图书馆，这个非营利性图书馆是由“亲子小屋”论坛斑竹和一些网友组织建立的。2006年10月11日，版主LN在“小屋”发了一个帖子：

> H，我们的家，这里孩子很多，家长也非常重视孩子的教育。每次亲子小屋里集采好书，大家都蜂拥而至，大包小包给孩子买回家去，可每个孩子的兴趣不同，买回家去的好书可能一直被孩子冷落，造成了很大的浪费。如果有个儿童图书馆，孩子们可以自由地挑选自己喜欢的书籍，该有多好呀，这一直是我的一个心结。正好H网站有意筹建一个非营利的公共图书馆，我们小屋先行一步，先做一个H亲子图书分馆。目前没有资金支持，起步比较艰难，所以面向大家征集图书，希望您能将孩子们阅读过的图书捐赠出来，让优秀的儿童书籍可以惠及更多的孩子们。
>
> 亲爱的家长朋友，捐一份书香，献一份真情，一册书不为少，涓涓细流亦可汇聚成海。我们相信，有您的参与，H的孩子们成长环境会越来越好，我们的社区也会越来越有魅力。建馆之初，条件有限，场地只有十几个平方米，大家也不要有太高的奢望，但是以后肯定会越来越好的。总会有一天，我们H的孩子们将拥有一个宽敞明亮，书香四溢，宁

静舒适的大图书馆。

LN 跟我说："图书馆就像一个互助会，大家每个人拿出一本书，集到一起这规模就很可观了，然后大家都从中获益。大家或者出力，或者捐书，或者提供其他资源。每一个人付出的很少，但是大家从中的收获远远大于所付出的。"这个图书馆面向所有社区居民开放，日常由作义工的网友来负责维持。一些图书是由网友捐助，也有以会员费购买的一部分图书，其他所需要的设施也基本上由社区网友们提供。整个图书馆从筹建到维持都是在大家的共同参与之下才得以成功运作。目前图书馆已经有了两个分馆，有一个安排在一家咖啡馆，由咖啡馆的工作人员帮助维持；另一个则是在体育公园的一处地方，由网友义工定期负责开放。

"亲子小屋"除创建了这个"亲子图书馆"之外，在日常也是一个妈妈、准妈妈们以及对家庭、子女教育问题等感兴趣的网友们交流和相互支持的空间，或者也可以看作是一个宏大的社会支持网络空间。

BBC 是一位大学教师，也是一个忠实的"小屋"中坚分子。由于在小屋里热衷于给妈妈们提供各种建议，小屋里的网友亲切地称她为"B 导"，意为"导师级"网友。她是论坛"小屋"和"沙龙"，乃至整个社区网的明星。BBC 喜欢写作，用她的话说就是，"想找共鸣，不是为了发表，而是为了倾诉"。在其他网站和媒体，编辑决定了文章的内容和定位，所以她很快和一些笔友转移到社区网的"沙龙"和"小屋"中。2004 年秋天，她和"文化沙龙"的一些网友第一次聚会，以后就算认识了。那段时间，集结了一些常年在论坛里"混"的女网友，她们称自己为"八婆"，这些"八婆"最后正式出版了一本文集，讲述的都是发生在论坛里那些人生的酸甜苦辣，并且很多文章最初都是发表在论坛里的帖子。

围绕着“小屋”形成了很多“群”。比如“妈妈群”和“八婆群”。她的很多社区内的朋友通过这些群商量“去哪里玩儿啊，到哪里扫货啊，乱七八糟的，妈妈们的事”。BBC把“小屋”看作是一个“心理诊所”。

> 亲子小屋，妈妈在这里聊天，说孩子的事。一般常见的帖子，比如婆媳帖，网上都是这样的，婆媳帖都会热。小三贴，老公出轨的。还有什么呢，显摆孩子的，所有的乐趣。最近，由于我们的孩子都小升初，现在小升初很热，就是小学升初中，弄得大家都很惶恐。恨不得孩子还在肚子里，就要买学区房，上学的事。
>
> 其实，我觉得小屋有点儿像常来玩的妈妈们的“心理诊所”。你在网上，不管你是一个笑脸，还是苦脸，其实你用自己的方式在发泄情绪。有人会安慰你，因为都熟了嘛，都知道你是谁。
>
> 比如，今天我心情不好，我可能不说什么事，我就说我要发脾气，然后女人就会用女人能接受的方式来安慰你。一般在上面说说就过去了。比如有人说“今天跟婆婆吵架了！”我就说你们来拍砖吧，诸如此类的。大家有的人劝这，有的人劝那，说说就没事了。
>
> （2009年8月11日访谈）

作为父母的网友们在小屋里交流孩子成长过程中的事情，BBC说：“比如，我们家的孩子今天忽然能够站起来了，这个激动的心情，我跟你说你可能不能理解，但是有孩子的父母可能特别能够理解。你一写上去，很多人都会来祝贺。你可以去网上说，去分享，有很多人特能理解，有同样的感受。”很多女网友从怀孕就开始就通过“小屋”了解各种情况。在我的访谈中，“亲子小屋”所提供的情感支持得到很多女网友的反复确认。她们从这里获得从父母和亲戚那里无法获得的生活经验和情感支持。

作为一个已经搬走的网友，网友JJ仍然怀念社区网，尤其是“小屋”里的时光，并仍然坚守在这个空间里。有了孩子后，JJ就主要在“小屋”里“灌水”。她反复强调的是，自己从小屋的妈妈们那里得到的、不可替代的人生经验和建议，而这些很难从父母那里得到。

> 在小屋交流这些养孩子的经验、知识啊，然后，更多的我觉得是听一听比我更成熟的妈妈们，他们的一些人生阅历和处事观点，这些帮助比较大。女性特别是在生孩子这段时间，比较容易钻牛角尖儿，有情绪，看看别人的豁达，再逐渐地开导自己。实际上，你在自己的小圈子里，在父母那里，他跟你阅历不一样，他的话对你没有特大启发意义，听不进去。周围的同事啊，同学啊，可能这都涉及隐私，别人也不好说什么。有这方面的需要的时候，我觉得这个网络可能帮了很大忙，而且，不知不觉在发生改变。
>
> （2009年8月24日访谈）

关于发生在自己身上的改变，JJ说，主要是“更豁达一些，更开朗一些，更积极一些。把生活中的小事都看淡，什么婆媳关系啊，同事关系啊，对待孩子不要烦躁啊什么的。”从小屋里孩子上了小学和中学的，人生经历更丰富的妈妈们那里，JJ说自己“获益很多”。而如今，她笑谈自己也可以给更年轻的妈妈们提一些建议了。

年轻的女网友们大多是从想要孩子开始成为小屋的固定成

员。她们都非常认同“小屋”给自己带来的诸多收获。网友SMP告诉我，社区里有很多全职妈妈，她们的生活圈子很窄，上网本身就是交流，保持与一个社会群体的联系。用她的话说就是“还觉得自己在社会上的感觉”。“小屋”不仅仅是一个信息网和互联网，而且是提供给妈妈们的社会支持网络。

SMP认为，自己在小屋里得到很多“开解和安慰”，也获得了“心灵成长的机会”。而在小屋里的情感支持也是一种互助。她说：“你劝别人，也是劝自己，很多时候也是帮助自己，帮你认识自己。”SMP重点提到BBC、“流水”和LNN等小屋里的老ID们对论坛氛围的保护和引导，以及给予年轻妈妈们的人生建议。

> 比如，“流水”会给你很多建议、指导，小屋里有很多这种“导师级”的人。这个交流很有意思，也很重要。比如“流水”的一个文章，关于母亲和孩子的关系，这些都给人很多的触动。我有一段时间身体不好，但是你和这些人一聊，心情就开朗了一点，心情就好了一点，生活就好了一点，感觉是社会的一个群体。你会因为这个渠道而感谢这个（社区）网。而且，小屋非常善良，如果你不快乐，许多人挖空心思开解你。
>
> （2009年8月18日访谈）

像刚才我们谈到的网友JJ一样，在SMP看来，生活中没人和她说这些事情，在这里她可以收获“学习”与“感动”。她说：“社区网给我生活很多帮助，消磨时间，给家庭（和睦）奠定了基础。我觉得就够了，而且还有一些志同道合的朋友。”现在，她把很多帖子“收藏”起来。从这些帖子里，她可以通过LNN这样一些网友的“人生阅历”和“经验”来调整自己的生活。“有的家庭让你羡慕，也想向她靠拢一下。一些生活哲学，比如她处理问题特有的方法。你就希望向她学习，把这些成果带到自己的家庭中，特有帮助！”

而所谓“感动”则是因为社区里时刻发生着很多的慈善与互助。她认为，这是在其他地方（包括现在居住的小区）很少见到的。这种“感动”也是让她即使离开了社区仍然通过社区网保持与原来的网友和邻居经常性联系的原因，用她的话说就是，“这里很善良”。

> 刚开始发帖也是在试探，看这里都是什么样的人。印象很深的是，我发过一个帖子，但是有一个人说话很不友好，我就不断顶别人的帖子，想让自己这个帖子沉下去。当时一个网友陌生人给我一个“信使”，跟我说“其实每个人都有伤痕，但我们要学会包容”。一个完全的陌生人给你这样一个安慰。
>
> （2009 年 8 月 18 日访谈）

说到这里的时候，我能感到 SMP 有一种无以言表的感动。SMP 说：“我当时好喜欢这里，觉得这里特别友好。你知道，如果别人不理你，当时别人打击我一下，也许我转身就走了。现在也是，很少发帖的人问点什么，我都会跟一下，如果你不理他，他可能就走了，你还是希望越来越多人在这里。”现在，即使 SMP 的爱人不怎么上社区网，但是每天回家第一件事就是问她社区网上有什么“新鲜事”。

对于这些女网友来说，网友是自己朋友圈的相当大一部分。她们在这里讨论婆媳关系、夫妻关系、情感问题和育儿经验。当然在某些（男）网友看来，“小屋”里的帖子和话题主要是“八卦”和“看热闹”。比如 RYM 就认为，这些女人就是“闲的”。

但是，这个空间成为她们的情感与社会支持来源。当然，实际上“小屋”里并不是只有女网友参与，很多成了家或有孩子的男网友也常常是这个论坛的积极分子。

比如HC，在社区网上主要就是联系球友、集采和在“小屋”里与网友沟通育儿经验。最初他上这个网是因为想找一些打球的球友，和原来的同事或朋友打球经常时间上无法协调。后来，他就通过这个社区网联系一些有共同爱好的网友，总会有一些人能够在时间上保持同步。同样作为“小屋”的积极参与者，DF也在“小屋”里组织网友的孩子们学习踢球，他也曾把社区网概括为“网络生活化”。与此相似，HC则说是“网络生活进入现实生活”。现在HC已经不再自己组织球类活动，但还是经常上“小屋”求助和了解一些育儿的事情。

> 小屋里网友们都是聊孩子不会走啊、拉肚子、发烧啊，婆婆怎么处啊，什么的。我也发过咨询的帖子。关于孩子的问题。比如我的孩子十一个月的时候拉了一个月左右的肚子，还有幼儿急诊的事情也上去求助。还比如一岁的孩子能不能看DVD，看碟啊，还是经常上。
>
> （2009年9月2日访谈）

HC认为，父母那一代对于育儿实际上没有太多经验，反而对孩子过分溺爱。“我们觉得让孩子哭一哭也挺好，他们都不忍心，请教他们实际上没有太多用处。过去那个时代（他们）哪里知道给孩子添加什么营养。”HC的育儿经验很多也是来自于与“小屋”里的网友的交流。

三　民主

“社区”相对于政治和经济的组织而言属于一个“生活世

界”。社区网作为一个以一个物理地域为根基的虚拟社区，它具有一般虚拟社区的民主特征。这种民主的氛围表现为网站自身的管理和组织，网友活动的自发组织，以及网友与社区网网站的平等而非隶属的关系结构。

（一）互联网与政治民主：民主化潜力与权力分化

围绕互联网的讨论，一个让人欢欣鼓舞的观点就是它是一个“去中心化的”、平等的、民主的沟通世界。通常人们认为，这种媒介内在地是更民主的，最终可能导致整个社会的民主或更大的平等。网络互动（computer - mediated communication）的属性被认为促进了本质上民主的沟通。比如，对信息、沟通机会和关系等更高的可获得性（accessibility）、“去社会背景化”“最大的开放性”、更少的审查等特征[①]。基于如上网络互动的属性，许多支持者常宣称这种技术的应用将导致更大的“民主”。

吉姆勒（Antje Gimmler）认为，尽管互联网也面对着商业化的侵入，但其互动性、多元性以及信息的低成本获取等方面还是区别于其他大众媒介，因此对于公共领域的商谈过程而言，互联网是一个理想的媒介[②]。现实中，许多非营利组织也正是把互联网作为一个公共讲坛来讨论特定话题。最近一些年，许多学者逐渐对这些非正式的在线商谈是否可能增强或扩张公共领域，或者它本身是否可以称为一种公共领域这个问题感兴趣。有许多学者认为，这种双向的、去中心化的沟通可以提供独立于国家与市场利益的理性批判话语的平台，因此最大化地延伸了公共领域。而另一些学者则对此表示了深切的怀疑。达尔伯格（Lincoln Dahl-

① Susan C. Herring, “Gender and Democracy in Computer - Mediated Communiction”, *Electronic Journal of Communication*, 3 (2), 1993.

② Antje Gimmler, “Deliberative Democracy, Public Sphere and the Internet”, *Philosophy & Social Criticism*, Vol. 27 (4), 2001, pp. 21 - 39.

berg）试图把线上行为与公共领域的规范模式进行比较，具体从公共领域所应该具有的几个条件来分析这种商谈空间和行为多大程度上可以称为一种“公共领域”[①]。达尔伯格认为，在许多在线论坛中，确实发生着理性的批评。然而也有大量因素限制着在线公共领域的扩张，包括国家与公司利益的殖民化，反思的无力，缺乏有尊重地倾听他人，难以证明身份信息和宣称，许多在线论坛的排他性，某些个人和群体主导话语等。

霍姆斯（David Holmes）区别了“身体化集会”和“电子集会”之间，以及“同质的公共领域”(homogeneous public sphere）和“微公共领域”（public“sphericules”)[②]。20 世纪 70 年代，一些政治理论家也开始关注基于“身体化和制度化集会”的公共领域已经开始分裂或衰落。但是其中大众媒介的作用仍没有被提及。至今该领域仍主要是哈贝马斯的同质性、普遍化公共领域的思想。当然哈贝马斯已经开始认识到大众媒介对于公共领域的作用[③]，但似乎还没有将其整合到他的理论模型中。对波斯特(Mark Poster）而言，“互动实践”的物质性论坛，比如，集会、教堂、咖啡馆、公共广场等这些曾经是政治讨论和行动组织中心的地方正处于衰落过程。这种“身体化的集会”衰落的背后是一些新的媒介的崛起。这种媒介使公民彼此隔离，并替代了旧的政治空间[④]。

---

① Lincoln Dahlberg, “Computer - Mediated Communication and the Public Sphere: A Critical Analysis”, *JCMC*, October 7 (1), 2001.

② David Holmes, “Transformations in the Mediation of Publicness: Communicative Interaction in the Network Society”, *JCMC*, January 7 (2), 2002.

③ 尤尔根·哈贝马斯：《公共领域的结构转型》，曹卫东译，学林出版社 1998 年版，1990 年版序言。

④ Mark Poster, *Cyberdemocracy: The Internet and the Public Sphere*, *Virtual Politics: Identity and Community in Cyberspace*, London: Sage Publications, 1997, pp. 212 - 229.

霍姆斯认为，互联网从技术上看不是同质的，而是被分割为许多能力和属性。其中每个都有不同的社会学的和沟通的潜力及效应①。尽管许多人宣称，由于赛博空间中的匿名性或身体的不在场，它具有去中心化和平等参与等潜在民主潜力的属性。人们可以在不考虑社会地位、性别、种族和年龄等通常的形成沟通障碍的束缚条件，进行真正的平等沟通。但实际上赛博空间中的互动行为似乎并没有真正与传统社会的一些权力游戏规则脱离开。

一些女性主义认为，互联网给女性更多表现机会，通过超越现实世界二元对抗和本质主义性别而实现在线解放。但是，实际上性别是赛博空间最容易发现的差异。比如，与通常宣称的两性平等参与相反，苏珊·海玲（Susan Herring）的一系列研究表明，男性仍主导线上互动，从发帖数量到对说什么和怎么说都产生影响②。尽管理论上似乎每个人都可以进入网络平等参与，并表达其关注和渴望，但学术性虚拟社区也远不是民主的，相反它是基于权力和等级制的。

雷德（Reid）则认为，网络空间中的“自由”不是乌托邦意义上的“自由”，而是指它缺乏常规社会控制③。我们不能简单地认为，网络互动就是民主的或解放的，这种自由可以具有积极的和消极的两面性。积极的一面是，它可以产生各种类型的社会关系或社会网络，给个人带来各种社会支持。消极的一面则是

---

① David Holmes, “Transformations in the Mediation of Publicness: Communicative Interaction in the Network Society”, *JCMC* , January 7 (2), 2002.

② Susan Herring, “Gender and Democracy in Computer – Mediated Communication”, *Electronic Journal of Communication*, 3 (2), 1993, pp. 1 – 17; Susan Herring, *Posting in a Different Voice: Gender and Ethics in Computer – Mediated Communication*, *Philosophical Approaches to Computer – Mediated Communication* , Albany: State University of New York, 1996, pp. 115 – 145.

③ E. Reid, *Electropolis: Communication and Community on Internet Relay Chat*, *Honours Dissertation*, University of Melbourne, 1991.

产生了无责任感，存在大量敌意、欺骗、憎恨、暴力和罪恶行为。

（二）“野猪代表大会”、自发性与聆听

在某种程度上，互联网确实可以部分地悬置日常现实生活的规则束缚，具有一定的民主化倾向，这一点在社区网上也有充分体现。从网站自身的组织来看，网站并不是一种层级组织结构，而是一个网状结构。因为斑竹都是网友志愿性参与，以网上投票的方式确定人选。站长没有权力对斑竹实行行政命令式的安排，他们的关系很松散。用 QL 的话来说就是“没有谁去管着谁”，而一些重大难以解决的事情，在早期的社区网可以提交给一个“社区猪大”来处理。

> LM：社区猪大就跟人大似的，我们叫猪大，版主在执行版主权利时遇到一些问题，不知道怎么解决的时候，他会提案到猪大。猪大代表投票，发表自己意见，如果都通过了，这个提案就通过了，要是被否决了，提案就算了。

2002 年开始，共有猪大代表 30 个，超过半数同意的提案可以获得通过。2002 年 10 月 16 日，一位网友的提案“关于猪大的提案方式方法建议”中提出：

> 提案最好由提出者附上相关背景资料以供猪大代表参考。每个提案 5 天的表决时限，没有在时限内表态的代表按弃权对待。每个同意可得 2 分，弃权 -1 分（因为弃权越多就表明表态的人少，不代表大多数代表的意见，所以采用负分），反对 -2 分，因为有 30 个猪大代表，所以每个提案得分为 15 分（表示至少过半数代表同意且反对不多）就标记为通过并列出代表的表决状态。每个代表表决的时候必须加

上意见，没有写的可以理解为没有看到提案而弃权，提案得分低于15分就标记为否决，同样显示表决状态以示公平。如果提案没有被通过，可以在合适的时候再次提出，以上建议请各位代表表决。

这个提案最后被通过。从2002年9月24日出现第一个提案，到2005年6月28日共有提案51个，22个提案被否决。站长QL提案13个，其中5个被否决；其余QL参加投票的提案共27项，投反对票的有5项，但其中3项提案被通过；投赞成票的有16项，其中6项被否决；明确弃权的有6项，其中4项被通过。结果表明，QL明确反对的提案，大半被通过；他所支持的提案则接近三分之一多被否决；他弃权的提案有三分之二被通过。从这些站长个人参与的投票可以看出，QL个人并没有能够主导投票结果，这充分表现出社区网的运行过程的民主性。

表4－2　　2002—2005年度提案数量

提案年份	提案数量
2002	28
2003	14
2004	6
2005	3

不过从2002年开始，提案的数量逐年递减，如表4－2所示。从网站的记录来看，从2005年6月28日最后一个提案之后，猪大就没有新的提案出现。不过，版主有一个外人无法见到的“版主论坛”，一个“秘坛”。在这个论坛中，版主可以讨论一些网站管理上的问题，提出建议。2002年9月25日，QL提出开一个“站务讨论”的论坛，提案获得通过。在这个论坛中，

版主可以“发表关于网站发展的言论，比如开新版，申请版主等都可以在那里讨论”，此后网友的建议和纠纷都会在这个论坛里被反映出来。

除了以网站方组织和策划的大型传统活动之外，比如周年庆典、社区趣味运动会、超级 H 声[①]和新年音乐会等，其他所有兴趣团体及其活动组织，所有借助于社区网而组织起来的活动都是网友自发组织。除非以社区网的名义举办活动，否则不受网站的管理和控制。甚至几乎所有网站组织的活动也大多是网友提出建议，然后由站方[②]号召，网友自组织和筹划，没有任何行政的力量可以强制网友参加社区网的组织和活动。

站长 QL：其实活动都是网友提出来的。盛大的狂欢夜，2001 年就搞了一个第一届的卡拉 OK 比赛[③]。比如单身联谊会，这些活动都非常好，都是纯网友自发弄的，那时候没钱，有的甚至交费。比如，一人交 20 元报名费，出一些奖品和其他一些开支费用。那时也没赞助，后来逐渐一些骨干就突出来了。比如“洋葱”，一到时候他们主动就提出该搞什么，搞什么了，运动会也是，那是“酸梅”的提议。她说，咱们弄个运动会吧，当时有商家赞助。

消夏节是网友老杜的一个提议，他原来说弄一个啤酒节，他可以联系厂家给大家提供啤酒，吃烤串儿。他和 LM 很熟，LM 做了一个策划，一周的时间。

① “超级 H 声”是社区网模仿“超级女声”而组织的一个社区歌唱比赛，每年举行一次。截至 2015 年，已经举办了 8 届“超级 H 声”。

② 从严格意义上讲，站方就是 QL 一个人。长期以来，网站没有专门的管理人员，大多数网站技术开发工作都由 QL 个人负责。

③ 这应该是“超级 H 声”的前身。

从网友和网站的关系上来看，双方的关系也不是行政性的或商业性的。网站只是网友交流和联系的一个平台，对于网站组织的活动也是志愿参加。甚至网友还会对网站的管理（无论是站长 QL，还是版主）提出批评，这种批评通常会得到网站和相应组织者的回应。比如，在网站七周年庆典活动的组织过程中，对于收取门票费的决定在社区网上就曾引起一些网友的争议。这导致后来 QL 代表网站作出解释并道歉，希望得到大家体谅。经常受到批评的问题，通常是社区网组织的公益活动。最开始的时候，这些慈善活动的组织不够严谨，因此在网络上受到很多的批评。为了减少质疑，提高活动组织效率，QL、DF 和其他社区网热心、资深网友不断吸收网友批评意见，多次修改和完善公益活动组织的规范。即使在已经成立社区“志愿者协会”之后，在活动的组织和协会倡议中也时常需要寻求网友建议，并接受网友的监督。

2015 年 1 月，在尚未完成对一个白血病孩子的救助活动之前，另有一位住在社区附近的患病女孩父亲联系社区网和志愿者协会，协会的网友们经过现场了解，确认情况属实之后，在 1 月 8 日于“亲子小屋”论坛发帖征询网友帮助和建议：

> 在这里发帖的目的，是跟网友们商量看看，这个孩子我们该怎么帮助她？我们如果再发起一次募捐的顾虑是：
>
> 1. 前一个募捐还未结束，捐款账户不能拿出来使用。以免混乱，一定要善始善终。2. 短期内两次大规模募捐，一是网友们爱心疲惫，二是效果也不好，最重要的是，根据以往经验，募集不到那么多钱。缺口太大，那是不是就不去做？3. 志愿者协会依托社区网，是主要服务社区居民的社会组织，志协的工作人员都是义务在这里工作，不同于专职的公益慈善组织，有专职人员专门在做一些救助项目。

> 多次救助后，日后会不会不断有求助者过来寻求募捐，毕竟我们不是专项做救助的组织。

协会的网友构思了一些方案，其中就包括启动2009年针对一个社区白血病孩子捐款的剩余部分。当然，“这个需要和当年救助小组的所有成员商量投票决定”。帖子最后，志愿者协会请求“网友们集思广益”，跟帖给出建议。这是典型的社区网活动组织的一个场景，始终充分地接受各种意见和批评，以求获得广泛的支持和认同。

第五章　社区如何可能：从虚拟社区到“想象的社区”

一位《竞报》的记者认为，H社区网“与欧洲中世纪兴起的酒吧文化、中国近代的茶馆文化一脉相承，都是维护居民日常生活与交往的亲密纽带”。某种意义上，把社区网类比成公共领域的形成过程中发挥重要作用的咖啡馆也未尝不可。在中国朝向信息社会转型的过程中，如何肯定社区网都不为过。

H社区从2000年开始从无到有，从一两个小区到成为一个30多万居住人口的超大地域性社区也不过15年而已。但是我们惊叹的不是一个城市环境的建设之快，而是作为一个以非本地人口为主的人群如此快速地形成自己的社区传统和文化。他们形成自己的社区联赛，各种社区内的兴趣团体，各种各样的社区活动以及社区精神。网友FL是一个论坛的斑竹，2004年开始来到H社区。她说：

> 在外人看来H社区感觉很偏远，是一个“睡城”。白天社区里没有人，晚上就是一个睡觉的地方而已。其实这完全是个误解，实际上每天晚上、周末在社区里有许多活动。这一方面是因为商业的发展，另一方面是社区网这个平台使得大家可以彼此认识。

FL为自己的社区而自豪，比如那个广为人知的社区足球联赛。实际上H社区的独特之处正在于这些借助于社区网[①]而自发组织的各种团体与活动。人们在日常生活实践中构建着“社区”，进而这个地方不再只是一个睡觉的场所而已，而是成为一个生活世界。我们这里要讨论的是：一个社区之所以是一个社区的机制是什么？一个以非本地人群为主的“社区”如何迅速得以生产出来？虚拟社区在这个“地域性”社区的生产过程中发挥什么作用？他们彼此的边界在哪里？这是我们在本章所想要探讨的问题。

第一节　社区的本质：实体社区？网络社区？

一般来说，社会学中关于社区最早、最明确的界定来自于滕尼斯《共同体与社会》[②]一书。他认为，社区或共同体表达的是一种在家庭、宗族和信仰基础上社会联结的类型。它的纽带可能是血缘关系，可能是地缘关系和精神上的统一意向。而在它的对立面的是叫作“社会”的社会联结类型。后者是基于个人计算的理性原则的关系类型。这种对比有一种历史的维度。粗略地看，农业社会人们的生活更倾向于是“社区”或“共同体”这样的社会结构，而在工业社会以后则是理性的、以个人主义的“社会”为标志的历史阶段。当然在滕尼斯看来，这两种状态更多时候可能是同时存在的。即使是在工业社会也是如此。不过在社会学的美国化之后，具体是经过芝加哥学派的发展，尤其是在美国社会学中开始倾向于将社区地域化。社会学家威尔曼认为，

① 截至2015年11月22日，社区网的注册会员已经达到604984人。当然，这里无法排除“马甲”的存在，也就是一个人注册了多个用户。

② 滕尼斯：《共同体与社会》，林荣远译，商务印书馆1999年版。

在这种潮流之下，基于学者研究的方便，“邻里”开始成为社区研究的核心，甚至将两者等同起来[1]。社区的含义进一步“地域化”。而在中国尽管原因上有差异，但同样有一个将社区地方化的选择。行政部门以行政区划来作为社区的界限，进一步强调社区的空间或地域属性的一面。比如民政部文件就指出：“社区是指居住在一定地域范围内的人们所组成的社会生活共同体。”有学者称之为“行政管理上的社区”，与所谓学理上对社区的界定相对[2]。社区到底是什么？滕尼斯百年之后的社会学在研究实践中已经开始基于各种研究方便或可行性的考虑，基于对社会变迁的思考或倾向于地域化或空间化的理解，或倾向于关系性的理解。而我们主张，应该在实践和动态的过程中来理解社区的本质。

一 实体社区：地域化社区的理解

在滕尼斯那里，社区（Gemeinschaft）和社会（Gesellschaft）是对从传统到现代的社会转型过程的一种解释，它们都是社会联结或社会关系的一种状态。“共同体是持久的和真正的共同生活，社会只不过是一种暂时的和表面的共同生活。因此，共同体本身应该被理解为一种生机勃勃的有机体，而社会应该被理解为一种机械的聚合和人工制品。”[3]在这里，社区或共同体的类型主要是在建立在自然的基础之上的群体（家庭、宗族）里实现的，此外，它也可能在小的、历史形成的联合体（如村庄）以及在思想的联合体（友谊、师徒和宗教信徒关系等）里实现。因此

① Barry Wellman, “The Community Question: The Intimate Networks of East Yorkers”, *American Journal of Sociology*, 84, 1979, pp. 1201 – 1231.

② 徐中振、李友梅等：《生活家园与社会共同体——“康乐工程”与上海社区实践模式个案研究》，上海大学出版社2003年版，第122—123页。

③ 滕尼斯：《共同体与社会》，林荣远译，商务印书馆1999年版，第54页。

在这种理解中，社区的含义并不专指一种场所化或地域化的概念。相反它更关注的社区或共同体的实质含义，是一种对社会关系或社会联结属性的认识。除了家庭和乡村之外，他还指出，精神社区范畴意义上的社区概念，比如，宗教共同体。当然社区与社会在滕尼斯那里基本上就是一种基于分析的需要而存在的"理想类型"。"理想类型"是韦伯的分析框架中一个重要的概念工具。一个理想类型就是一种分析结构，就像分析者手中一个尺度，使他在具体情况下确定相同与相异。它提供了比较研究的基本方法。"通过片面强调一个或几个观点，通过综合许多散乱的、不连贯的、时有时无的具体的个别现象（这些现象又片面强调的观点归纳为统一的分析结构），就可以得到一个理想类型。"①

在韦伯看来，"共同体"和"社会"就是两个理想类型。他进一步区分了作为一种社会关系的"共同体"与"社会"。"'共同体'应该称之为一种社会关系，如果而且只有当社会行为的调节——在个别的情况或者一般的情况下或者纯粹的类型中——建立在主观感觉到参加者们（情绪上或者传统上）的共同属性上。"而"'社会化'应该称之为一种社会关系，如果而且只有当社会行为的调节是建立在以理性（价值或目的合乎理性）为动机的利益的平衡或者同样动机上的利益的结合之上。"②"社会"的行为通常建立在相互同意的、合乎理性的协议之上。比较典型的，比如，像市场交换和一切旨在实现实际利益的行为都属于"社会化"行为。而共同体可以建立在任何情绪或情感

① Shils and Finch, eds., *Max Weber on the Methodology of the Social Sciences*, New York: The Free Press, 1949, p. 72. 转引自科塞《社会思想名家》，石人译，上海人民出版社 2007 年版，第 197 页。

② 马克斯·韦伯：《经济与社会》（上卷），林荣远译，商务印书馆 1998 年版，第 70 页。

基础上，也可以建立在传统的基础上，比如，宗教共同体、民族共同体、家庭共同体等。但是韦伯最终也强调，无论是“共同体”还是“社会”关系都是一种“理想类型”。“大部分的社会关系部分地具有共同体化性质，部分地具有社会化的性质。任何一种哪怕是目的合乎理性地、冷静地建立的和有的放矢的社会关系（例如顾客），都能促成一些超出随意选择的目的的感情价值。……反之亦然，一种其通常的意向是共同体化的社会关系，也可能为所有的或若干参加者完全地或部分地以目的合乎理性为取向。”①这种理性化和“社会化”也能体现在中国传统的家族共同体中。面对着政治和经济结构的转型，传统的家族共同体和乡土社会的社会关系也面临着理性化增长的过程②。或者用韦伯的话说就是共同体的“社会化”。当然可能在韦伯看来还存在一种社会的“共同体化”这种状况。

总之，在滕尼斯和韦伯这样的古典社会学家那里，社区或共同体并没有地域化的含义，而是一种对于社会关系或社会行为以及社会联结属性的概括。但是社区（Gemeinschaft）概念被引入美国后，受到芝加哥学派城市区位学的影响，英文语境下的社区（community）逐渐与一种场所架构下的物理空间相联系起来。在原初意义上具有的那种情感和团结因素开始淡化。类型学的分析让位于一种“区位学”的研究。比如，帕克如此归纳社区的特征：一个以区域组织起来的人群；他们扎根于所居住的区域；相互依赖的关系。在帕克等芝加哥学派的社

① 马克斯·韦伯：《经济与社会》（上卷），林荣远译，商务印书馆 1998 年版，第 71 页。

② 唐军：《仪式性的消减与事件性的加强——当代华北村落家族生长的理性化》，《中国社会科学》2000 年第 6 期；贺雪峰：《人际关系理性化中的资源因素——对现代化进程中乡土社会传统的一项评述》，《广西社会科学》2001 年第 4 期。

会学家视野里，社区可以从环境角度研究，研究不同区位的功能如何相互作用和竞争，他们强调的是，作为一种区域性社会的“社区”。“‘社区’一词系对社会和社会集团的一种称述：当从地理分布来考虑社会和社会集团所含的个人和体制时，我们就把社会或社会集团称为社区。”① 而在芝加哥学派之后，社区的理解被进一步场所化或地域化了。希勒里（Hillery）甚至在将关于社区的定义进行整理后发现，在94个定义中有69个定义通常都包含地区这个因素②。

在实际研究中，基于某些考虑，社区地域化的一个表现就是把社区“邻里化”，或者说就是把“邻里”等同为社区。威尔曼认为，如今都市社会学已经沦为邻里社会学。一些原因导致“邻里”概念代替了“社区”概念③：首先，邻里是一个容易辨别的研究场所，而街角对于勾画小规模互动来说是一个明显的地方；其次，许多学者把邻里解释为城市的微观环境，把城市看作是一个邻里的聚合；再次，基于方便管理的考虑，行政官员已经提出他们自己的邻里边界的界定，试图形成官僚单位，因此空间化的地区已经逐渐被看作是自然现象，被视为紧密的邻里（coherent neighbourhood）；第四个原因是，都市社会学对于空间分布的特别关注已经倾向于被转化成对本地地区的关注。地域逐渐被看作在都市社会关系中最重要的组织要素，而不是一个潜在意义上重要的要素；最后，也是最重要的原因

---

① 帕克、博吉斯、麦肯齐：《城市社会学》，宋俊岭等译，华夏出版社1997年版，第141页。

② 转引自张钟汝《“社区”概念的由来、本质特点及其应用：上海大学文学院社会学系“社区”讨论会综述》，《社会》1984年第4期。

③ Barry Wellman and Barry Leighton, Networks, Neighborhoods and Communities: Approaches to the Study of the Community Question. *Urban Affairs Quarterly* , Vol. 14, No. 3, 1979.

是，由于对规范性整合和一致的持续的社会学关注，许多分析家已经沉迷于团结性情感所借以维持的条件。邻里正是被作为一种“规范性团结”（normative solidarity）的容器来研究。总之，基于这些原因，邻里的强调已经对社区的定义、研究和理论化产生强烈影响。

社区被引入中国时正受到这种地域化理解的影响，这在一定程度上受到社会学引入中国过程中的路径依赖的影响。社区研究在中国的引入和帕克有直接关系，并受到帕克城市区位学的影响。1933 年，帕克受中国学者邀请，到燕京大学给社会学系讲课，而把社区的区位学解释带到中国。社区的概念刚翻译成中文的时候，根据费孝通先生的说法，当时他们把英文“community”与“society”都翻译作“社会”。但由于受到帕克关于“community”与“society”不同这个说法的影响，才把“community”翻译作一个新词——“社区”[①]。其中的“区”就体现和突出了它的地域或区域特征。而以费孝通先生为代表的老一代社会学家的研究又受到英国人类学传统的影响，非常关注当时中国乡村这种典型的地域社区的研究，甚至上升到一种研究方法论的层面上。这种状况导致此后这种翻译和理解延续下来。因此从社区这个概念进入中国开始，那种在滕尼斯和韦伯那里的类型学的理解就没有扎根。结合社区和社区研究的这种状况，有学者进一步认为，社区一词在中国一直以来就是一个中性的概念，一种社区研究方法，它强调，研究对象的区域性和具体性[②]。当然，对于强调“社区”概念中“区”的地

① 费孝通：《学术自述与反思》，生活·读书·新知三联书店 1996 年版，第 212 页。

② 徐中振、李友梅等：《生活家园与社会共同体——“康乐工程”与上海社区实践模式个案研究》，上海大学出版社 2003 年版，第 165 页。

域性，也还包括其他原因，比如，有学者认为，中国理论话语中，对社区的“区域”性质的强调可能也与传统中国农耕文明意识形态、中国现代化进程中的种种复杂因素（比如户籍制度）有关。这些因素导致中国人格外重视地域属性[①]。

威尔曼也注意到，行政的力量也是社区研究沦为邻里这种强调地域因素解释的原因。在中国，这种从管理单位的角度出发的社区界定的影响恐怕更加明显。就中国而言，强调社区的地域边界特征的一个重要原因就是政治或行政管理的因素。由于行政管理的便利考虑，这种社区的理解被进一步合法化。基于这种原因，社区在中国倾向于被等同于“辖区”，甚至等同于居民委员会的组织[②]。

我们可以把这种社区的理解称为“实体的社区”。它们都强调社区的地域边界和一个具体的地方边界内群体，他们形成的互动或稳定的社会关系，以及在这个组织单位内对这些群体和互动的管理。上个世纪中国社会学重建后，社区概念和研究重新开始受到关注。基于管理的方便，社区在政府的话语里是这样界定的：“社区是指居住在一定地域范围内的人们所组成的社会生活共同体。”它突出的是地域或区域的边界特征。到了20世纪80年代，尤其是90年代以来，社区逐渐成为行政和大众媒体熟悉的词语。而这种行政管理的话语在这些“社区”概念的使用中占据着主导地位。这其中也包括大量旨在为公共政策和政府社区管理提供理论支持的社区研究者。当然有学者认为，理论界与社区工作领域对社区的理解还是有不同之处。比如，理论界更关注社区作为“共同体”的方面，而社区实践部门则关注“区域”[③]。

---

① 李晓非：《拿来、创造、中国式运用：社区概念中国化的思考》，《学术探索》2012年第9期。

② 同上。

③ 卢汉龙：《发展社区共同体 推进社区建设——兼谈基层组织重建中的理论与实践分歧》，《现代领导》2001年增刊。

二 网络社区：关系化社区的理解

共同体通常作为一种传统的社会关系的类型。在滕尼斯那里，尽管“社区”与“社会”既有社会变迁的视角，但他也强调，社区与社会同时存在于同一种社会背景中。社会学家通常认为，在西方的现代化过程中，受到工业化、城市化和官僚化等进程的影响，社区这种社会关系受到破坏。威尔曼关注的是，这些大规模社会变迁如何对大量初级社会纽带产生影响，比如邻里、亲属群体、兴趣群体和工作关系等①。

威尔曼把这些对于社区的观念总结为三种：社区消失论、社区存活论和社区解放论②。社区消失论（community lost）认为，许多都市现象是工业化官僚社会完全而集中的体现。劳动分工弱化了集体团结，城市中的初级关系已经成为“非人的、短暂的和片段化的”③。威尔曼认为，这种观念认识到在工业化劳动分工与初级纽带结构之间的潜在关系。“他们假定强的初级纽带自然而然地只存在于那些紧密结合、自我维持的团结（densely knit，self－Containcd solidarities）中。但是这种观点忽略了这样一个问题，那就是在工业社会系统中是否初级纽带不是被弱化了，而是在结构上发生了转型。”④而在社区存活论（community

① Barry Wellman, The Community Question: The Intimate Networks of East Yorkers, *American Journal of Sociology*, Vol. 84, No. 5, 1979.

② Barry Wellman and Barry Leighton, Networks, Neighborhoods and Communities: Approaches to the Study of the of Community Question, *Urban Affairs Quarterly*, Vol. 14, No. 3, 1979; Barry Wellman, The Community Question: The Intimate Networks of East Yorkers, *American Journal of Sociology*, Vol. 84, No. 5, 1979.

③ Louis Wirth, Urbanism as a Way of Life, *American Journal of Sociology*, Vol. 44, No. 1, 1938.

④ Barry Wellman, The Community Question: The Intimate Networks of East Yorkers, *American Journal of Sociology*, Vol. 84, No. 5, 1979.

saved）看来，社区并没有消亡。邻里和亲属团结这些纽带关系仍然在工业化社会系统中繁荣着。大量的实地研究可以发现，在芝加哥学派发现的社会解组之外，仍然有另一种城市景象。城市中仍然持续存在丰富而有活力的初级关系和地方团结。人们仍然可以从邻里和社区关系中获得各种社会支持[①]。社区解放论则宣称，初级纽带的普遍性和重要性。他们坚持认为，大多数纽带现在并不是被组织成紧密结合、非常有限的团结，而是认为，居住和工作场所以及亲属群体的分割使都市卷入多重社会网络。这些网络在团结程度上都倾向于比较弱；高度的流动性削弱了现存网络，并使新的强纽带的产生变得缓慢；便宜有效的交通和通信手段减少了空间距离的社会成本，进而分散的初级纽带的维持变得更容易；城市与民族国家的规模、密度和多元性与广泛的互动工具的结合增加了接触松散而受限制的多样网络（lossely bounded, mutiple social network）之可能性；初级纽带在空间上的分散和城市的异质性使他们之间不太可能形成团结性社区（solidarity community）。概括来说，解放论不再把本地区作为分析社区问题的起点，而直接研究初级纽带的结构。他们认为，现在的初级纽带倾向于形成稀松结合、空间上分散的、成网状的结构，而不是限制于一个唯一的、紧密结合的实体内。这种结构的网络可以提供广泛的资源支持。

总之，威尔曼认为，社区消失论和存活论都忽略了这样一个事实，即工业社会中不是初级纽带被削弱了，而是它们在结构上发生了变化。尽管社区存活论从一定程度上质疑了消亡论的结

① Herbert Gans, *The Urban Villagers*, New York: Free Press, 1962；怀特：《街角社会：一个意大利人贫民区的社会结构》，商务印书馆 1994 年版；简·雅各布斯：《美国大城市的生与死》，译林出版社 2005 年版；周敏：《唐人街：深具社会经济潜质的华人社区》，商务印书馆 1995 年版。

论，但是这些观点的论证在起点上仍有问题。他们忽略了“当代劳动分工可能已严重影响了初级纽带的结构。他们只寻找并关注在邻里和亲属系统以及工作场所中集体团结的持存，但难以评价在总体社会网络中团结性纽带的地位。……因此根本的社区问题是处理初级纽带的结构和使用。但是，在消亡论、存活论的论证中社区的这个根本问题被与团结性情感和地域性凝聚力混淆在一起。在消亡论哀悼其消失的时候，存活论在高颂它的持存”①。总而言之，在许多社区分析中，对于“社区问题”的根本的结构关怀已经与两个其他社会学问题相混淆：聚焦于团结性情感得以维持的条件和对本地区域地方化初级纽带的聚焦。前者反映了社会学对于规范性整合和一致的持续关注；而后者则反映了社会学对于空间分布（spatial distributions）的特别关注②。如此一来，结构性的“社区问题”就转化为一种对地方团结的研究，而不是初级纽带如何运作。许多研究关注本地地区边界内集体互动和情感的范围。他们预先假定，都市的社会纽带大部分是在本地组织起来的。这种地域性视角尤其适用于根据共享价值来评价社区团结。因此当人们观察到地方性组织起来的团结性行为和情感的消失，就会自然而然地假定“社区”已经衰亡了。

我们这里提到的所谓网络社区（the network community）观念则来源于社区解放论。解放的社区观倾向于认为，社区已经从地域空间中解脱出来，表现为更大空间范围中建构的社会网络。不过，威尔曼则认为，解放论并不是唯一的社区事实。他所研究的加拿大多伦多的社区证明了一种解放论和存活论的综合。

威尔曼对社区的理解实际上是从个体中心网络的视角出发，

① Barry Wellman, “The Community Question: The Intimate Networks of East Yorkers”, *American Journal of Sociology*, Vol. 84, No. 5, 1979.

② Ibid..

强调社会变迁过程中社区私人化的趋势。或者说他们把社区看作一种“私人社区”，也就是一种从社会网络意义上、以个体为中心的非正式的关系来研究社区纽带的变迁。社会网络研究从研究类型上看，大致可以区分为“个体中心网络”和偏向于一种整体网络结构的两种研究类型。“整体网络”是“一整组不断分化、不断形成网状的联系，它在任意一个组织或社区的边界之内或之外不断延伸着”。在实际研究中，可以选择整体网络的某一个具体部分进行重点研究。对“局部网络”这一抽象概念的研究大致沿着两个方向进行：一是研究那些“固定”于某一具体个人的关系，这样会产生一个“以个体为中心”的各种类型社会关系的网络；二是研究那些与社会活动某一个方面有关的网络的全面整体特征，比如政治关系、亲族义务、友谊等构成的网络特征等[①]。相对而言，个体中心网络研究更加容易操作。这种研究首先确定研究的个体，然后将这些个体与他人之间所有直接或间接的联系都纳入考察，结果就会产生一组由每个被研究个体的中心网络组成的“个体中心”的网络群。

在这种观点看来，社区就是社会关系的集合，因为网络方法聚焦于关系，所以它是最合适的视角。威尔曼把社区看作自我中心网络中的关系，这些关系提供了“友谊和支持性资源”[②]。在威尔曼的社区概念里，个体在实现自己目标的时候依赖于社会支持，而个体网络就是获取这些支持的渠道或方法。网络分析不是以假定的邻里团结作为起点，也不是一开始就寻求发现和解释团结性情感的存在或缺席。网络分析使得分析者可以去寻找跨越群体或地方的纽带。群体只是一种独特的网络类型。这种网络是紧

① 斯科特：《社会网络分析发展史》，《国外社会学》2001年第6期。

② Barry Wellman, *Studying Personal Communities*, *Social Structure and Network Analysis*, Beverly Hills: Sage, 1988.

密结合起来，并有确定边界。也就是说，大多数人直接联系在一起，而且大多数关系也保持在同一人群中。除此之外当然还包括其他类型的社区网络。威尔曼认为，一旦分析者采用这种视角，他就会发现，社区、组织和世界体系不过都是社会网络而已①。而一系列研究似乎表明，在西方发达社会里邻里关系面临解体。比如，威尔曼和他的研究团队从个体获取社会支持和资源的角度出发发现，他们的研究对象中，强的初级纽带定位于一个多伦多以及多伦多之外的广阔地域。只有少部分人（13 %）的熟人住在同一个邻里，四分之一的熟人住在多伦多之外②。尽管距离仍然是互动限制的因素，但现代的通信和交通工具进一步推动了这种个体关系状况的变化。在这种意义上，网络互动或虚拟社区不过也就是这种趋势的新的表现形式而已。互联网也是一种社会网络，并延伸了社会网络的范围③。

威尔曼进而认为，我们应该从社区网络，具体上是个体网络关系，而不是从邻里团结或集体情感出发来研究社区。他确定了几个个体社区的构成要素：直接的亲属和朋友、联系频率、社区的范围（规模、密度和异质性）、社区中亲密关系的数量和比例（亲密性）④。研究者可以从这四个要素出发来分析具体的个体社

① Barry Wellman, *The Network Community: An Introduction*, *Networks in the Global Village: Life in Contemporary Communities*, Westview Press, 1999.

② Barry Wellman, "The Community Question: The Intimate Networks of East Yorkers", *American Journal of Sociology* , Vol. 84, No. 5, 1979; Barry Wellman, "The Community Question: The Intimate Networks of East Yorkers", *American Journal of Sociology*, Vol. 84, No. 5, 1979.

③ Barry Wellman and Milena Gulia, *Net – Surfers Don't Ride Alone: Virtual Communities as Communities*, *Networks in the Global Village: Life in Contemporary Communities*, Westview Press, 6 1999.

④ Barry Wellma and Stephanie Potter, *The Elements of Personal Communities*, *Networks in the Global Village: Life in Contemporary Communitie*, Westview Press, 1999.

区到底是哪一种类型的网络结构。这种网络社区观念不关注个体如何确定他们的偏好和需要，只从相当于工具性的角度考虑个体网络关系。从这种视角看来，甚至同情地理解也要根据供需而定。当然，威尔曼可能也忽略了网络结构变化的原因和方式。在布洛克兰德（Blokland）看来，个体网络并不构成社区。他对威尔曼所代表的网络社区观念做了进一步的批评[①]。他认为，在网络分析中，网络中的人被描述为缺乏历史和社会背景，具有特定需要、欲望、目标或兴趣的存在，而社区是实现这些固定的个体目标的工具而已。但问题是这种人的抽象概念是否是合理的。在社区和人之间的关系因此是更复杂的。有意义的社会行动可能基于资源的需要，但更应该从一种社会学视角出发把注意力从关系类型转换到被体验的内容来解释它。而网络分析者通常倾向于只去探讨社会关系的工具性，比如，哪种关系提供什么社会支持。网络分析的另一个潜在问题是他们容易低估了制度和制度化的重要性。社会生活教会我们规则与意义。尽管这些东西都是人类互动的结果，但我们并不能完全自主作出选择。网络理论家们只专注于个体社会关系，结果他们倾向于不注意群体形式或群体目标及其差异。同时这种观念也忽略了社区所具有的那种“共有感”（common sense）。这种抽象的含义是用网络分析难以测量的。也许我们确实可以把社会网络分析方法引入对社区的研究，但是社区网络与社区可能并不是同一个概念。

从严格意义上讲，滕尼斯对社区的理解实际上是对社会关系在社会变迁过程中发生变化的一种历史和过程的理解。但是这里的社会关系并不专门指直接的个人关系，而是一种泛泛的人与人之间关系的状态。“网络社区”的概念则是以个体网络视角来分析个人关系网络如何作为摄取资源的渠道或基础。可

---

① Talja Blokland, *Urban Bonds*, Polity Press, 2003, pp. 58 - 60.

是我们认为，尽管这涵盖了社区这种社会关系的根本含义之一，但是忽略了对于社区而言，并不是只包括你所直接认识的个体。如果非要从关系网络的角度来理解社区的话，我们宁愿从“网络之网络”的角度出发，而不是个体中心网络的视角来分析社区结构。比如，格拉诺维特就提到弱关系对于社区组织的作用。他认为，社区内可以作为信息桥梁的弱关系越多，社区可能越有凝聚力，集体行动或统一行动能力越强[①]。而作为信息桥梁的通常都是弱关系，弱关系更能够提供那些异质信息。格拉诺维特的这个社区动力学的假设实际上就是一个“网络之网络”的结构。作为信息桥梁，弱关系使得社区关系结构更加具有开放性，从而在整个社区形成一个“网络之网络”。当社区遭遇集体困境的时候，这种结构能够尽快地并在最大范围内传递信息，同时实现集体动员。而以强关系为主的网络结构尽管会在群体内部保证强的凝聚力，但是它同时具有强的封闭性和排斥性。所以如果一个社区的网络结构大多数是这样的封闭性网络的话，那么社区结构呈现的实际上是碎片化或“支离破碎的”状态，不利于社区的集体动员。人们并不需要，也不可能认识所有的社区成员。相反，重要的是一种“网络之网络”的关系结构的形成。这样的间接关系同样，甚至更加有利于社区的发展。而由于威尔曼关注的更多是直接关系，所以通常他看到的是缺乏直接“关系”下地域社区的疏离。

确如社区解放论者所看到的那样，人们的社会关系正在从“地方性的场景”中挣脱出来，进而在去地域化的空间中重新组织[②]。

---

① Mark Granovetter, “The Strength of Weak Ties”, *American Journal of Sociology*, Vol. 78, No. 6, 1973, pp. 1360 – 1380.

② 安东尼·吉登斯:《现代性与自我认同》，赵旭东、方文译，生活·读书·新知三联书店1998年版，第19页。

当“速度”的提高开始消解了“地点”对于互动的首要意义。此时，即使“地点”仍然可以给予人们以“熟悉”和“认同”，但是地域性的传统社区本身可能就被“脱域”了出来，日益受到远距离事件的影响①。这种“脱域的社区”呈现出社区解放论的面向。但是，需要注意的是，空间的社会意义可能根据不同人群而有所不同，下层阶级或民众而言，“地方”的意义仍然是重要的。“他们的注意力与关注点以及他们的不满、梦想和希望都集中在‘本地事务’上。”② 总的看来，“时间和空间的分配对于全球权力阶梯中的不同层次来说存在差异”。对于拥有权力的人来说，空间已经并不重要，而对于缺乏权力的大众来说，空间则“至关重要”③。

我们认为，至少目前看来，场所并没有失去对于社区的意义。当然社区最终在于一个人群基于共同的生活需要和旨趣的群体实践，而不是仅仅基于共同的居住区域，因此即使是地域性社区也应该从人们的共同生活实践的角度来理解。这个人群中的个体并不一定是都建立有直接的关系，间接的关系同样发挥着重要作用。仅仅从个体网络的角度来理解社区是不合适的，而长期以来我们对社区的理解习惯于从静态的和结构的角度理解社区，通常忽视社区的生产过程以及行动者的社区实践。从动态的行动视角出发，我们强调从实践过程视角来理解社区的本质和社区的生产。共同的社区生活实践有利于产生社区传统以及群体认同和归属。

---

① 安东尼·吉登斯：《现代性的后果》，田禾译，译林出版社 2000 年版，第 95 页。

② 齐格蒙特·鲍曼：《流动的时代》，谷蕾、武媛媛译，江苏人民出版社 2012 年版，第 90 页。

③ 齐格蒙特·鲍曼：《个体化社会》，范祥涛译，上海三联书店 2002 年版，第 36 页。

第二节　社区"想象"的机制：通过社区网的自组织过程生产社区

我们从实践的过程视角理解社区的本质。同时我们强调，社区的生产还需要一个认知机制，也就是"想象的"机制[①]。无论是一个基于地域的生活场所意义上的社区，还是抽象的民族共同体这样意义上的社区，它们都需要这种想象的认知机制。受到精力和时间因素的限制，人们不可能认识社区内的所有人。但是，那些无论是哪种意义上的社区内我们并不直接认识的人们，并不一定就是陌路人，某些共同的意识和认同就是我们之间的联系或纽带。

一　"想象的共同体"：概念的提出

安德森认为，"民族"就是一个"想象的共同体"。"我主张对民族作如下的界定：它是一种想象的政治共同体——并且，它是被想象为本质上有限的，同时也享有主权的共同体"[②]。

首先，安德森认为，"即使是最小的民族的成员，也不可能认识他们大多数的同胞，和他们相遇，或者甚至听说他们，然而，他们相互联结的意象却活在每一位成员的心中。"在安德森看来，勒南和盖尔纳一定意义上都提出了类似的观点："民族"指涉一种"想象"。"事实上，所有比成员之间有着面对面接触的原始村落更大（或许连这种村落也包括在内）的一切共同体都是想象的。区别不同共同体的基础，并非是他们的虚假/真实性，而是他们被想象的方式。"即使是最大的民族也是有边界

① 参见本尼迪克特·安德森：《想象的共同体》，吴叡人译，上海世纪出版集团2005年版。

② 同上书，第6页。

的，没有哪个民族把自己想象成为整个人类。其次，民族被想象为拥有主权。再次，民族被想象为一个“共同体”。即使每个民族内部都存在不平等和剥削，它总是被设想为“一种深刻的，平等的同志爱”。这种“有限的想象”能够动员她的成员以巨大的牺牲来实现民族的利益①。

总的来说，之所以民族是一种“想象的”共同体，原因在于无论从空间还是时间上来看，任何一个民族的成员都无法认识这个共同体的所有成员。当然，民族的形成具有它的文化根源和“想象”的机制。安德森重点谈到“宗教共同体”和“王朝”这两种先于民族而存在的文化体系。这些先于民族主义出现的文化体系，在日后既孕育了民族主义，也变成民族主义形成的背景。安德森认为，只有将民族这种想象共同体和这些文化体系联系起来才能更好地理解它。

宗教在民族主义产生以前对解释人类的苦难有着充满想象力的回应能力，是一种对现实世界富有解释力的思考模式。而宗教共同体得以被想象的媒介就是“神圣语言”。“所有伟大而具有古典传统的共同体，都借助某种和超越尘世的权力秩序相联结的神圣语言为中介，把自己设想位居于宇宙的中心。”这种由神圣语言结合起来的古典的共同体与民族想象的共同体不同。“最关键的差别在于，较古老的共同体对他们语言的独特的神圣性深具信心，而这种自信则塑造了他们关于认定共同体成员的一些看法。”②这些神圣语言构建了一个“符号的共同体”。所有信仰和实践这种语言的人即使无法口头沟通，但彼此可以理解这些文字。这就构建了一个共同体的无形“边界”。而另一方面这种神圣语言也构建出一

① 本尼迪克特·安德森：《想象的共同体》，吴叡人译，上海世纪出版集团2005年版，第6—7页。

② 同上书，第12页。

个相对于共同体的“他者”，一种共同体中心主义的看法。比如，中国历史上对于学习中国文字的野蛮人的看法，就体现了一种基于“语言”的共同体如何可以建构自己共同体的边界，以及对共同体成员身份的认同或优越感。不过，这种宗教的想象共同体在中世纪后期开始衰退。一个原因是对欧洲以外世界的探险的影响，这使得宗教的神圣共同体变得“相对化”和“领土化”。另一个原因是神圣语言自身的逐步式微。在中世纪的欧洲拉丁文几乎是唯一被教授的语言，而到了16世纪之后则开始失去作为全欧洲上层知识阶级语言的地位。语言的多样性逐渐体现出以拉丁文这种曾经的“神圣语言”为媒介的宗教共同体的衰微。

另一种作为民族这一想象共同体形成根源的文化体系是“王朝”。王权来自于“神授”而非民众，成为一个神圣中心，而所有的事物都围绕这个神圣中心。不过17世纪后，王朝的合法性也开始不断受到质疑。法国大革命之后，神圣君主不得不为自己的合法性进行辩护。君权神授遭遇了合法性问题。在神圣的宗教共同体、神圣语言和血统衰退的同时，人们理解世界的方式发生着根本变化。民族主义就代表着不同于宗教共同体和王朝的现代的思考方式。

但是无论如何它们都是想象的共同体，只是被想象的方式不同而已。“资本主义、印刷科技和人类语言宿命的多样性这三者的重合，使得一个新形式的想象的共同体成为可能。而自其基本形态观之，这种新的共同体实已为现代民族的登场预先搭好了舞台。这些共同可能延伸的范围在本质上是有限的，并且这一可能的延伸范围和既有的政治疆界之间的关系完全是偶然的。”①印刷资本主义改变了世界的面貌和状态，使人们以新的方式与他人联结起来。比如，安德森就重点提到小说和报纸作为两种想象形

① 本尼迪克特·安德森：《想象的共同体》，吴叡人译，上海世纪出版集团2005年版，第45页。

式，为重现民族这一想象的共同体提供了重要的技术手段。

安德森分析了旧式小说的结构。“它是一种以‘同质的，空洞的时间’来表现同时性的设计，或者说是对‘其时’这两个字的一种复杂注解。”他以一部小说的情节里面的一段为例。这段情节中，一个男子（A）有妻子（B）和情妇（C），而这个情妇又有一个情人（D）。在这段情节中有如下这样的时间表[①]：

时间	Ⅰ	Ⅱ	Ⅲ
事件	A 和 B 吵架	A 打电话给 C	D 在酒吧喝醉
	C 和 D 做爱	B 购物	A 与 B 在家共进晚餐
		D 打撞球	C 做一个不祥的梦

A 和 D 可能永远也不会相识，但是他们都存在于全知的读者心中。读者就像上帝一样，同一时间看着 A 打电话给 C、B 在购物、D 在打撞球。“这些多半互不认识的行为者，在由时钟与日历所界定的同一个时间，做所有这些动作，而这一事实则显示了由作者在读者心中唤起的想象的世界的新颖与史无前例。”[②]而民族的想象也是如此。我们不知道在特定地点、特定时间他们在做什么，但是我们却可以“对于他们稳定的、匿名的和同时进行的活动”抱有完全信心。我们相信“他们”和自己一样就“在那里”存在着。

报纸的“虚拟想象性质”又如何呢？我们在一份报纸也许同时可以看到世界各地各种类型的事件和故事。它们大多是独立的事件，行动者们彼此也不知道其他人在做什么，甚至不知道其

---

① 本尼迪克特·安德森：《想象的共同体》，吴叡人译，上海世纪出版集团 2005 年版，第 23 页。

② 同上书，第 23—24 页。

他事件的行动者的存在。这些事件被任意地挑选和并列在一起，你可以用其他什么事件代替其中的某些事件。安德森认为，这“表明它们彼此之间的关联是被想象出来的”。这种“被想象出来的关联”有两个间接相关的根源①：其一是时历上的一致。报纸上方的日期提供了一种最根本的联结；第二个根源是报纸——作为书的一种——和市场之间的关系。“报纸在其印行的次日即宣告报废——奇妙的是最早的大量生产的商品之一竟如此地预见了现代耐用品容易作废的本质——然而也正是这个极易作废之特性，创造了一个超乎寻常的群众仪式：对于作为小说的报纸几乎分秒不差地同时消费（‘想象’）。”② 早报和晚报总是大多会在每一天的一个特定时刻被消费掉。这些群众仪式的“参与者都清楚地知道他所奉行的仪式在同一时间正被数以千计（或数以百万计）他虽然完全不认识，却确信他们存在的其他人同样进行着。更有甚者，这个仪式在整个时历中不断地以每隔一天或半天就重复一次。……与此同时，报纸的读者们在看到和他自己那份一模一样的报纸也同样在地铁、理发厅或者邻居处被消费时，更是持续地确信那个想象的世界就植根于日常生活中，清晰可见。”③ 人们因此不断对这个匿名的想象的共同体产生坚定信心。

当然印刷品和语言对于民族这个想象的共同体的形成发挥作用，还需要借助于资本主义生产方式的推动。无论是报纸，还是小说（书籍）都需要科学技术（比如印刷科技）和资本主义或市场的推广力量。资本主义使得这些民族共同体想象的形式被推广到超越地域，进而在更广大人群之间建立起那种“想象的关

① 本尼迪克特·安德森：《想象的共同体》，吴叡人译，上海世纪出版集团2005年版，第30—31页。

② 同上书，第31页。

③ 同上书，第31—32页。

联”。这种共同体的想象机制并不为“民族”共同体所特有，对于其他类型的“共同体”或“社区”相当程度上也是适用的，只是我们需要关注的是它们被“想象”的不同方式而已。

二 虚拟社区与社区的“想象”

18 世纪小说和报纸为民族共同体的产生提供了两种想象的形式。在我们看来，这种“想象”的实质就是通过构建出一个群体的意象，一种整体或集体“在一起”的感觉，从而把并没有直接关系或联系的人们联结在一起，或者说借此形成一种虚拟的群体或共同体。在这个意义上，我们可以说任何社区都是一种“虚拟社区”。小说的叙述把一群并不在同一个场景中的角色和事件联系在一起，这种“同时性”对于读者来说，就形成了一个“想象的共同体”。报纸通过无数读者的“同时消费”这种“群众仪式”也达到了同样的作用。当然这背后意味着印刷资本主义的力量。它使人们思考世界的方式发生了变化。用安德森自己的话说就是，“印刷资本主义使得迅速增加的越来越多的人得以用深刻的新方式对他们自身进行思考，并将他们自身与他人关联起来”①。

除了小说和报纸，安德森还提到地图、人口调查和博物馆对于共同体的想象发挥的重要作用。比如他指出，有边界的地图的出现使得人们清楚地看到一个从“传统的”政治权力结构出现的新的国家心灵②。这种有边界的地图深深地渗透到民众的想象当中，成为孕育民族主义的一个清晰而有力的象征。或者说无论是地图、人口调查还是考古都在构建着民族的“边界”，一种

① 本尼迪克特·安德森：《想象的共同体》，吴叡人译，上海世纪出版集团 2005 年版，第 33 页。

② 同上书，第 161 页。

“识别标志”。这些识别系统就成为想象民族的重要方式。关于这种“想象”的机制，我们还可以联系波德里亚对于消费行为的分析。波德里亚[①]认为，消费不仅仅是个体对于物品的消耗，相反它更多的是一种沟通系统，一种交换结构。我们消费时不是对物品消费而是在消费符号，每个人借此找到在一种秩序中的位置。消费意味着传递信息，像语言一样是一个意义系统，在言说和表达着自己，表现“差异”或“区分”。通过这种消费沟通，我们获得一定的社会地位和意义。消费行为就是一种沟通行为，在对于同一种消费行为的消费者之间建立一种虚拟的联系，同时保持一种与“他群体”的“区分”。比如，“阅读”行为就扮演着联络符号的角色，是在和某个抽象的共同体，和所有那些为同一个暧昧的愿望跳动起来的潜在集体进行联络[②]。而像玻璃橱窗中的物品也不是单纯的展示，而是某种赋值。借此建立起的交流不仅局限于个体和物品之间，还有个体之间的普遍交流。通过对同样一些物品中相同符号系统及价值等级编码的解读和了解，建立起普遍交流[③]，或者说消费行为也在构建着一种能够对同一符号系统进行解码的虚拟群体。

我们认为，这些共同体的想象机制对于一个居住社区来说同样是适用的。任何人都不可能认识所有的社区成员，但是社区感之所以能够产生，一种认同之所以能够产生很重要的一个在认知层面上的原因就是，通过某种想象的手段建立起社区成员之间的某些“虚拟的关联”。它使得社区成员坚信，在自己认识的社区成员和关系之外，还有许多人和自己有相似的共同感觉和经历。一种“同时感”和“共在感”的形成，能够建

① 波德里亚：《消费社会》，刘成富、全志刚译，南京大学出版社2000年版。

② 同上书，第111页。

③ 同上书，第188页。

立一种社区或群体之间的“虚拟的关联”。而H社区网作为一个虚拟社区也有这样的作用。

截止到2015年11月，H社区网已经有60多万名注册会员。当你打开网站的首页，在页面的右上角就显示出当时网站的注册用户、在线人数、论坛帖子、资讯总数、交易信息、图片总数、原创作品数量等实时信息。首页的具体内容除了在某些空间上的广告外，可以找到这样一些栏目和内容：活动通知、集体采购、生活提示、好人好事、曝光台、社区新闻快递、市场信息和一些社区网热点事件的置顶。这些内容不断宣示着社区网和H社区最近发生的事件，不断告诉每一个参与者，有许多自己并不认识的网友，无论他们是在H社区，还是在外地或者在市区，在做着与自己相似的事情。并且不断实时地向每一个登录社区网的人报道当时的参与状态。比如，你可以看到当你登录的时刻有多少人同时在线，这些人里你可能只认识其中几个，更多的人，或者几百，或者上千人都是网络上的“陌生人”。但是你知道这些人大多数都是居住在H社区，在社区网论坛上发帖子，参与社区网的活动。也许下次在什么活动上你就会认识其中的某些人。这也相当于安德森概括报纸作为一种“群众仪式”的作用。在这些共同的“消费”群体成员之间形成一种虚拟的群体或社区。参与者知道除了自己所了解或认识的人之外，还有其他一个偌大的人群在参与这个社区网。用YL的话来说就是：“我有自己的圈子，（社区网）还有其他各种各样的圈子。虽然我不参加这些（圈子），但是我知道它们是客观存在的。”

涂尔干在分析宗教仪式体系的时候认为，“全部仪典的唯一目的，就是要唤醒某些观念和情感，把现在归为过去，把个体归为群体。……已经集合起来的群体的心理状态，恰恰构成了我们成为仪式心态的唯一的稳定牢固的基础"①。无论是什么仪式都是一个主题的变体而已。"心理倾向在各种情况下都是一样的，他们只取决于群体被集合起来了这一事实，而不取决于使集体集合起来的具体原因；而仪式的功能始终就是使心理倾向兴奋起来。……表面上的效能似乎发生了变化，而真正的效能却始终不变。"② 人们集合起来感受并表达了这些集体情感，而这些情感的特殊性质是次要和偶然的。必须做的就是"开展共同的思想和行动"，采用什么形式无足轻重。似乎各种仪式的本质是人们"集合"在一起专注于一个共同的目的，进而有助于激发起共同的集体情感。在这个过程中，通过各种仪式可以激发或更新集体情感或意识。"宗教仪典能使群体诉诸行动，使群体集合起来，举行仪式。其首要作用是使个体聚集起来，加深个体之间的关系，使彼此更加亲密。"③

借助于H社区网，网友（同样是社区居民）建立起社区的传统，比如，社区运动会、周年庆典、新年音乐会和足球联赛等等。这些传统不仅仅是网友的发明和实践，不是简单意义上网友们自发组织的集体狂欢活动，而进一步成为一般意义上H社区自身的传统。这些以社区和社区网名义举办的传统活动不断生产着一个新兴社区的历史，并开始建立一种霍布斯鲍姆所言的"历史的连续性"。参与者在社区传统活动的参与中逐渐建立一种"共在感"。这些传统在相对固定时间的不断重复实践起到了涂尔干所说的"仪式"的作用，即把人们联系在一起，进而激活和更新集体情感。它们和安德森提到的报纸之"共同消费"

① 爱弥尔·涂尔干：《宗教生活的基本形式》，渠东、汲喆译，上海人民出版社2000年版，第498—499页。

② 同上书，第506页。

③ 同上书，第456页。

作为一种“群众仪式”，以及波德里亚讲的符号消费建立起消费者之间的虚拟关联发挥同样的作用。除了这些想象的关联的形成之外，在H社区网中，网友们还在自发组织的活动中设计了许多团体的标识。比如，社区网就有自身的标识，一个野猪的卡通造型[①]。其他许多通过社区网建立起来的社会团体，甚至一些集体活动组织过程都同样设计有各自的标识，比如，足球联赛的参赛队伍都有自己的队标[②]。每当看到国家地图，升国旗，听到国歌，我们在心里通常都会激发出一种集体情感和自豪。而H社区的这些标识和安德森所说的地图在殖民地民族主义形成中的作用一样，就是在成员之间构建起一种整体心灵的意象。

作为最早的一批居民和最早的网友，LM个人就参与设计了许多标识。包括网站的，也包括一些活动组织和团体的。她跟我说：

> 随着时间的推移，在H社区认识了不少人。有时候在外边看到贴着猪标的车，就按一下喇叭，打个招呼，感觉挺有亲切感的。有时去外地旅游也看到（这样的车），还有那个野猪衫，在外面都看到有穿的，很亲切。我们有各种图标，运动队的、网站的，甚至一些活动组织中也有标志。上次“找妈妈”[③]也有，感觉这些活动是我们这一片的，甚至一些底商、美容院、洗车的进去一看都贴有这些标志。网友们经常去，这些店主也都知道网站，或者他们本人也都是社

① 这个卡通造型就是所谓的“猪标”，是社区网的标识。这个设计来源于“业主”的谐音：野猪。在H社区网上人们通常称呼“业主”为“野猪们”。

② 这些社区网相关标识已经不断扩大。目前，社区网有社区网之歌，足球联赛也有了自己的会歌，等等。这些标识和会歌都来自网友创意和创作而成。

③ 2007年11月初，社区网汽车俱乐部组织40多个网友，出动十几辆车，在北京几个郊区县范围内帮助一位网友寻找母亲。

区网的网友。

社区网除了有这种视觉上的标识之外，在网友们的交流中还有一些自己的网络语言符号。这种符号一般只有在对社区网有一定了解和参与的才能有所理解。比如，一些前文曾经不断提及的词汇，像LD、ZZ、CP、腐败、野猪之类的。“ZZ”是“猪猪”的第一个音标的缩写。“猪猪”和“野猪”都是网友对“业主”的亲切称呼。“CP”就是“串啤”，意思是“喝啤酒，吃肉串儿”。“腐败”的意思是大家相约一起去吃饭。在社区网上许多网友发展成朋友关系都是通过集体活动，以及活动之后的“腐败”开始的。这些独特的语言符号也发挥着建立群体边界的作用，在“我”群体和“他”群体之间形成区分。通过这种独特语言的虚拟联系形成一种“想象的社区”的虚拟关联。

在安德森那里，语言对于一个民族共同体的形成具有至关重要的作用。语言（实际上是印刷语言）最重要的地方是它能够产生想象的共同体，能够建构事实上的特殊的连带。报纸、小说和其他印刷品使得共同体的事件，甚至世界性事件被呈现于一个方言读者群体的“想象”中。安德森概括了印刷语言奠定民族意识的三种方式①：首先，印刷语言“创造了统一的交流与传播的领域”。许多操不同口语的各式语言通过印刷语言和纸质媒介可以相互理解。“在这个过程中，他们逐渐感觉到那些在他们的特殊语言领域里数以万计人的存在，而与此同时，他们也逐渐感觉到只有那些数以十万计，甚至百万计的人们属于这个特殊的语言领域。这些被印刷品所联结的‘读者同胞们’在其世俗的、特殊的和‘可见之不可见’当中，形成了民族想象的共同体的

① 本尼迪克特·安德森：《想象的共同体：民族主义的散布与起源》，吴叡人译，上海世纪出版集团2005年版，第43—44页。

胚胎。”第二，“印刷资本主义赋予语言一种新的固定性”，印刷书籍可以无限复制，进而似乎具有一种永恒性。第三，印刷资本主义创造了和旧的行政方言不同的权力语言。

在18—20世纪有几波民族主义的潮流：18世纪末19世纪初期的美洲民族主义的形成，19世纪前半叶的欧洲语言民族主义，19世纪中叶以后欧洲的官方民族主义以及最后一波的第一次世界大战后亚非殖民地民族主义。比如，殖民母国对殖民地的制度性歧视就成为第一波美洲民族主义发展的重要背景因素。当地欧裔移民的社会与政治流动被限定在殖民地范围内。这种歧视与殖民地的边界重合，为这些移民创造了一种“被束缚的朝圣旅途”[①] 的共同经验。这些被限定在殖民地范围内的人们共同体验着母国的“排斥”或者说制度性歧视。当然在这个过程中，美洲的民族想象之所以可能，正是因为各帝国的领土范围与其方言所通行的地域几乎完美重合。地方报纸和印刷语言形成了一个穿越时间的稳定而坚实的“同时性”概念。正是朝圣的海外移民官员与地方上的移民印刷业者在美洲反母国独立运动中共同扮演了决定作用的历史性角色。而最后一波亚洲殖民地民族主义形成中，这种制度性歧视仍然为民族主义的形成提供了社会与领土空间。而印刷语言形成的“同时性”时间概念依然也发挥着使得这些受束缚的殖民地民众可以“想象”或体验一种“伙伴”和共同经历的意识。

因此对于民族共同体的想象而言，除了语言或者具体说是印刷语言在不同时期的作用或影响力之外，我们同时需要关注在共同体的想象过程中一些其他制度条件的作用。对于H社区而言，它的社区认同的产生不仅仅来自社区成员通过对H社区网的参

---

① 本尼迪克特·安德森：《想象的共同体：民族主义的散布与起源》，吴叡人译，上海世纪出版集团2005年版，第56页。

与形成社区传统，以及一系列“想象”机制在认知层面上促进社区归属感的形成，而且还要考虑H社区独特的形成过程以及它的生态学上的特点。

H社区的成员除了他们在职业和教育上具有相当的相似性之外，H社区居民还有一个共同之处：H社区是一个大型的经济适用房居住区，这同时也给相当数量的H社区居民一种共同的身份和集体利益诉求。尤其是当遭遇经济适用房政策发生变动的时候，社区居民和网友们在社区网上的动员、讨论更加体现和凸显出他们的共同身份。同时，H社区的主要居住者通常都是非北京土著，也就是外地人由于学习和工作原因而移民到北京。用DF的话说就是，他们都是“外乡人”，而且很多都是“农村人”。相似的生活和教育经历，相似的与城市的关系，相似的居住状况（即经济适用房）等造成相似的身份和观念。

社区“想象”的外部条件之一是地理空间的“区隔”。H社区位于北京的北部，隶属昌平区，距离城区约有15公里。在2000年H社区最早的三个小区开始入住时，地铁还没有通车，只有一、两条公交线路，各种生活设施都不齐全。

RY：那会儿，这边周围还是田野，就跟农村似的。也没有地铁，你想买菜都没地儿，我那时候都是下班后在市里买菜。交通不方便，想和市里的朋友聚会都不容易，出去一趟回家就很晚了，很不方便。所以很早的时候住在这里的人和外面的朋友联系都不多，一个是那时候这边上也没有什么娱乐生活设施，另一个就是交通问题。那时候确实，其实现在也是，住在H社区实际上使野猪挺难像原来那样，和原来的朋友保持联系。不过通过这个社区网，许多人都先在网上认识了，在社区里有了自己的关系网络。大家一起集采，聚会，一些团体活动，搞个什么运动会啊，庆典啊什么的。

我是小区论坛的斑竹，夏天在社区里还组织小区里的网友搞过聚会。形式挺俗，不过确实让邻里关系变得很融洽。

LL：刚来的时候对这个地方也不熟悉，只知道在××农场桥那边有一家饭店，这周边什么都没有，也不认识什么人，还好有这个网，在网上认识了许多网友。大家一起腐败，旅游，在网上聊天。要是没这个网，生活在这里确实特别不方便，特无聊的那种，就像把你隔离在城市之外的一个孤岛上一样。

从地理上讲，尽管H社区现在已经有多条地铁线路，但是严格意义上还是与北京市区部分地相隔离，它几乎开始成为一个相对独立的卫星城镇。与市区的隔离本身使得H社区在物理意义上形成一个相对独立的社区环境。这种状况下相对于在市区内的社区而言，作为物理社区的H社区的边界非常清晰，而前者通常不具有这样清晰的物理边界。社区清晰而有形的边界有利于形成或创造一个“他者”的社区形象，进而促进“我”社区观念和意识的形成。当然，这种独特地理位置条件不仅仅体现在社区边界的形成上，同时也体现在社区行动上。H社区这个地理位置使得居住在这里的人维持与市区内关系网络成本的增加。

总之，独特的社会与自然的生态学条件加强了社区边界，也部分地造成了社区交往的“内卷化”倾向。在谈到爪哇的水稻种植业中劳动力的持续投入引出“农业内卷化”概念时，人类学家格尔茨重点强调的是，在资本和土地被锁定的条件下，劳动力持续投入所导致的农业生产内部精细化过程[1]。而所谓社区交往的“内卷化”指的是，H社区的人作为城市的“外乡人”等

---

① 转引自刘世定、邱泽奇《“内卷化”概念辨析》，《社会学研究》2007年第5期。

相似的身份，在空间隔离造成的日常生活和交往压力之下，一种迫切向内寻求归属、支持和认同的倾向。就像安德森指出的，美洲“被束缚的朝圣旅途”形成的社会排斥或歧视只有当它与印刷资本主义相遇之时，才能最终创造一种普遍范围内“共同归属的、想象的共同体”①。与此相似，当H社区的内卷化倾向获得一种内部沟通媒介和空间的支持时，这种倾向才真正转为社区行动和选择。社区网提供给社区居民一个在本社区加强交流与联系的机会与空间，使得他们在这个拥有20多万人口②的大型陌生人居住空间中建构新的关系网络或“圈子”，可以想象、见证、经历无数“熟悉的”陌生人之间的“同时性”③，通过社区传统和日常群体仪式性的“在一起”，在城市的“孤岛”中寻找到一处停泊的港湾。

在这样一个相对独立甚至封闭的空间里借助于社区网沟通媒介，人们加强了社区内以及邻里关系的维持和建构，有助于“我”群和社区意识的形成。而社区的“想象”除了这些外在条件之外，还有一个重要的基础因素，那就是H社区与社区网几乎拥有一个共同的历史。

YL：H社区网的成功我想可能有这么几个原因：一个

---

① 本尼迪克特·安德森：《想象的共同体：民族主义的散布与起源》，吴叡人译，上海世纪出版集团2005年版，第59页。安德森认为，印刷语言和报纸形成的“同时性”时间概念使得受到束缚的“朝圣之旅”所形成的“共同宿命”变为“可见之不可见”，将无数“读者同胞们”联结起来，最终，促进了“共同体”的“想象”。

② 根据H地区街道办事处工作人员MDL主任2007年10月提供的资料，H社区的在册人口为18万左右，但若包括流动人口则超过20万。到了2015年，根据媒体采访街道办事处提供的信息，已经达到约35万人口。

③ 本尼迪克特·安德森：《想象的共同体：民族主义的散布与起源》，上海世纪出版集团2005年版，第23页。

是，它与社区发展是吻合的、同步的。伴随着社区网的成长，这种过程是不可替代的。另一个原因呢，我想是通常我们谈小区的时候，它是围墙范围内的一个圈，是有边界的。谈H社区的时候，它很大含义上指的是一片小区，更多小区。一个小区的力量，它出不了那么多人，而更大更广阔的来源，它可以有更优秀的人聚到一起的时候，这些人更多，这个环境是更突出的。

他认为，有了深入的参与不断使得网站“内容”得到更新，“吸引”人们“留在”社区网上，“再有了共同成长的历史，它会产生一种情感”。

我接触到这样许多人，他们（在社区网上的）历史比我长，我能理解他们把社区网看作一个朋友，一个共同成长的孩子。比如在H社区长大的孩子，他从小接触社区网，他可能把它看作一个共同成长的伙伴，变成生命的一部分。它不是商家，是一个舞台，一个交流的平台，成长的一部分，生命的一部分，而这个是后来的很多想模仿H网站(做不到的)。它们展示了更好的技术去吸引别人，但是大多没有成功。

YL认为，自己对社区网的情感来自于“参与”“专注”和“付出”。而这些所谓的“参与”“付出”实际上就是涂尔干所说的“开展共同的思想和行动”，仪式使得人们“被集合起来”，共同感受到情感，并通过“共同行动”将情感表达出来。这种参与既包括对社区传统、自组织活动的参与与付出，还包括前文XK所提到的网友社区网日常生活中典型的“群体性仪式”。在社区网上，他可以获得各种“回应”，参与的积极性获得鼓励和支持，并和社区上的很多“老家伙们”建立起很好的关系。在社区网，YL上找到了“共同语言”和“归属感”，愿意分享彼此的“故事”①。

社区网是在2000年初开始由QL建立起来的，而H社区最早的小区也大体上是2000年开始入住。最早的一批居民很多都是在这个社区网上相识。H社区网的发展和H社区的不断壮大是同一个过程。它们共同组成相当一部分社区居民的社区生活史。H社区远离市区使它的边界更加鲜明，一方面在相当时期内造成生活的不方便，但另一方面却使人们更加突出“我”社区的意识。而社区网这个时候促进了一个远离市区的“孤岛”内人们之间的联系，在线生活和线下生活共同组成一个社区的完整图景。

---

① 2008年，在访谈YL的时候，他还是一个在H地区租房子的网友。他很认真地告诉我，将来他要在H社区买房子。

第六章　多元社区实践与多元想象

不同话语，不同生活实践意味着不同的社区含义和社区行动。我们从“实践社区”维度来理解社区 ，而社区之所以成为社区，不只是因为人们居住在同一个地理空间中，不只是人们的个人直接社会关系网络的建构过程。我们认为，从生活实践维度上看，地方和人们对“群”的需求总是无法回避的，而其中的认知机制是“想象”，这是一个促进人们形成社区认同和归属的认知机制。就社区生活实践而言，尽管社区网是一个以地方社区或物理社区为根基的虚拟社区，但是这块土地上的人们，他们的生活与这个虚拟社区有不同处置方式或不同关系。虚拟社区和这个物理社区的边界有重合，也有分离。他们最终体现了不同人群，不同实践或运用，在这同一块土地上，“社区”在演绎着不同的故事，而这种“区隔”意味着人们对社区不同的需要和理解。我们把他们总结为“嵌入”“脱嵌”和“越位”三种状态，不同的社区实践最终形塑不同的“想象”社区的方式和认同的根源。

第一节　社区实践的多元化

前文，我们讲述了基于社区网所形成的活跃的社区日常生活景观，社区传统和社区自组织过程。借助于这个过程，把一个陌生人居住区生产出新生的社区。我们也关注了，社区的想象机制和社区传统的发明一起有助于促进社区的生产。但是，社区不是一个一体化和静态的结构，而是一个存在不同实践、策略和存在方式的行动和过程。我们把这些选择和实践的多元称为“多元社区”。

一　嵌入型社区实践

根据弗雷德·布洛克的说法，“嵌入”（embeddedness）这个概念是由卡尔·波兰尼借用了来自采矿业的隐喻而提出①。波兰尼强调，从来没有所谓的自由、自发调节市场经济，经济交易始终嵌入于其社会结构之中②。这个概念经过格兰诺维特的进一步延伸得到广泛使用。他认为，经济行为是“嵌入”于社会结构中去的，具体的机制是行动者的社会网络③。而我们这里的“嵌入”是指，一个人群的生活实践与社区网的一种关系状态。这个人群的社区生活嵌入社区网中，或者也可以说，社区网已经同构了他们的社区生活。社区，对于这个人群而言，更多地意味着社区网的生活实践。我问 XK，“一个典型的 H 社区人的一天是怎么过的?”他这样描述一个典型的 H 社区人的一天：早晨七点赶上城铁，八点到单位打开电脑，登录社区网看看今天有没有什么新闻和活动通知，上论坛看看有没有感兴趣的帖子，回帖。安排晚上的活动，晚上下班奔赴相约地点④。

这种典型的 H 社区的人们，他们基本上是通过社区网的论

---

① 转引自卡尔·波兰尼《大转型》，刘阳、冯钢译，浙江人民出版社 2007 年版，“导言”第 15 页页下注。

② 同上书。

③ Mark Granovetter, “Economic action and social structure: the problem of embeddedness”, *American journal of sociology*, Vol. 91, No. 3, 1985, pp. 481 – 510.

④ XK 实际上已经把“典型的 H 社区的人”与社区网的网民视作一体。这就暗示着无意识中，在他看来典型的 H 社区人如此嵌入社区网的组织。这种典型的日常生活状态确实非常具有代表性，可以说是一种社区网网友的群体性仪式。

坛以及社区网组织的活动来认识社区里的人。通过社区网安排他们的业余生活，比如打球、聚会、旅游、参加慈善活动、做义工。大多数这类人在来H社区之前就已经注册了社区网，通过社区网了解H社区。无论是准备买房，还是要租房，你可以在“家居装修”论坛发帖子就相关事情进行咨询。可以去参加集采，可以通过社区网交易旧货。在我访谈的对象中，大多不了解居民委员会的工作，甚至对它的功能产生怀疑，但是几乎没有人不知道社区网。即使是那些下文提到的某些“脱嵌者”也会在装修或出租房子的时候，在获取社区信息方面多从社区网入手。社区网成为这些人生活方式的一部分，甚至社区对于他们来说就是社区网，因为他们社区生活的安排很大程度上都是通过社区网得以体现。

LL是社区网的副站长，论坛的版主，也是H社区最早的居民。我的一位访谈对象说，LL这个人表面上有点“酷”，实际上很好交往，接触下来，确实如此。LL与大多数网友一样，也是先成为社区网的网民，后成为社区居民。2000年，他就是社区网的网友了，2001年，在H社区购买了房子。那时候的H社区还只有两个小区，周围还是一片荒野。他从小在北京长大，但是对H地区并没什么了解，只知道这个地方一个农场附近有一个开了20多年的饭店。在这个地方购买住房，他说考虑了大概几个因素：“一个是价格便宜，然后它是北京市政府的一个项目，整体规划比较好。因为我那时候看房子。甭管到哪儿看房子，都是一小块，一小块的，周围环境差，小区里的环境好，这个不一样，还有一个重要的因素就是天然气。我们买房子的时候，四处看房子的时候，凡是稍微远一点的地方全是买那个煤气罐。”

LL现在是一个自由职业者，每天时间比较弹性。作为网站资深网友、副站长，他说，自己大概平常40%的时间用在与社区网相关的事情上。他认为，如果没有社区网，刚开始在这里会“相当的寂寞”，他的日常社区生活基本上以社区网和通过网络组织的活动为主。

问：通过社区网做什么？组织过什么样的活动？

LL：也就是组织些旅游，比如说，自驾车出去玩，还有就是慈善活动，就这样一些活动，没别的。

问：您觉得什么样的社区让您觉得很舒服？

LL：怎么说呢？如果没有这个社区网的话，我可能天天在家待着，特别悠闲的那种，特别无聊的那种。

问：那您现在社区里的日常生活怎么安排？

LL：主要是靠网上这些。比如说谁要出去“腐败”，干什么事啊，上哪儿哪儿玩去，我看见了，我想去，然后（就参加），实际上都混熟了，都认识。比如说，像新浪，搜狐这样的大网站，怎么说呢，和他们交流都不认识，比较陌生，在H网站大家都熟悉了。

问：我记得，有一个说法是H是个“睡城”。

LL：“睡城”应该指的是2004、2005年之前，说是“睡城”，就是说白天人很少，晚上一回来除了睡觉什么也做不了。

问：那您说2005年之后不能再说H地区还是一个“睡城”。为什么这么说呢？

LL：因为商业的发展，还有就是大家（通过社区网）组织的活动挺多。

在当时那样一个状况下，H社区就像一个北京之北的“孤岛”，它与市区的交通也不太方便，据LL说，当时还没有高速公路，生活设施也不是很到位。而通过社区网这种媒介，这个

"孤岛"中的人可以与那些还没有来的，但可能即将来这里的，以及已经来的网友或居民加强联系和沟通。此时，电脑网络促进了社会网络的构建。现在网站的核心人物和一些资深网友差不多都是第一批居民、网友。LL 认为，作为一种社区组织，可能网站更能体现他的愿望。而类似居民委员会就不是很能够满足他们这些人的生活需要，我请他进一步解释一下，他说，主要是居民委员会"缺乏交流"，另外和他们的生活节奏也不一样。大家白天都在上班，忙自己的事情，而且他们的活动通知也只是贴在小区的公告牌上，上下班的时候也很少有人能注意到。相对而言，社区网就没有这种局限①。

RY 在 2003 年购买了二期工程的房子，而此前一年，他就已经成为社区网用户。RY 是一个社区分站的斑竹，也是社区网资深网友，他对社区网有很多深刻的体会。他说，像他这样的相对于早期的居民对社区网有很深的感情。大家把这里当作"家"，彼此真的像四合院邻居那样的融洽，他在社区内的朋友基本都是通过社区网以及一些活动认识的。但是 2006 年以后，他感觉到社区网的气氛发生了很大变化。这些老的网友对社区网的依赖变小了。他认为，社区网的人气实际上是在不断下滑的。他的解释是，早期，即使是在他 2003 年来到社区的时候，社区和市区的交通仍然不方便，社区内的生活设施也不健全，和朋友的聚会也不便。他进一步解释了一下，主要是开车去市区就不能喝酒，坐车回来晚了又很不方便，打车司机都不愿意来，甚至每天买菜都需要在下班以后从市区带回来，社区内也没有什么娱乐休闲设施，生活很不便，朋友来了也不知道去哪里好一些。这时候，H

① 这一点，一些居民委员会主任也有反映。他们也认为，自己的工作主要是针对社区中的中老年离退休或退养人员，而青年一代白天工作，晚上下班，和居民委员会的工作时间不合拍。

社区就像“孤岛”一样，它的生活实际上是隔离于都市市区的，这时候维持原有的社会关系成本很高，社区网对于他们这些人来说就成为一个必要的沟通和娱乐的工具。大家组织各种活动，在论坛里交流各种话题，获取各种社区信息。借助于社区网，这个时期的 H 社区人在无法很好地保持原有社会网络的同时，在 H 社区里建立了新的关系圈子。

而 2005 年，尤其 2006 年以后，道路和交通条件大大改善，新来的居民维持原有社会网络或朋友圈子的成本大大降低。社区的各种生活设施，比如娱乐和餐饮设施日益完善，增加了日常生活的便利。也正是从这个时候开始，RY 和他同期的老网友觉得社区网不再有当初那样的气氛。他认为，现在新的网友年龄越来越小，网络上谩骂，纯粹无聊的“灌水”，哗众取宠的帖子多了起来，社区网上的味道开始发生变化。老的网友对社区网的依赖减少，大家已经形成稳定的圈子，可以不通过其他渠道维持关系网络。即使认为社区网氛围不如过去，他最终还是坚信网友们对社区网是“真的有感情的”，大家都不愿意，也无法完全脱离它。现在社区网除了公开的几十个论坛外，还有“秘坛”。一些圈内人通过这些“秘坛”保持联络①。他几乎每天都在上社区网，还参加一些社区网的活动，比如，一些公益活动和一些汽车俱乐部的活动。

就 H 社区的人们来说，他们社区生活“嵌入”于社区网的程度是不同的。对 LL 这种类型的人来说，他们的社区生活几乎完全依托社区网来组织起来。他们在社区内的关系和业余生活都

① 实际上维持网络的方式有很多，除了社区网上的论坛以及社区网中的“信使”，也可以通过 QQ 群、MSN、微信等媒介实现群体沟通。威尔曼的研究也表明，使用互联网的人们实际上同时还使用不同的联系方式，线上和线下的联系工具同时运用。

是通过社区网的论坛和组织的活动得以构建。我们可以称他们为“强嵌入者”，而对于 RY 这些人来说，尽管表面上似乎淡出了社区网的在线视野，但是他们的情感和关系一方面是来源于社区网，另一方面只是他们的参与方式发生了变化。尽管这种变化有的时候似乎是一种无奈的选择，除此之外，社区生活的嵌入程度也各有不同。

HXZ 以前在清华小营一个小区居住，离高速很近，小区环境不好。他于 2005 年在 H 社区中部的一个小区购买了一套住房，之前，他的两个同事已经在 H 社区购房，同事说，经过比较后觉得 H 社区的房子还不错。他自己甚至都没怎么看房就买了。每天早晨 6：50 从家里出发，夫妻俩坐一个“蹦蹦车”[①]或坐公交车到城铁站，然后坐城铁，到五道口下车，步行 20 分钟到单位吃早餐，8 点正式上班，晚上经常加班。用他的话来说，一上班就没有业余生活了，生活节奏太快，周末和节假日也就是在 H 地区转转和购物。平时加班很忙，回来就是做做饭，然后就出去散散步。有时候出去吃饭，去体育公园看看。在社区里他只认识几个同事，以及几个邻居。他认为，社区的人员素质还不错，搬迁户少，没有别的小区那样“乱七八糟的”，人都挺友好的。

实际上尽管他基本没有参加过社区网的活动（除了通过社区网买了一个二手的跑步机），但是他一直保持关注，并且还很了解社区网上的活动，比如，社区网上的生活指南、足球联赛、集体采购、二手交易、运动会等，尤其对社区网上的信息获取大为称赞。如果他想了解什么社区里的事情，在社区网上，“不需

---

① 就是那种机动三轮车。2007—2008 年，笔者去 H 社区时，下城铁后如果不好坐公共汽车，通常都打个这种车。这种车在开动的时候车身不稳，比较颠簸，可能就是因为这个原因有人叫它“蹦蹦车”。

要认识，会有很多人帮助你，你也不知道他是谁，挺好。”HXZ称自己是“超级潜水艇”，也就是属于基本不发帖子，只是“潜水”的那种人。在访谈的后期，HXZ给我介绍了一位楼下的邻居老郑。老郑和HXZ相似，都属于他们所说的“高级潜水艇”。老郑从事IT行业工作，工作比较忙。他总感觉没有什么闲暇时间，工作常常加班。尽管觉得社区网也不错，对于一些活动也很感兴趣，由于工作原因，每次看到通知的时候，通常活动都过期了。不过他说，如果时间允许的话，还真想参加一些活动。

老郑：我也有账号，但是现在很少上去了。刚开始买房子的时候，看看什么装修队，看看有什么口碑，主要是装修房子的时候上去比较多。

问：那为什么后来不怎么上了？

老郑：一般都是有事的时候，比如说装修是一件事，是吧。有时候社区网，比如想去出游，游泳什么的，（上去）看看这些（消息），这儿足球联赛挺火，但是一个是太忙，另一个考虑自己身体问题，呵呵！没参加。

问：以前您上社区网是有事，那现在呢，现在上社区网一般做什么？

老郑：我现在很少上（社区网），上去也就是一呆，或者有比较强的目的性，交易个什么东西啊，求助什么的。

从类似LL和RY这样日常通过社区网来组织社区生活的人，一直到类似HXZ和老郑这样长期潜水的网友，他们都是“嵌入者”，只是“嵌入”程度是不同的。前者可以称为“强嵌入”，后者我们可以称为“弱嵌入”。当然在两者之间是一个连续谱，可能会有不同程度的嵌入者存在，但无论如何这类人群大都不同程度上通过社区网来组织他们的社区生活。而在我的访谈中，青年一代通常或者对居民委员会不是很认同，或者对他的工作不了解，这一点无论是嵌入的程度强弱都是如此。而那些嵌入者一般都认为，相对而言，社区网更能体现他们对社区生活的需要。

二 脱嵌型社区实践

尽管波兰尼坚持经济（包括市场）的“嵌入性”立场，但是，他也认为，市场经济自由主义确实具有一种倾向，试图不断扩张、摆脱社会的规制。这就是一个经济试图“脱嵌”（disembedding）于社会的倾向和意图[①]。当然，最终波兰尼认为，这种“脱嵌”即“这种自我调节的市场的理念，是彻头彻尾的乌托邦”[②]。始终存在一种市场和社会的“双重运动”：经济的自由主义原则与社会的保护原则[③]，即市场的“脱嵌”倾向（市场的扩张）与“嵌入”（社会的反向自我保存运动）。后来，吉登斯将这个概念运用于解释现代性的一个核心动力，即社会关系从“地方性的场景”中挣脱出来，进而在去地域化的空间中实现“再联结”[④]。而贝克则强调的是，人们摆脱“传统语境意义上的社会形式与义务”[⑤]。总之，“脱嵌”表现出个体的关系和生活从地方性和传统中被解放出来的能力和过程，这也就是所谓“解放的社区”所揭示的社区生活的一种变化和场景。

办事处、居民委员会和社区网都不可能成为所有居民的组织核心，没有任何一种组织形式可能使得社区所有成员整体性地组

① 卡尔·波兰尼：《大转型》，刘阳、冯钢译，浙江人民出版社2007年版。

② 同上书，第3页。

③ 同上书，第114—115页。

④ 安东尼·吉登斯：《现代性与自我认同》，赵旭东、方文译，北京：生活·读书·新知三联书店1998年版，第19页。

⑤ 乌尔里希·贝克：《风险社会》，何博闻译，译林出版社2004年版，第156页。

织起来，社区中的人们实践着不同的社区行动。这里说的“脱嵌”指的是这样一个人群的生活，他们的日常社区生活与社区网没有直接关系，仍然是传统的社区空间下的生活实践。从这个意义上讲，他们脱嵌于社区网所代表的社区生活。

我在前文曾经提到2007年第四届社区趣味运动会中的一个场景，这次趣味运动会由移动公司、地方办事处和社区网共同合作举办。它的报名形式是在线报名，主要参加者和组织者仍然是社区网成员。在活动中由办事处动员居民委员会组织了大型的表演节目，这些节目都是社区中老年人比较传统的节目，比如太极扇、太极拳和球操等。这些表演的人群和组织者都是传统的社区行动者，当表演结束后才是正式的运动会比赛项目。这个时候就出现了一个有趣的场景，表演结束后这几百个表演者就纷纷离场，几乎没有人留下观看和参加比赛，而剩下的人基本都是社区网网友。这里面我们看到这个运动会中两个人群并没有在同一个社区活动中整合在一起。当时一位准备报道本次活动的记者HJ在和我聊天的时候也表达了对活动中行政力量与自组织力量之间存在矛盾的忧虑。实际上两种组织和动员人群在整个活动过程中表现出行事逻辑或风格的巨大差异。表演节目在彩排过程中，该节目的组织者对表演过程中表演者反应很不满，口气上具有明显的命令和训斥，而这在后来的网友比赛中从来没有出现过，比赛中是平和的、协商的、诙谐的和轻松的氛围。

社区中大多数中老年人基本就是这种“脱嵌”的状况[①]。他们的社区生活基本上是靠居民委员会，以及围绕居民委员会的一些团体组织起来的。在居民委员会所备案的那些民间自组织兴趣

① 尽管有一次，QL也提到在社区网的网友中也有年龄比较大的，甚至还是比较活跃地参加社区网活动，比如LNN。但是就总体而言，中老年人群还是一个“脱嵌”于社区网的人群。

团体的主要成员年龄结构主要是以中老年人为主。包括居民委员会的绝大多数成员在内，他们的社区生活实践处于传统的范畴之内。这是一种生活方式上的差异造成的，而这种差异表现着不同人群不同的文化层次、生活和工作经历。H社区在建设过程中逐渐变得以外来人口为主①，而且这些外来人口除了拆迁户外，有一个明显特点就是文化层次较高。通过日常工作中对社区人口状况的了解，许多居民委员会主任都向我确认，H社区居民以高学历的人群为主。

云曲小区LYC主任：我这个小区以外地、正式户口进入北京的（为主），不是土生土长的北京人，就像您这样。因为各种原因，因为毕业也好，怎么地弄了个北京户口，收入档次一般都比较高。还有个特点就是学历层次比较高，居民以青壮年为主，大多数在30—45岁之间。

龙六JTD主任：在我的小区共计1802户，5000多人，搬迁户少点，大体上三分之一或四分之一搬迁户，大多数属于你们这样的。自个儿贷点款，把父母接过来。我们小区搞IT的人比较多，很多学历层次都很高，博士、硕士学历的多，养狗的多，双胞胎多，这么比较典型的几个多吧。不管怎么着，一个共同点就是谁也不认识谁。

JTD主任说，这些居民的一个共同点是“谁也不认识谁”。这个说法的实际意思是，他们都是作为陌生人来到这个社区的。而JTD主任的工作就是试图让大家多交流，多联系，让大家熟悉起来。不过这个人群在生活方式上还是具有一些共同特征。他

① H社区有三个由原来处于这个位置上的村庄改制成的小区，这些小区的人群当然还是以原来的村民为主。

们大多喜欢交往，喜欢参与团体活动，比如，体育和其他兴趣团体的组织活动；电脑和网络成为他们学习和工作中的一部分，这些是经历过大学生活的人们的共同经验。这个人群从知识、偏好和生活经历上都支持社区网这个社区空间的繁荣。当然，即使是这样一个同龄人群也会有不同的社区实践选择。因此“脱嵌”不单纯是一个年龄和知识结构的差异问题。

FY，从事IT行业工作，2000年大学毕业后去了联想，开始工作单位在上地。他买房主要考虑的因素是离夫妻俩单位的距离，房子的价格和物业等。经过了大半年的比较，最终在2003年的“五一”左右，他们选择了H社区的一个商品房小区。后来换了一次工作，单位位于中关村。平时七点半左右出发，八点五十分到单位，平时下班的时候差不多是晚上七点半到八点左右。

他的业余生活比较单调，和同事以及买房时认识的朋友打乒乓球，在家加班，每个月都会有和（大学、中学）同学的聚会。尽管他有一个朋友经常上社区网，但是他本人从来没有上过，仍然通过QQ群保持原来的关系网络。当我问他，为什么没有上过社区网，他的解释是，“我们公司不让随便上网，只能用QQ和MSN什么的。平时工作也挺忙，有时候回家晚，甚至周末都加班。”

不过，从他的叙述来看，我更愿意相信是动机而不是时间问题。FY在市区，甚至在H地区都有相对固定的朋友圈子。无论是他们的“群”，还是在本社区的过去的同事，以及通过看房子认识的居住在同一个小区的朋友，他的社会网络已经能够满足交往的需要。因此缺乏动机和精力去参与社区网这样的同龄群体活动。尽管他也提到，他们的一个“群主”经常上社区网，偶尔还把社区网的活动通知他们，不过严格意义上讲，他的社区生活相对于社区网而言仍然是一个“脱嵌者”。

TXX 则又是一种类型的例子。TXX 在一个事业单位工作，我们的访谈就是在她的办公室里，她看起来是个很体贴的人。在我们谈话的后期不断提醒我想想有没有忘记的问题要问。她说，以前做毕业论文进行访谈时，经常事后想起来原来还有问题没有问。2005 年硕士毕业后，TXX 就来到现在的单位工作至今①。刚开始在单位附近租了一个房间。2006 年 7 月，单位在 H 社区给她分配了一套房子。她感觉一个人住不“方便”，于是找了一个同学一起住。

在日常生活里，TXX 每天下班后就不想做什么了。“很单调，就是从单位到家，从家到单位。”在社区里的生活基本上就是每周两次健身，逛超市。社区内认识的人基本上就是本单位在 H 社区居住的同事。其中只有 7 到 8 个人是可以常联系的朋友。尽管也听说过社区网，但是基本没有使用和参与过社区网组织的活动。她倾向于认为，“他们素质蛮低的”。当然，她还是有许多同学在北京工作，偶尔也能到市区去和朋友聚聚。不过因为大家都感觉 H 地区实在有点“偏僻”，朋友们都不愿意到 H 社区来玩。我问她：“什么样的社区生活是她想要的”？她说：

> TXX：首先是安全感。因为我原来在家住的都是爸爸妈妈单位的房子。那个房子安全感比较多，大家都是熟悉的，但是住在这个小区，我最担心的就是安全。跟我一起住的那个女孩说，我每天最害怕的就是保安，特别害怕每天回来时，他们盯着我，缺乏安全感。
>
> 问：按理说，保安是为我们服务的，提供安全保障的，怎么会没有安全感？
>
> TXX：我们和物业交流非常少，现在北京很多保安监守

① 也就是笔者第一次调查的 2007 年下半年。

自盗。我们楼里入住率很低，好几个楼层基本都没见过有人来住，晚上回家楼道里感觉很“恐怖”。

问：小区各种服务设施怎么样？

TXX：也没什么设施，像买菜什么的很不方便。一开始我们那个东区有人卖菜，有的时候我下了班车买菜回来，去超市还得过两条街，十几分钟。

问：除了安全，对社区你还有什么要求？

在交谈中，TXX 透露出她对社区安全的期待，“安全”和“方便”不断被强调。对她而言，H 社区似乎无法满足她这些需要。她所在的小区入住率很低，在整个单元，唯一有过交往的就是二楼的一位老人家。一次她回家忘记带钥匙，在老人家里待了一会儿。晚上在街道上也很少有人，上班的时候，城铁很挤，有几次都是生生被挤下来了。晚上楼道的空旷和城铁站的拥挤可以用“恐怖”来形容。在这样的环境和节奏里，柔柔弱弱的 TXX 感到是“恐惧”，而不是“温馨”。

她跟我说，尽管不会卖掉现在的房子，但是将来还是希望在市区能够有一套房子。“方便”是她给出的解释，她也提到自己过去的同学工作和生活都是在 CBD，似乎她更向往的是那种大都市的生活方式，这种横向的比较可能使她感觉到一些“沮丧”。TXX 在社区内的生活很简单，她对 H 社区的认同和归属感的缺乏可能主要在于她的“参照系”与个人特定的生命阶段。实际上，她是以她的那些同学作为参照系，她们工作和居住大都是在比较繁华的金融区，那里有一种大都市的生活方式。她之所以不再上社区网，一个重要原因是她担忧社区网上人的素质。她认为，和这些人可能无法找到共同点，而差异性却可能很大。

TXX 与 FY“脱嵌”的原因不同。FY 的原因可能主要在于动机和时间分配问题。而 TXX 则是由于一种生活方式的不同参照系，以及某种程度上对社区网参与者成分的误解。甚至TXX不仅是社区网的“脱嵌者”，严格意义上，她也是社区的“脱嵌者”。她在社区中的活动仅仅限于健身①和去超市等，除了少数的同事之外，在社区中几乎没有其他朋友和活动。这种社区观念和实践并不是少数，访谈对象中的“脱嵌者”，大多在社区实践和观念上都是把社区仅仅看作一个“住”的地方②，在社区中没有更进一步的社会关系和活动，社区参与很低，尽管都知道社区网，但没有介入的欲望。

其实，网友FL和TXX差不多，刚开始来到H社区也是一种无奈的选择，不过她迅速走出了这种状态，在本地建立自己的关系网络和参与许多社区内的活动，进而开始喜欢这个地方。2005年，FL通过公司在H社区购买了团购楼，正式成为H社区的“野猪”。她是在昌平读大学，大学那几年和朋友们想去趟市区都要下很大的决心。那个时候她就决心毕业后一定要找一个在二环以里的公司。2000年到2003年，她在北京四处周转，2003年11月份搬到西三旗居住，两个月后就到了H社区。FL在刚开始来到H社区的时候也抱着一种无奈的情绪，她特意跟我谈到那一段经历。

FL：（当时）有朋友建议我去H住，那里便宜，我说，

---

① 就像罗伯特·普特南所讲述的当代美国人倾向于独自打保龄球一样，TXX在健身房的健身通常也是个人而非群体互动性的行为。简·雅各布斯认为，街头的安全不是由正式机构保证，而通常是由街头的非正式协议和社会支持所保证。在社区中缺乏“安全感”，部分的原因来自于TXX在社区中缺乏社区参与和社区关系的拓展。对她而言，社区是陌生的，进而是不安全的。对内心世界和交往的封闭心态进一步使她缺乏动力去参与社区和社区网。

② 这种社区实践就是“社区解放论”所见到的社区生活场景，即人们的社交网络脱离地方社区和空间束缚，而在更广阔的空间范围展开。

打死我也不去，我好不容易从昌平逃出来，怎么能又回去呢？后来公司搬到上地，无奈之下跑到西三旗。住过来一段时间以后发现，这边也是挺方便的，一开始我是特别排斥。

刚开始过来的时候，我是特别不情愿住过来，我就不喜欢这个地方。当时想得就是临时住一段时间，没准儿以后离开这个公司，就不在这里住了，特别不情愿住过来，当时想搬过来特别不方便。但是搬来以后，因为有城铁在，出去的距离一下子缩短了。在我以前的印象中，从昌平到市里可能要半天，或者一两个小时，现在只需要半个小时就行了。距离感一下子拉近了，好像没有那么遥远了。而且刚开始我一个人，以前我和同学一起住，搬过来后，因为她们工作在市里，都不跟我过来住，我自己一个人住过来，然后认识了H地区一帮兄弟姐妹们。

通过社区网，FL很快就喜欢上H社区了。通过社区网，她"参加了许多社区活动，比如'腐败'聚会啊，爬山啊什么的，就感觉没有那么孤单了"。她说，从2004年到2005年，这一年是她"最开心的一年"。我问她，为什么这么说呢？她这样解释这个快乐的一年：

住到这边觉得身边有很多的（共鸣），我身边的很多人都有这种感觉，能在这里找到共鸣。许多与自己年龄相仿的、兴趣爱好一样的人聚在一起。我以为，我在H会非常无聊，因为我不认识这里的人，或者怎么样。但是实际上当你住过来以后，有的时候，比如说，我遇到什么难题，在网上发个帖子，马上就会有很多人给我答复，我这个问题马上就能解决了。然后，我们经常说，"他（她）的网名是什么什么"。但是实际上我们并不是网友，不过是其他的朋友是通过电话联系，而我们是通过网络。只是以网友的形式存在，但是关系要比网友亲近多了。

当我和 FL 谈 TXX 的状况时，FL 说，像 TXX 这种社区生活态度实际上是因为她没有“融入”社区，所以总是无法找到对社区的认同。FL 和 TXX 居住的小区很近，都属于 H 社区靠北的区域，在 2007 年时还都属于比较偏远的地方。周围的生活设施不是很完善。从位置上看确实很容易感到“不方便”。但是 FL 说，她自己没感到有什么不方便的，买东西就是过两个红绿灯而已。之所以产生如此不同的感受，她的说法就是是否“融入”这个社区。

那是因为他们没有融入 H，有很多人，这种人不在少数。他（她）住在 H 一年多，甚至快两年了，除了他们家到地铁那条路，去超市那条路比较熟悉一些，其他的都不知道。比如，我们旁边就是“田园”，我说，“田园”东门见。他说，“田园在哪里?”会有这样的人。H 地区肯定有些人融不进来，他们也不想融进来，比如，他不上网，比如说，他们一家很忙碌，老公很忙碌，孩子很忙碌，他们跟社区不融合，每天关起门来过自己的小生活。这样的人肯定有的，除了自己家和要去的地方，别的地方都不知道。

FL 自己则是另一种状况。她通过社区网认识了许多朋友，晚上下班后经常有许多活动，大家可能相约一起吃饭、唱歌、游戏或者打球等。2004 年年初她在 H 社区租房子，2005 年，单位在 H 社区购买了团购楼。虽然房子确实有点偏，买点日常东西也要走一段路程，但是她并没有觉得不方便。

FL：我住的那个小区在“田园”再往东，在H地区是把边了，我们就像北极一样。刚住进来（2006年7月份）的时候，路灯没有，小卖部没有，超市没有，卖菜卖水果的都没有，刚进来的时候非常辛苦。

问：那你当时是什么感觉？

FL：没什么感觉啊，我比他们好的是我是H（社区网）的老人啊，我认识很多人啊，我下了班后有一些比较丰富的生活。

问：有没有那种隔离感？

FL：没有。不过是从H这个地方到另一个地方而已，中间隔两三个红绿灯而已，这对我来说，没有什么太大变化。比如，我的同事原来在中关村租房子的，现在房子下来了，都住这边来了。感觉这也不方便，那也不方便，会有这种感觉。但是对我们来说，我们已经融入社区文化，或者说已经认识很多人了。对我们来说就无所谓了，不会有那种陌生感。

FL概括说，“如果你没融入这个社区，你就不觉得它好”。而她与TXX的差异在于，她自己已经通过社区网建立了在H社区的关系网络，参与许多社区活动，已经“融入”了社区。因此尽管居住的地方某种程度上是有些“不方便”，但是并没有“隔离”感。站在不同角度，对同一个事情会产生不同感觉和认识。就像TXX和FL对同一个周边环境会有不同的感觉一样。用FL的一句话就是，“你现在作为旁观者或学者在研究这个东西。你很理智、很冷静地看这个东西。但是如果你住在H，参加H的活动，你就会发现它有自己的魅力。”

NQ是社区网义工群的群主，但是她最初在社区的经历与TXX却有部分相似之处。她2005年10月份来到H社区，住的地方恰巧和FL以及TXX非常近。但是直到2006年8—9月才知道社区网，借助于社区网，她在社区里的生活有了根本变化。

NQ：刚来的时候不知道网站。说实话，当时就是公司—家、家—公司这样，就这两点。去超市买点吃的，别的地方都没去过。说出去玩，一个人也不敢出去瞎转悠，就这么待着。H社区我都没怎么转过，我有一个哥哥在北京读研究生，过来带我转了几个地方。但是他上课，隔得也远，怎么可能照顾到我。反正我就一个人，就公司和住的地方，别的地方都没去过。

问：这种状况有多长时间？

NQ：有半年吧。到第二年（2006年）8月底，我们住的地方房东要收回房子，我们没地方住了。我们经理说让我找房子。他说，听说有一个网站，上面有租房子的。我们也不知道网址，到网上搜了一下，就找到了，然后就租到了房子，租房子挺顺利的。

问：现在，你在社区里有很多自己的朋友了吧？

NQ：挺多的，我觉得，数不出来了，我感觉。

问：参与到社区网前后，你觉得自己的生活有什么变化吗？

NQ：肯定不一样了，最起码朋友多了。有些时候，一个人呆着时间长了，肯定会寂寞，想找个人玩玩，出去活动一下。当时那会儿，你就是想出去，也不知道到哪里去。但是现在，一个是说地方熟悉了，再一个说人也熟悉了。一块出去玩，打个球啊，什么活动的，都能找到人。有认识的人，感觉好像真正融入这个地方。以前感觉我就是寄居在这个地方，说走就走了。

现在我换工作了，在西直门那边上班。公司说给我在附近租房子，但是我感觉我好像属于这个地方似的。我说，我不在那边住，不在公司那边住，我还是回来住。

正像 FL 所说的那样，TXX 之所以始终是个“脱嵌者”，很重要的原因就是，她始终没有“融入”这个地方。尽管原因不同，但她对社区的使用就像 NQ 在 2005 年到 2006 年上半年那样，基本上是把这个地方当作一个睡觉的地方而已，在社区里没有自己的关系网络和其他活动。谈到交通的不方便，NQ 说：“我刚来的时候，公司就在 H 本地，上班到公司很近，骑自行车就可以去了，所以没有体会到城铁拥挤的状况。我想如果刚来那会儿就经历这样的拥挤，也许我也想着离开这个社区了。”不过现在，她虽然每天要体验城铁的拥挤，甚至在郁闷的时候心里想，“明天我就搬走”，但是由于自己已经在这个地方有了许多朋友，并有了对这个地方的“归属感”，所以她很难轻易地离开这个地方。一定程度上，“嵌入”还是“脱嵌”有时候影响甚至决定了一个人对社区的评价和理解。

三　越位型社区实践

“越位”是一个足球运动中的用语，大体指的是当进攻一方最后传球的刹那，该方参与进攻的人有队员处于防守一方最后一名队员身后的状况。总体而言，在社区中“嵌入”和“脱嵌”这两种类型的人仍然是同一个物理边界内的成员，只是他们对社区的态度和实践不同而已。而“越位者”说的则是一个跨越边界的人群。他们也许曾经在 H 社区居住过，也许从未在 H 社区居住过，但是无一例外他们都是社区网的网民，甚至也经常参加社区网组织的活动，我们把这样的人称为“越位者”。

LL 曾跟我提到这种类型的人，他本人就认识二三十个这种类型的人。他们有的曾在这里住过，然后因为种种原因离开 H

社区，甚至还有的根本就没有在H社区居住过，但都是社区网的网友，许多还经常参加社区网的活动。当然，也有的是超级“潜水者”，就是只看帖，不发帖，也不参加活动。LL以前就遇到这样的朋友，好久不见了，见面后就说知道他最近在做什么，因为这个朋友还是经常上社区网，尽管不“灌水”。RY也跟我说过，实际上现在的社区网已经不完全是H社区的社区网，相反它已经“泛H社区化”了，周围地区的许多人都是H社区网的成员①。

JJ就是这样的“越位者”，现在已经不在H社区居住。我们相约在她目前居住的T社区一家咖啡馆见面，在她小女儿的玩耍中开始访谈。她是社区网最早的一批网友，2002年就成为注册用户，2003年搬进社区。刚开始的时候，她还和爱人说，H太远，“打死也不去那里”。刚来到社区的时候，社区的基础设施和服务不配套，在社区内也只认识一个她爱人的同事。但是，2004年以后，尤其是生孩子以后，她比较清闲了，社区网开始成为日常生活的一部分。在“亲子小屋”交流和咨询“养孩子”、处理婆媳和夫妻关系的经验。她认为，在“小屋”里获得了很多知识和建议，“不知不觉就发生了改变，更开朗了，更积极一些，学会把小事看淡”。JJ成为活跃的和坚定的社区网用户，经常参加各种社区网的传统活动，并组织过公益活动。

---

① 当然在他看来，这种泛地域化（他没有用这个词）和社区网里大量非业主网友都可能是社区网管理上产生隐患的原因之一。他认为，对于社区网而言，只有那些业主才更有责任感，而在本地租房的和非本地的网友则在这一点上就要成问题。他举了“流浪X”事件作为证明。不过，他一再强调，这么说绝没有歧视的含义。社区业主发言总是要考虑“面子”问题，要为自己的话和行为负责。因为你的人和你的房产在这里是绑定的。而非业主则因为具有流动性，或者人根本就不在本地社区，他们的责任感可能就会差。当笔者就这个问题和FL交流时，她也认同这个说法。某种意义上讲，“有恒产者有恒心”这句话在这里也可能是适用的。

2007 年，她搬离社区之后，仍然借助于社区网等媒介与朋友们保持联系，也仍然参加社区网的活动。用她的话说就是，“好像没有离开过”。T 社区也有社区网，但是她感觉无法“融入”。至于原因，“也说不太清，关注的事情不一样，风格也不一样，文化氛围不一样，说不清，就是融不进去”。她最后特意强调，“H 社区除了社区网没有其他什么吸引人的，就是这个网。T 社区的网就不吸引我，所以我对这个地方可能没有什么太深的感情，说不到一起去。”

通过 LL 我也认识了网友 YLC。我和他的第一次见面是在网友的生日聚会上。当时，我只认识 LL 一个人，LL 把 YLC 介绍给我，席间也间接认识了网友 FL，相约在方便的时间接受我的访谈。YLC 在一家电视媒体工作，2001 年曾在 H 社区居住过两年左右，2003 年单位分了一套新房，就搬离 H 社区。虽然居住地变化了，但是在 H 的“圈子”和活动却仍然保持着。他现在还是经常上社区网，和朋友保持线上联系；同时也常常回 H 社区，和朋友们吃吃饭，打打球或者玩一种叫作“杀人”的游戏。他在 H 社区认识很多朋友，都是通过参加社区网活动认识的，用他的话说就是“圈子套圈子”。你参加不同的活动就会不断认识不同的朋友，而通过这些朋友以及活动又可能不断认识“朋友的朋友”。这样不断认识越来越多的社区里的人①。至今他依然是一位文化类论坛的斑竹。网友们称他是“文化沙龙”论坛的才子，在社区网的“原创基地”他仍然不断有作品与大家共享。

---

① 也许这就是“网络之网络”的“嵌套”，社区网对于社区而言是最大的“网络之网络”，一系列社区网上的兴趣团体及其活动形成关系的交织，而这些关系会在许多节点上具有交集，借助于这样的彼此“嵌套”，人们被“网”进这个社区和社区网。这样的网络结构可能正是社区动员和集体行动的基础。就像格兰诺维特所假设的那样：弱关系，以及一种开放的社区网络结构比封闭的结构更能促进社区整合和集体行动的动员。

他跟我说，在 H 社区网上有很多类似他这种情况。一些可能是正想要来 H 社区居住的人，一些可能是过去曾经在这里居住过的人，还有的可能根本就没在也不曾在这边住过的人们。他们却都是社区网的网友，在论坛里发帖子，甚至还不断参加社区网组织的活动[①]。他们的“社区”也许更多的不是现在所居住的地方，而是一个身外的这个“网”和它所生成的群体。社区网这种媒介可以使这些人即使是身体不在这个地方，但是仍然可以和社区网的网友们保持联系和交流，而现代的交通工具又使线下社会关系的维持降低了成本。尽管现在居住的社区也有社区网，但是他基本不参与。至于理由，他说可能是因为人少，H 社区的人口基础比较大。但是这个理由被当时在场的其他朋友质疑。当时一位在场的网友认为，T 社区同样是大型的社区，但是它的社区网就没有 H 社区网有人气，所以人数应该不是原因。无论是什么原因，对于这些“越位”而来的人来说，他们对这个并不隶属的社区参与完全是因为社区网这个媒介和交往空间的作用。

当大众媒介渗透进所有文化和社会，我们已经不再能够很容易地停留在地方化的世界里。“沟通技术是卷入到激烈的文化去地方化（delocalisation of culure）中的关键因素。”[②] 如果从全球化的角度上看，“地方性不再必须根基于特定场所”，那么这种“越位”型社区行动最终可以表现为一种对“全球社区”（global

---

① FL 说，不仅是周边地区的许多人都是社区网的网友，甚至她还知道有已经嫁到外地的网友还时常在社区网上和大家保持联系。他们可能不怎么发言，但是持续关注社区网，了解社区和社区网发生了什么事情。

② Paul Kennedy and Victor Roudometof, “*Transnationlism In A Global Age*”, *Communities across Borders: New Immigrants and Transnational Cultures*, New York: Routledge, 2002, p. 10.

communities)[①] 的参与。从这个意义上，越位型实践充分体现出“跨越边界的社区”（communities across borders）实质的特性。这种“跨越边界”不仅对于全球化社区（globalised communities）[②] 是核心特征，对于普通居住型社区而言也同样适用。“越位”充分地凸显出社区与地方的关系是非常松散的，最终取决于某种共同“联系”或共享的某种“属性”及这些属性的生产过程。社区网恰好提供了一种跨越地域实现社区参与和生产的沟通媒介。

第二节 反思性多元社区

对于社区的不同理解和运用不仅仅适用于我们讨论虚拟社区和物理社区的关系，而且对于所有个人与社区的关系也都存在这样的状况。对于同样一个场所，或者同样一个民族这样的抽象共同体，人们都有不同实践。因此从这个意义上讲，社区是一个“选择的社区”。就像社区网与社区生活的关系一样，社区居民对于本地物理社区的使用同样也存在不同的处置。有的高度融入本地社区，他们在物理社区里有许多活动和关系；有的只是把它作为一个休息的场所，一个自己具有产权房子所在的地方。当然

---

① Paul Kennedy and Victor Roudometof, "*Transnationlism In A Global Age*", *Communities across Borders: New Immigrants and Transnational Cultures*, New York: Routledge, 2002, p. 14.

② 根据其成员的主要关注内容和定位可以区分为5种全球化社区：跨国民族共同体；更广泛扩散的古老民族和种族移民群体；围绕共享生活方式而凝聚起来的意义社区；基于对本地或全球公正和问题的政治、道德或伦理认知而形成的社区，其中人们寻求问题解决办法的时候，必然相遇并需要跨国协作行动，进而导致一种全球文化建构；被共享的职业精神联结起来的群体。参见 Paul Kennedy and Victor Roudometof, "Transnationlism In A Global Age", *Communities across Borders: New Immigrants and Transnational Cultures*, New York: Routledge, 2002, pp. 20 –23。

在两者之间存在不同程度的使用状况。因此，即使对于同一个物理社区，它对于不同人群也有不同的意义和不同的实践。他们嵌入一个物理社区的程度不同，也就实践着不同的社区行动。

一　作为理念类型的多元社区

我们把这种社区实践的多元化选择称为"多元社区"。多元社区并不将社区视为一个一体化的实体，而是强调内部的复杂性实践。奈仓京子[①]在对广东一个归侨社区的研究中，曾提出了一种"多元社区"的概念。这个社区是一个是由归侨与部分本地人共同组成的多元移民社区。这些归侨拥有不同侨居国、语言和文化背景。奈仓京子认为，这个华侨农场"是由多元群体组织而成的复合型多元文化体系，内部每个群体独立存在，互相保持界限"[②]。这种社会现实使当地归侨社会形成多元的内部组织机制及多层次的文化适应模式，因此我们不能再将"移民—当地居民"简单地对立或融合在一起来理解，而需要研究者"调整研究视角，以便更加合理地理解和分析他们认同意识的形成和变迁状况"[③]。最终，她使用"多元社区"这个概念试图超越将归侨社区看作一个"相对独立的整体"这种简单化观照，强调社区内部群体的多样性、群体认同的复杂性。

实际上，不仅仅是对于一个归侨社区应该关注其多样性和复杂性，这种视角也应该用于考察普通的社区。威尔曼对多伦多私

---

① 奈仓京子：《归侨认同意识的形成及其动态》，《华侨华人历史研究》2008年第3期。

② 奈仓京子：《"故乡"与"他乡"：广东归侨的多元社区、文化适应》，北京：社会科学文献出版社2010年版，第36页。

③ 奈仓京子：《归侨认同意识的形成及其动态——以广东粤海湾华侨农场为例》，《华侨华人历史研究》2008年第3期。

人社区的研究就发现了对于社区（网络）的不同使用与实践①。奈仓京子强调的是社区组成和文化的多元化，我们则是从社区实践维度界定多元社区。所谓“多元社区”指的是社区兴趣与实践的多元化状态。在我们看来，社区不是一个总体性的实体，而是基于不同选择的多元形态与行动。我们把围绕H社区网的复杂实践归纳为三种形态：嵌入、脱嵌和越位。如果我们把前文对社区网的实践立场的分析调整为针对日常社区关系的认识，嵌入、脱嵌和越位的含义需要略加修正。

“嵌入”可能指的是，社区居民的日常生活紧紧围绕着所从属的社区及其内部关系中，一定程度上在这种互动中会产生团结性情感。这种实践更多地体现了“社区存活论”的现实。具体讲，H社区的居民自组织活动非常活跃，大部分中老年人都属于这种“嵌入型”社区实践。他们的日常生活主要限定在物理空间范围内。“脱嵌”指的是，某些社区成员缺乏对社区的参与，“社区”在这种人群看来不过就是一个居住的场所，他们的关系或纽带并不局限在所居住的社区空间，而是散布在其他地方。这种社区实践体现了“社区解放论”的观点。“越位”则是指，某些人目前并不居住在这个社区空间，从空间和管理的意义上看，他们不“属于”社区居民，却通过某种途径持续参与社区活动；在社区情感和参与上，他们“归属”于这个社区，甚至反而可能与其本来所属的“社区”相疏离。如此一来，多元社区实践表现为对同一个名义上的社区空间的不同使用、态度和“选择”。这使得我们需要从社区实践而非某种物理空间边界来确定社区的边界，决定了我们应该从实践而非简单的结构视角来理解多元社区。

① Barry Wellman, Peter J. Carrington, and Alan Hall, “Networks as Personal Communities”, *Social Structures: a Network Approach*, Cambridge University Press, 1988.

如果一般性地讨论社区兴趣的多元化问题的话，这个社区同时存在“存活论”和“解放论”的场景。这取决于社区成员的“选择”。或者就像威尔曼所说的，取决于人们的分析视野。但是，我们也应该看到，在这个社区里，基于社区网的组织与互动，相当一部分社区居民确实日益形成了对社区或者社区网的情感与归属。从这个意义上看，“团结性情感”并没有消失，只是它不再包含一个人的全部情感，不再因为共居一地而必然产生。这种“团结性情感”也取决于人们的“选择”，可以通过社区传统的发明和各种社区“想象的”机制得以生产出来。

因此，确实像贝克所说的，个体化过程之一表现为从传统社区等义务体系中脱离出来①，进而促使人们去“选择”或建构自己的社会关系。社区不再是完全由传统、身体的就近等先赋性的因素所决定，而是像贝克所说的，转向“选择性亲密关系”②。最终，需要注意的是，H社区的“嵌入”“脱嵌”和“越位”等多元化“选择性”社区行动倾向于是一种理念类型，没有哪些人完全符合多元社区实践的某一种类型，最终倾向于是多种实践的混合。我们这里的区分只是针对社区实践的选择，而不是试图简单对人群进行区分。严格意义上讲，只存在着不同程度的嵌入、脱嵌和越位。每个人都可能是某种程度的越位者、嵌入者和脱嵌者，这是社会分化和个体化的结果，没有任何一个社区可以整体性地涵盖个人的日常生活。现在，一个人通常是可以参与不

---

① 乌尔里希·贝克：《风险社会》，何博闻译，译林出版社2004年版，第156页。

② 乌尔里希·贝克、伊丽莎白·贝克-格恩斯海姆：《个体化》，李荣山等译，北京：北京大学出版社2011年版，第97—112页。

止一个社区[①]。

涂尔干认为，劳动分工、城市发展和社会流动的增加等社会过程造成了机械团结社会中强大的集体情感的衰落[②]，个体的差异和社会的分化越来越明显。“小的部落”、“地方宗教”、“地方政权”等基于地方的组织与社区将趋向消失[③]。当人们的社会关系从“地方性的场景”中挣脱出来，进而在去地域化的空间中实现“再联结”[④]，人们的生命历程和互动开始脱离先赋性范畴和“场所”或地方性的限定。“地点”的首要意义和距离的障碍逐渐被消解掉之后，地域性和全球性关联起来。此时，即使仍然可以给予人们以“熟悉”和“认同”，但是地域性的传统社区本身就被“脱嵌”了出来，受到远距离事件的影响[⑤]。

这种吉登斯意义上社会关系的“脱嵌”也带来一些新的变化。比如，人们的社会纽带开始倾向于是一种“专门化关系”(specialized relationships）和“专门化社区”（specialized communities）[⑥]。不再有什么社区能够将其成员的生活全部包含在内，或者说不再有涂尔干所说的，如机械团结强大的“集体意识”或“集体感情”能够提供“一致性”“相似性”和社会团结。

---

① Paul Kennedy and Victor Roudometof, “Transnationlism In A Global Age”, *Communities across Borders: New Immigrants and Transnational Cultures*, New York: Routledge, 2002, p. 15.

② 埃米尔·涂尔干：《社会分工论》，生活·读书·新知三联书店 2000 年版，第 88、第 244—258 页。

③ 同上书，第 147—148 页。

④ 安东尼·吉登斯：《现代性与自我认同》，赵旭东、方文译，生活·读书·新知三联书店 1998 年版，第 19 页，

⑤ 安东尼·吉登斯：《现代性的后果》，田禾译，译林出版社 2000 年版，第 95 页。

⑥ Barry Wellman, “Physical place and cyber place”, *International Journal of Urban and Regional Research*, 25 (2), 2001.

或者像鲍曼对流动的现代性所描述的那样，共同体越来越倾向于是“短暂多变”或“目标单一”（single - purpose）的。鲍曼称之为，“衣帽间的共同体”（cloakroom community）[①]。就像人们会在不同时刻穿着不同衣服一样，其他方面不相干的人们只在某些时刻压抑其他不同兴趣，基于某些“相似兴趣”而暂时“在一段时间里”“聚集在一起”，但是并不会将个体的关注汇聚成“团体兴趣”，个体也不会获得“新的属性”。

但是，就像现代化既有世俗化的影响，也有“反世俗化的强烈运动”[②]，“脱嵌”的另一面是“再嵌入”[③]，全球化与本地化的共存[④]一样，无论是理性化趋势，个体化社会还是所谓流动的现代性都不会带来“缺乏制约的总体化趋势”或形成“一体化的力量”[⑤]。尽管人们可能在不同时刻基于不同兴趣而选择或形成各种短暂的“衣帽间的共同体”，但是对于不同人群来说，这种短暂的兴趣、聚集也意味着不同的持续性和义务程度。比如，尽管吉登斯谈到地点的首要意义和距离的障碍逐渐被消解掉，地域性的传统社区本身就被“脱域”了出来，受到远距离事件的影响[⑥]。但是，我们也应该注意到，空间或地点的意义和影响具有明显的阶级性。卡斯特就强调，社会的发展不是基于新

---

① 齐格蒙特·鲍曼：《流动的现代性》，上海三联书店2002年版，第310页。

② 彼得·伯格等：《世界的非世俗化》，李骏康译，上海古籍出版社2005年版，第3页。

③ 安东尼·吉登斯：《现代性的后果》，田禾译，译林出版社2000年版，第69页。

④ 罗兰·罗伯森：《全球化：社会理论与全球文化》，上海人民出版社2000年版，第249页；戴维·莫利、凯文·罗宾斯：《认同的空间》，南京大学出版社2001年版，第157—158页。

⑤ 李猛：《论抽象社会》，《社会学研究》1999年第1期。

⑥ 安东尼·吉登斯：《现代性的后果》，田禾译，译林出版社2000年版，第95页。

技术的线性扩张基础之上的，“社会机构在新技术所具有的潜力与其现实效果之间所具有的调和作用”[①]。相对于利益与兴趣展望于全球的精英而言，人民大众是“地域性的”（local），他们的“生活和经验”根植于“地方”及其“文化和历史”之中[②]。精英生活在“流动的空间”里，而民众则生活在“地方空间”中。因此，“流动空间与地方空间”“全球化与地域化”之间的关系及结果并非预先决定的[③]。在个体化和鲍曼所说的“流动的现代性”阶段，“地方空间”的意义并没有消失，只是因人而异。按照卡斯特从信息社会的都市政治问题出发所提示的，似乎上层阶级与地方网络相隔离，而对于下层阶级而言，地方空间或“本地网络”的“同一性”[④] 反而有助于保护他们的利益。或者像鲍曼所说的，第一种空间中，这些全球精英只是肉体上“处于这个地方”，而“并不属于这个地方”[⑤]。城市精英们并不关注本地事务，那只是“众多地方中的一个”而已。而对于普通城市市民来说则“注定拘囿于本地”。总而言之，我们在思考所谓信息化社会或流动的现代性过程中必须关注，在都市政治层面上地方或“本地”对于不同人群具有不同意义。

既然，当代社会发展最终没有形成“缺乏制约的总体化趋势”或形成“一体化的力量”[⑥]，那么鲍曼所谓的“衣帽间的

---

① 曼纽尔·卡斯泰尔：《信息化城市》，崔保国等译，江苏人民出版社 2001 年版，第 1 页。

② 曼纽尔·卡斯特：《网络社会的崛起》，夏铸九、王志宏等译，社会科学文献出版社 2001 年版，第 509—510 页。

③ 同上书，第 521 页。

④ 曼纽尔·卡斯泰尔：《信息化城市》，崔保国等译，江苏人民出版社 2001 年版，第 251 页。

⑤ 齐格蒙特·鲍曼：《流动的时代》，谷蕾、武媛媛译，江苏人民出版社 2012 年版，第 89 页。

⑥ 李猛：《论抽象社会》，《社会学研究》1999 年第 1 期。

共同体”尽管也刻画出一种社区选择的多元化趋势，但是我们需要关注的是，对于不同人群和社会结构而言，就像前文所描述的具有不同“嵌入”和“脱嵌”程度的H社区人一样，社区背后人们所共享的“意义、习俗和义务”[①]会有不同的表现和深度。

二　反思性社区与多元想象

全球化和信息技术及交通技术的发展已经给社区带来根本变化。有学者认为，前现代社区和早期现代以及晚期现代社会的社区存在一些根本区别。首先，前现代和早期现代社区基于“自然”关系而形成，这种关系具有强制性，包括一种基于“自然”准则的强烈的包容感（sense of inclusiveness）。这些准则包括血统、亲属关系、地方性和居住（或邻里）等。其次，其社区关系基本上是基于地点的关系，允许无所不包的、多种目的和相互交织关系的建构和维持。这些关系都是基于直接的、面对面的联系而产生。再次，地方限制的社区可能会持续存在。最后，地点可能或多或少保证了赋予社区以一种“清晰分明的沟通系统”[②]。

在传统的发展阶段，社区的理解具有一些结构限制，比如身体的接近、人们移动权利的限制、经济机会的有限范围、与身体移动性和沟通相联系的成本、危险、风险和不方便等等[③]。而现在，这些限制的重要性对于大多数人来说已经大大降低。今天的社区和社会纽带已经不再是来自于“继承”，而是“必须被制造

---

①　斯科特·拉什：《自反性及其化身》，载乌尔里希·贝克、安东尼·吉登斯、斯科特·拉什《自反性现代化》，商务印书馆2001年版，第200页。

②　Paul Kennedy and Victor Roudometof, “Transnationlism In A Global Age”, *Communities across Borders: New Immigrants and Transnational Cultures*, New York: Routledge, 2002, pp. 6 – 7.

③　Ibid., p. 7.

出来"[①]，开始成为一种"反思性社区"（reflective community）[②]：社区不再能被视为想当然的，而是为其成员所积极产生；社区联系的反思性体现在建立社区或寻找社区成员的个体的志愿参与；从物质资源、目标向符号、信息和文化资源的相对转向；反思性社区不再是无所不包的，不提供覆盖所有事情和目的总体性生活规划或日程，反而可能是与其他社区相互重叠；空间和社区的联系存在更深刻和重要的转变。

这种反思性社区的本质在于，社区的"共享背景假设"具有了反思性[③]。社区真正的根基在于"共享意义、习俗和义务"，而与单纯的共享"利益"和"属性"无关[④]。而反思性社区之反思性可能主要表现为，社区不是来自于人们某种既定的天赋属性而是自己选择的，需要不断去创造和发明，其"工具"及产物更多的是抽象的和文化的[⑤]。这种"自我自反性"表现出人们在生活叙事和亲密关系（比如爱）方面的"自主监控"，或者说人的能动性或反思性作用于自身[⑥]。当然，最终这种自我反思性也具有某种政治意涵，是一种吉登斯所说的，"自我实现的政治"或者"生活方式的政治"[⑦]，人们将"激进地卷入到进一步

---

① 安东尼·吉登斯：《生活在后传统社会中》，载乌尔里希·贝克、安东尼·吉登斯、斯科特·拉什《自反性现代化》，商务印书馆2001年版，第134页。

② Paul Kennedy and Victor Roudometof, "Transnationlism In A Global Age", *Communities across Borders*: *New Immigrants and Transnational Cultures*, New York: Routledge, 2002, p. 8.

③ 斯科特·拉什：《自反性及其化身》，载乌尔里希·贝克、安东尼·吉登斯、斯科特·拉什《自反性现代化》，商务印书馆2001年版，第190页。

④ 同上书，第196—200页。

⑤ 同上书，第201页。

⑥ 同上书，第146页。

⑦ 安东尼·吉登斯：《现代性与自我认同》，生活·读书·新知三联书店1998年版，第251页。

寻求完备和令人满意的生活可能性的过程中"[①]。此时，自我认同取决于"决策"，是一种"反思性的成就"，需要不断"被形塑、修正和被反思性地保持下来"[②]。

对于H社区而言，这种社区的反思性充分表现为作为一个新生社区，H社区传统的发明和不断重构，持续促进社区认同的形成和社区的想象；多元的社区实践和选择表明了人们对社区认同的复杂性建构；社区想象的多元方式、社区传统的不断创造、社区认同的动态变化都不断生产和再生产着社区。

作为一个新生社区，社区成员是以陌生人关系为特征、北京外来人口为主。一个匿名的、陌生的、缺乏社会团结的大众却最终形成一个具有社区意识和某种社区情感的群体。其中非常重要的机制就是社区传统的发明和社区精神的塑造。这些传统具有明显的本地特征，来自于社区网用户的创新、创造与组织。社区足球联赛、社区运动会、社区网周年庆典、社区新年音乐会等传统不断重复，从而塑造社区的历史和社区网用户的集体记忆，通过这种传统发明、重复仪式建构了社区成员的认同和社区归属，形成一种与他群的"区隔"和内部的一致性。当然，传统的发明并不是一劳永逸的，反而"需要在每一代人那里不断被更新、调整和重构"[③]。传统的发明是一个持续的过程，根据新的形势可能会利用"旧材料"，改造"旧材料"，同时也会发生"连续

---

① 安东尼·吉登斯：《现代性的后果》，译林出版社2000年版，第137页。

② 安东尼·吉登斯：《现代性与自我认同》，生活·读书·新知三联书店1998年版，第253页。

③ Paul Kennedy and Victor Roudometof, "Transnationlism In A Global Age", *Communities across Borders: New Immigrants and Transnational Cultures*, New York: Routledge, 2002, p. 9.

性中的断裂”[①]。

在H社区，不断发生着传统的发明、衰退与再创造。社区新年音乐会并没有持续至今，但是后来转变为社区网春节晚会，到2015年已经举办了5届。同时，类似的联欢、娱乐在其他传统和新生的形式中得以传承。《超级H声》作为“超级女声”等音乐类综艺节目的模仿持续在社区里举办，每年获得名次的歌手都会在很多社区网传统活动中作为重要表演者出现。H社区后续也产生了舞蹈大赛（2011年开始）等类似的传统活动。

社区足球超级联赛，尽管由于某些个人的原因，随着2013年之后DF的退出而略有波折[②]，但是2015年超级联赛仍然如期举办，保持相当规模。超级联赛已经成为社区最典型和稳定的传统活动，不断积累、巩固和再造社区的历史与“延续性”。为了促进足球传统在社区中新一代的传承，同时又考虑到最早的联赛参与者开始步入中年、无法正常参与激烈的正式比赛，超级联赛在2015年开始增加青少年[③]和老猪的附加联赛。足球联赛开始新的尝试。除了文中我们介绍的足球超级联赛之外，网友们还组织了羽毛球（2010年至今）和篮球（2014年开始）等联赛，并延续至今。社区网的周年庆典是另一个非常稳定的传统活动，但

---

① E. 霍布斯鲍姆、T. 兰格：《传统的发明》，顾杭、庞冠群译，译林出版社2004年版，第6—9页。

② 2014年的联赛只有12支参赛队伍，到2015年又恢复到19支。

③ 作为社区传统的足球联赛已经有了正式的和制度化的传承。2015年3月，第一届少年足球联赛开赛，共计40支队伍，500余名青少年运动员。比赛采用六人制赛制，根据年龄分为五个组别，年龄跨度从四岁到十五岁，整个比赛分三个比赛日进行，共计63场比赛。这项比赛结束后，成人组的超级联赛正式开幕。实际上，早在2012年第九届超级联赛中，就开始引入5—10岁喜欢足球的小朋友参加比赛。当时，考虑到第一批老网友的年龄问题，开始筹划35岁以上组7人制赛事，当年有7支球队参加比赛。社区逐渐形成中年、青年和少年不同年龄段的足球参与赛制和氛围。

是随着社区网成员数量的持续攀升和更迭，周年庆典也不断发生变化。比如，2015 年的庆典就开始增加了一个针对老网友的活动。

随着社区网网友的下一代的成长，以“亲子小屋”论坛为基础，在 2010 年以后开始陆续组织“圣诞老人到我家”（2013 年开始）、少儿春节联欢晚会（2014 年开始）、“亲子嘉年华”（2012 年开始）、“超级大顽童”（2012 年）等围绕孩子和家庭的传统活动。从 2010 年前后，社区网网友的下一代开始成为新的网友。2014 年 12 月，社区网的小记者团正式成立，正式小记者 10 名、预备小记者 15 名。之后，这些小网友和小记者不断对很多社区网的活动进行报道，并在社区网上发表自己采写的新闻稿件。“小野猪”们开始以各种形式登上社区网，参与社区网的传统活动并持续建构社区和社区网的历史①。

社区的形成首先与其空间在物理和社会意义上的隔离有关。与中心城区在空间上的距离以及初期社区基础设施的不完善②都首先造成了在物理意义上的区隔，其次造成居住者的社会交往方面的不方便，进而这种社会意义上的区隔进一步导致交往的内卷化倾向，人们有向内寻求社交空间的客观需求。但是，仅仅有空间上的接近并不生产任何互动，并不生产社区。社区如何生产是一个需要解决的经验性问题③。伊萨贝尔认为，应该去研究社区

① 社区传统对于社区认同和社区想象的作用不仅仅体现在通过重复性的活动建构社区历史，建立与过去的“连续性”和网友之间的时空意义上的“共同感”，它的意义也体现在传统的发明、改造、衰落和再创造的过程本身。总而言之，持续地参与和见证传统的“发明”过程本身促进了社区认同的生产和社区的想象。

② 即使是现在，H 社区去中心城区在日常交通方面仍然不方便。由于大部分人要到城市区域工作，上下班时间在地铁站和高速公路路口的拥堵非常严重。

③ Mark Varien and James Potter, “The Social Production of Communities: Structure, Agency, and Identity”, *The Social construction of Communities*, AltaMira Press, 2008, p. 3.

如何被生产出来，从对社区本质主义的“自然社区”的关注转向“想象的社区”。“自然社区”的概念出自民族志研究，为社区的民族志方法而不是社区生活的社会现实所形塑①。“自然社区”概念使得人们把社区看作是自然的和必需的，一种同质的和一体的整体，似乎其内部没有分割与纷争，一个有限的和自足的单位，其中人们共享一种集体意识②。而“想象的社区”则强调的是，社区存在不同行动者，他们运用自己的能动性去生产社区。因此，“想象的社区”是社区成员运用其能动性不断实现其目标的流动的过程和动态的结果。在这个过程中，社区成员互动和追求一些依情况而定的甚至矛盾、经常变化的目标③。在H社区，互联网提供了极佳的沟通技术，改变了传统的互动，借助于虚拟社区提供了内部交流的机会与空间。学者们认为，现在的社区是有意识被建构和持续被创造的；其成员也是志愿的，也可能不是永恒的，进而无法保证其身份的持续性④。这些观点提示我们，社区不应该被看作是一个基于地方而自然而然形成的、内在一致的整体，而应该去关注社区如何被其成员通过个体的“能动性”不断被发明或被创造出来，需要关注社区成员身份的“选择性”和动态变化。

社区网的各种实践有助于促进社区的想象，但是想象社区的

---

① W. H. Isbell, “What We Should Be Studying: The ‘Imagined Community’ and the ‘Natural Community’”, *The Archaeology of Communities: a New World Perspective*, London and New York: Routledge, 2000, p. 245.

② W. H. Isbell, “What We Should Be Studying: The ‘Imagined Community’ and the ‘Natural Community’”, *The Archaeology of Communities: a New World Perspective*, London and New York: Routledge, 2000, pp. 246 - 248.

③ Ibid. , pp. 245 - 252.

④ Paul Kennedy and Victor Roudometof, “Transnationlism in a Global Age”, *Communities Across Borders: New Immigrants and Transnational Cultures*, New York: Routledge, 2002, p. 11.

方式也是多元的。与中心城区的区隔有利于形成社区的“边界”意识和内部的一致，但是只有通过社区的行动和自组织实践才可能将这种空间与制度性的“歧视”或“区隔”转化为社区认同，才能生产出“社区”。社区网有自己的语言风格与符号，能够建构出H社区的独特身份。通过自组织的方式不断形成的社区传统和社区精神成为社区新的标记，成为促进社区想象的重要工具。但是，具体社区的产生和想象的工具（或方式）也具有“选择性”。不同的人群可能对H社区的想象方式不同。前文，我们已经展示出社区具有不同的行动或实践方式，这些对社区的多元实践表现出对社区及其空间的不同兴趣。在老年人那里，H地区活跃的社团活动和相对于中心城区更为安静和舒适的空间是他们想象社区的核心基础；对于部分网友来说，社区网的交流空间、普遍的互惠，通过社区网所形成的大量社区传统和社区精神是形成社区认同和想象的重要方式；对于其他人来说，社区的想象是通过具体的关系网络或“圈子”实现的，社区此时被以“私人社区”的方式被想象出来。就像YL所说的：“我虽然有自己的圈子，但是我也知道还有很多其他的圈子，也是客观存在的。”通常来说，社区网形成一个虚拟空间和日常线下空间相互交织的公共领域，尽管你可能只和其中非常少的人群直接交往，但是你可以通过社区网论坛和自组织活动确认存在无数和你一样，但却没有直接交往的人存在于这两个空间混合的社区生活世界中。社区网及其组织的各种社区传统活动发挥着一个“群体性仪式”的作用，通过“开展共同的思想和行动”形成社区的团结与集体情感。当然，我们需要注意的是，这种多元的想象方式无法完全分割开，反而更多的时候是多种方式的交织。在具体社区行动者或实践者那里，可能会偏向于某些想象的方式，或者多种想象的方式共同作用，形成对社区的想象与认同的建构。

反思性社区的立场不认为社区来自于既定的某种成员关系，

而是强调社区关系不是一劳永逸的决定，社区成员的“选择”和“参与”导致了一个“持续再发明”（constant reinvention）的过程①。也就是说，社区的生产和想象是一个动态、持续的过程。社区的想象可能是多种方式相互交织、共同作用而形成。作为促进社区想象的重要工具，社区认同的基础或条件可能是多层面的、混杂的或者多重的，不同认同类型可能彼此相互交织②。

社区网的用户典型的主体首先是“北漂”和“异乡人”。他们普遍接受过高等教育，毕业之后通过工作的方式在北京获得市民身份，甚至相当一部分还具有 DF 所说的“农村人”背景。相似的学习与人生经历，为“同在异乡为异客”的人们形成内在的纽带和一致。站长 QL 跟我讲述过，在某一年经济适用房政策变动过程中，网友们在社区网上热烈讨论，集思广益，同时也表达愤慨和对命运的感叹。尽管这种热议对政策的制定与调整不会发生任何影响，但是却让网友们的共同身份得以不断确认，内在的团结得到提升。当然，对于大量的“租户”网友而言，经济适用房并不是他们的“共同性”来源，但是“异乡人”的奋斗历程和相类似的素质（如相似的教育水平）等仍然是认同的重要根基。

不同人群对社区不同传统及历史建构过程中参与的差异也构成社区认同的多元化基础。社区行动者个人的兴趣，以及他对社区传统的兴趣差异，使得多种社区传统的参与者经常表现为不同人群。这些人群之间会有所交叉，但是并不会构成一个一体化的

① Paul Kennedy and Victor Roudometof, “Transnationlism In A Global Age”, *Communities across Borders*: *New Immigrants and Transnational Cultures*, New York: Routledge, 2002, p. 8.

② Mark Varien and James Potter, “The Social Production of Communities: Structure, Agency, and Identity”, *The Social Construction of Communities*, AltaMira Press, 2008, pp. 15 – 16.

整体。所以，不仅从社区成员与社区网的关系，以及与传统社区空间的关系或使用角度上存在多元社区实践，而且从对社区传统和社区自组织活动的参与兴趣方面也是多元的。每一种论坛倾向于以某些人群为主体，他们各自会组织符合群体兴趣的活动。比如，单身年轻人倾向于去“单身男女”论坛，论坛的版主会组织类似相亲活动、日常的游戏活动和旅游活动等；有孩子的或者想要孩子的人们则喜欢去“亲子论坛”，在这里交流育儿经验、家庭关系矛盾和相处之道，论坛提供了一个宣泄家庭关系紧张的空间和普遍的情感支持；喜欢车和旅游的人们则会经常去“健身休闲”等论坛。当然，这种兴趣分化也体现在具体社区传统组织和参与方面。不过，需要强调的是，很多社区传统对于社区认同形成的作用，不仅仅体现在亲身参与所产生的涂尔干意义上的“集体欢腾”（或“开展共同的思想和行动”），霍布斯鲍姆所强调的“历史的连续性”对形成共同体感所具有的功能，同时传统的力量所具有的“想象的共同体”的作用还经常表现为即使行动者可能并没有参与所有的传统，仅仅是通过社区网论坛讲述的经历和媒体的报道，就可能在彼此之间建立一种纽带，一种安德森所说的“同时性”[①] 概念，或者波德里亚所说的人们之间的一种虚拟的“普遍交流”[②]，最终促进共同体的“想象”。当然，这仍然要以社区行动者对社区网的一定参与为基础，同时还需要行动者能够对社区网的传统和符号系统具有识别与解码能力，进而才能够仅仅通过“旁观”就能形成这种“想象”与认同。

---

① 本尼迪克特·安德森：《想象的共同体》，吴叡人译，上海世纪出版集团2005年版，第23页。

② 波德里亚：《消费社会》，刘成富、全志刚译，南京大学出版社2000年版，第188页。

最终，认同也可能来自于社区网网友们之间的某种“志同道合”“友善”带来的“温暖”和“感动”。前文我们已经对“互助”的社区精神和网友（甚至陌生网友）之间的情感支持做过介绍。SMP就和我提过，在汶川地震后，社区网组织的募捐，那么多人完全“自愿”“齐心协力”，最后募集了几十万元善款。她说，自己“特别高兴”“有很骄傲的感觉”，有时候一想起来就“有一种荣耀感”。而她的一些住在其他地方的朋友也对此非常“羡慕”，并希望下次可以和她一起参加社区网的活动。

这里我愿意再通过2014年一个最普通的帖子展示这种认同。前文提到过，JJ是我在2009年访谈过的一位“越位型”的网友。2007年搬离社区，2012年之后，她已经不再出现在社区网上的论坛中。但是，时隔多年，在2014年5月，一位网友发帖：“有人认识JJ吗？她老公病情怎么样了？”有朋友转告了JJ，让她去看看帖子。第二天，时隔两年，她再次出现在社区网上并发帖回复说，“病情控制得很好，还报名了凤凰岭越野跑”。很多网友纷纷感叹并祝福。大家又想起了前一段时间得到网友救助的一个小女孩、几个其他得病的和一位因为车祸而过世的女网友，纷纷表示想要了解他们的近况，有了解情况的网友则分别给出了回答。其中相当一部分网友实际上彼此并不认识，只是经常在社区网上看到他们的消息和帖子。

> 有些日子没来了，今天惊见这个帖子，太震惊了。虽然不认识这些网友，但是总在网上看到她们的帖子，对ID很熟悉。刚刚去搜了去年关于XXX出事的那个帖子，一条条翻着看下来，才发现眼泪已经流出来了。

> 这个帖子太好了。知道了很多一直挂念的网友近况，祝福大家。

这个帖子真好，看到网上那些素未谋面的朋友们，知道他们现在都很好，我真高兴。祝福所有的社区网朋友们！

社区网是一个充满温情的地方，祝愿社区网的网友们幸福，快乐！

还是社区网温暖～～虽然现在不住这里了，也不经常冒泡。但仍然每天都会来社区网看看，跟着X妹妹一起团购便宜东东，看小屋各位姐妹的育儿经，有疑难问题也会到这里来求解，真好！”

这个帖子信息量太大了，这么多熟悉的名字，这么多故事，N年不上社区网的我惊呆了。

JJ非常感动，“小屋给了我们很多力量，真的，虽然都不见面，但在你精神快垮掉的时候，那种支持和关心，永远也忘不掉”。即使是离开社区，甚至离开了社区网，但是JJ并没有离开社区网所形成的关系、信息与情感支持网络。社区网上的直接关系，乃至那些“素昧平生”的网友之间的情感支持，在H社区非常具有代表性，而这种情感支持所形成的氛围、网友们的互助精神都成为社区认同的重要因素。

第七章　结论与讨论

第一节　结论：从社区的想象到社区的生产

本书的研究立场强调的是，社区研究的焦点应该从对社区本质的争议转向关注社区的生产过程与机制。研究者运用访谈、参与、观察和文献法考察了一个社区网如何使社区居民实现自组织，这种自组织的意义以及“社区”如何借以被生产出来的机制。从实践层面上，互联网不仅仅是一种去地方化的沟通技术，同时也有潜力成为再地方化的社会组织工具。一个新生的作为地域意义上的社区，借助于这个社区网加强了居民之间的联系和社会关系网络的建构，形成各种社区团体与社区公共参与。H社区网的产生和发展作为一个完全的自组织行为，它将一个新生的社区有效动员起来，形成了自己的社区传统。H社区的社区认同的生产过程来自于社区网的自组织过程。这个过程为我们勾勒出一个信息社会中社区参与和动员的新路径，一种日常生活意义上的新型都市运动的新形式。研究最终得出如下结论：

一　互联网具有去地方化和再地方化的双重效应

人们通常过于强调全球化过程和信息技术的去地方化维度，也就是社会关系从地方情境中“脱嵌”出来的能力与趋向。借助于沟通技术的发展，人类互动、关系摆脱空间和距离的限制并造成基于地方的传统社区趋向于衰落。本书通过对一个社区网——互联网在一个地域社区中的实践——的研究试图表明，不能简单从技术决定论立场出发考察信息技术的影响。基于行动者的实践和能动性，互联网的时空重组能力具有两种向度：

首先，互联网具有去地方化的能力。这种去地方化潜力突出表现在社区网使社区超越地域空间限制，具有“跨越边界”的社区组织能力，这充分体现在“越位型”社区实践中。很多并不居住在H社区的人们可以借助于这一媒介了解和参与社区日常活动及交流。同时，这种去地方化也体现在H社区的日常生活中。H社区是现代主义城市规划基于空间与功能分割理念设计出来的居住型社区空间。在日常工作、生活时间和空间分离的状态下，社区网保证社区成员身处大都市任何角落都能够实现即时交流，工作与生活的时空分离变得模糊化，进而形成“虚拟”和“现实”互构与交织的独特社区空间。

其次，社区网对于H社区的作用突出体现了互联网信息技术的再地方化能力。社区网被运用于地方社区成员的自组织过程，促进了地域空间内社区成员的关系建构，社区传统的形成和社区活动的组织。H社区的居民委员会和地方办事处缺乏动员能力组织社区青年，了解并以合适的方式满足他们的社区生活需求。但是，通过社区网，这些普遍接受过高等教育的都市青年可以自发组织起来，加强日常交流，成立各种兴趣团体，陆续创造出自己的传统活动，形成社区自己的历史。

二 社区传统的发明促进社区认同的形成

借助于社区网的日常交流和组织，发明了具有社区特色的独特传统，这种传统的发明一方面形成社区的历史延续性，另一方面通过传统的发明与传承逐渐形成社区认同。

H社区传统的发明属于一种“社会的传统”，来自于社区成员自组织而非政治过程的创造。这些社区传统紧紧围绕着社区生活与社区兴趣，包括社区足球联赛、社区网周年庆典、社区新年音乐会、社区趣味运动会等活动。H社区是一个新生的居住区，无论是网友和居民都缺乏对社区原物理空间历史的了解。通过社区网组织的重复性传统活动，居民建构和见证了H社区历史的形成，并成为历史的一部分。这些传统活动从发明到在时间意义上的重复都不断形成社区历史的延续性，作为一种群体性仪式的集体欢腾，不断加强社区团结和社区认同。社区传统的发明是一个持续的过程，为了适应社区需要和情境的变化而不断经历着改变、调整、衰落、重新发明等过程。不是具体的传统形式，而是传统的发明和重构过程本身实现了“开展共同思想和行动”所具有的仪式性和激发社区团结与认同的作用。

三　虚拟社区有助于促进社区的想象

社区的形成需要想象社区的机制与工具，社区网在促进社区想象过程中发挥了重要作用。社区网提供了一个虚拟空间，使社区成员可以超越工作和生活时空分离，保持持续交流与联络，使得互动变得完全可视，通过在虚拟空间的论坛中，通过重复性社区传统的参与，见证无数熟悉的和陌生人的“共同在场”形成一种“同时性”和“共在感”，通过视觉和语言上的符号标识建构起一种社区的符码系统。

外部物理和社会意义上的排斥强化了内部的交往需求，巩固了共同的身份和共同经历的意识。相似的社会化、职业与人生经历进一步加强了社区成员共同身份（如经济适用房购买者）意识。这种身份意识被社区在自然和社会生态上与城市的隔离和排斥所加强，进而形成社区网交往的内卷化倾向。当然，不同人群在社区的想象上会有各自的表现。关系网络、虚拟社区的公共空间、社区符号系统、传统与社区精神的感召、共同的身份等不同的组合形成多元的社区想象空间。

四　社区多元化实践和社区网建构出反思性社区

多元社区实践和虚拟社区悬置了日常社会关系建构中自然而然的态度与过程，使得关系的建构具有了反思性，即社区的基础和共享的属性不再是自然而然的，而是需要社区成员不断建构、保持和重构。

无论是从社区生活之与社区网的关系，还是社区生活之与社区物理空间的使用，都可以区分为嵌入型、脱嵌型和越位型三种社区实践。作为理念类型存在的多元社区表明，每个人面对不同的共同体可能采取不同的社区实践方式。每种实践对社区的介入和立场不同，社区不再基于共同的地方和某种共有属性而自然存在，而是需要社区行动者的选择。虚拟社区中网友的关系重新构建了社区和邻里的空间，提高了关系的选择性和自我监控能力。社区网中的关系超越了简单日常现实和虚拟现实关系的二元区分，使得关系得以在虚拟社区和物理空间下往来穿越，可以主动控制社会关系的距离、建立、维持和转变。反思性社区也表现在社区传统的发明和不断再创造，以及不同人群想象、认同社区的多元方式和组合。社区需要不断建构、维持和再生产，是充满争议和不同选择与立场的动态的交往空间，而非一个既定的、静态的、稳定的结构和团结。

目前的社区研究通常将社区视为一个已经存在的自然而然的事物，或者争议于社区本质及变化，或者直接聚焦于社区治理问题，反而忽视了社区的生产问题。作为一个新生社区，社区的生产尤其不是一个自然而然的问题。H 社区的生产来自于社区认同的形成和虚拟社区提供合适的想象社区的工具。社区传统的发明过程及其重复性实践，以及社区精神的培育，形成社区历史的延续和社区认同的同时，也是重要的社区想象的工具。

这个研究没有针对性地对社区网进行比较研究，也没有深入地分析社区网与地方办事处的具体关系，没有进一步思考H社区的经历对都市社区自组织治理在何种程度上具有更深入的指导意义。进一步的研究可以尝试对社区网在中国和西方的发展进行比较研究，考察作为社会企业的社区网与商业化、行政化的社区网在社区建构中的不同影响，社区自组织和社区基层管理机构建构何种具体关系有助于促进社区有效治理。对于社区的生产问题，可以进一步关注社区想象与认同的多元方式之间的关系，社区建构过程中不同群体的争议、妥协和斗争对社区建构产生什么影响，等等。

第二节　讨论：社区网中的关系与社区治理问题

一　超越空间的迷障：社区网与“醒着”的城市

很多媒体报道都认为，像H社区这样的城区是一座“睡城”。但是实际上，这种认识存在对社区生活的误解。他们只看到了H社区中，工作和生活区域的分离，从物理空间的使用上来观察社区的状态。实际上H社区不是一所“睡城”，反而是一个始终活跃的和“醒着”的城市社区。

现代主义城市规划坚信，城市空间的功能分割有利于实现效率的提高[①]。基于这种理念，现代城市倾向于将生活区和其他区域，比如商业区，分离开来。斯科特把这种视角称为“国家的视角”——简单化和清晰化视角，即取消“极其复杂的、不清晰的和地方化的社会实践”，将其转化为“制造出来的标准化格式”[②]，也就是将复杂现实转化为某种单一目标的简单事实以便于控制。

---

① 詹姆斯·斯科特：《国家的视角》，王晓毅译，社会科学文献出版社2004年版，第145—147页。

② 同上书，“导言”第2页。

但是，理查德·桑内特认为，现代主义城市规划对功能化、透明化和逻辑化的企图最终却会“造成人类纽带结成的保护性网络的解体”① 或“街道的死亡”②。雅各布斯认为，这种功能分割会造成城市缺乏活力。她坚守的原则是，城市应该尽可能保证其多样性。城市不同用途的混合会带来这种多样性③，使得城市区域会吸引不同的人流，在不同时间都会有人使用这些街道，进而保证人流量和城市的安全。“睡城”的根本原因就是在于这种城市规划中功能分割或功能单一化的理念本身。

H社区最初被设计为一个纯粹的生活区域。这种功能的简单化可能使得城市设计只需要考虑更少的变量，进而设计复杂性也随之减少。但是，同时也形成一些问题。比如，由于居住在社区里的人们要到核心城区工作，因此白天社区里人流很小，同时也造成上下班时候交通拥堵等严重问题。长期以来，像H这样的城市区域和社区，由于远离核心城区，居住者工作和日常生活区域的空间分离，造成白天的工作时间社区内缺乏人流，而只有晚上非工作时间才是社区最重要的用途，即休息与休闲空间，最终形成所谓的“睡城”。外界倾向于称H社区为“睡城”，这基本上是从物理空间意义上来理解社区空间。但是，实际上，如果从虚拟社区空间角度上看，这个社区反而是一个真正“活的”社区。其社区实践超出了工业社会传统工作和生活功能分割的社区生活，使得工作和生活的边界变得模糊。

从某种意义上看，以前所谓的“组织严密的地方小团体”的普遍和代表性在于，人们的互动是基于速度的限制而局限在小

---

① 转引自齐格蒙特·鲍曼《全球化》，郭国良、徐建华译，商务印书馆2001年版，第44页。

② 同上书，第40页。

③ 简·雅各布斯：《美国大城市的死与生》，金衡山译，译林出版社2005年版，第158页。

范围社区里。但是，当人们当地的交流和全球范围内交流成本的差距缩小甚至消失的时候，就必然造成“社区的脆弱和短命”①。最终，新的信息技术已经打破了工作和生活之间的简单分割，以及身体就近对于互动的限制性。地方不再必然基于特定的位置，而社区成员也不再需要依赖于面对面的互动②。虚拟社区提供了一个“地方”，大家身体不在场却可以进行即时的交流。如果再考虑到移动互联网技术的发展，身体和地方等物理性空间对互动的限制就已经大为削弱了。

在H社区始终存在着虚拟空间与物理空间的相互交织，它们共同组成社区空间。因此，白天工作时间里的社区空间主要体现在虚拟社区空间之中。而夜晚的生活时间里，则展示着虚拟空间和物理空间的共同在场。在作为工作时间的白天，社区网提供给大家一个社区的新空间，大家在这里保持工作之余的交流。正像XK所描述的典型社区人的一天，到了单位打开电脑，登录社区网，上平时最喜欢的论坛，一边工作一边随时看帖子和回复帖子。中午可以和附近同坐的网友相约一起吃饭，下班时预约晚上的活动。总而言之，社区网使得工作地的分离并没有阻碍社区成员的交流。因此，尽管从白天社区的空间使用上看，H社区相对于核心城区似乎还是一个空空荡荡的“睡城”典型的一面，但是一个时刻发生互动和故事的社区空间存在于作为虚拟社区的社

① 齐格蒙特·鲍曼：《全球化》，郭国良、徐建华译，商务印书馆2001年版，第14—15页。鲍曼在这里分析的是沟通技术改变了互动的身体限制，人们的交往就不必局限在当地范围内。但是，需要注意的是，这只是技术上的分析，并不能认为本地交往失去了吸引力和可能性。最终，沟通技术造成的距离和速度的突破只是增加了社会关系的选择性而已，对技术的社会应用分析应该在行动者的实践策略框架中展开。

② Paul Kennedy and Victor Roudometof, “Transnationlism In A Global Age”, *Communities across Borders: New Immigrants and Transnational Cultures*, New York: Routledge, 2002, p. 11.

区网中，这种虚拟空间中活跃的社区生活容易被局外人所无视和忽视。

二 社区与社会：理性化与关系的再思考

社区网在发展过程中，在实现社区生产的同时，不断遭遇着与市场和商业的交织。有网友不断表示，社区网“变味”了。这种变味一方面表现为交流的氛围发生了某种变化，另一方面则表现为商业因素介入到社区网的自组织活动和网友关系中。这就引发了一个经典的社会学问题，即社区与社会的关系问题。

滕尼斯提出“社区与社会”的概念区分之后，学者们倾向于强调两者之间的根本对立，直到20世纪后半期开始，社会学家才开始关注“传统”与“现代”之间的相互渗透，他们认为，这些概念更多的是理念类型，而不应该作为原型来使用①。

我们在很多社会学家那里，仍然可以看到这种对理性化和资本主义影响的单向度审视。哈贝马斯强调了系统对生活世界的殖民化过程。多德认为，“他对系统和生活世界相互关系的说明是单向度的（unilinear）。请注意，总是系统塑造生活世界，似乎没有相反的情形”②。相对而言，嵌入性理论似乎又单独强调了另一面，也就是经济行动嵌入于社会结构（关系）之中③，因此一些学者对嵌入性的批评也是认为，网络研究者只强调了经济嵌入于社会关系之中，更多关注的是“嵌入”（即社会网络）而非

① Paul Kennedy and Victor Roudometof, “Transnationlism in A Global Age”, *Communities across Borders: New Immigrants and Transnational Cultures*, New York: Routledge, 2002, p. 6.

② 尼格尔·多德：《社会理论与现代性》，陶传进译，社会科学文献出版社2002年版，第146页。

③ Mark Granovetter, “Economic Action and Social Structure: The Problem of Embeddedness”, *American Journal of Sociology*, Vol. 91, No. 3, 1985, pp. 481-510.

“被嵌入”[①]（即经济）的注意，实际上我们应该同时关注经济与社会如何相互作用与影响[②]。相对而言，韦伯则在时刻提醒我们注意经济与社会的彼此作用，共同体与社会之间的复杂关系，存在共同体的“社会化”和社会的“共同体化”。“几乎任何一个建立在纯粹自愿基础上加入的目的团体，除社会化的行动所指望获得的基本成果之外，一般都在参加者之间建立某些关系……这种关系可能成为……共同体行为的基础：与社会化相联系的一般是一种‘超越其上的’共同体化”[③]。同时，在分析理性化趋势的同时，韦伯似乎也有强调世界仍然有“再赋魅”的可能性[④]。甚至有学者直接开始怀疑这种“世俗化”或“祛魅”过程是否真正存在过[⑤]。而彼得·伯格则认为，现代化既有世俗化的影响，也有“反世俗化的强烈运动”，“个人意识层面上的世俗化”不是社会世俗化过程的必然产物[⑥]。他认为，很多旧和新的宗教实践仍然存在于个人生活中，宗教组织仍能够扮演社会或政治的角色，而且全球化过程同时经历着一种“全球性宗教复兴”。同理，波兰尼强调市场与社会的“双重运动”：一方面确实存在市场经济试图“脱嵌”于社会的运动，但是另一方面也始终存在针对市场对社会的损害而发生的社会自我保护的“反

---

① 理查德·斯威德伯格：《马克斯·韦伯与经济社会学思想》，商务印书馆2007年版，第221页。

② 尼尔·斯梅尔塞：《经济社会学》，华夏出版社1989年版，第2页。

③ 马克斯·韦伯：《经济与社会》，林荣远译，商务印书馆1997年版，第385页。

④ 查尔斯·卡米克，菲利普·戈尔斯基，戴维·特鲁贝克：《马克斯·韦伯的〈经济与社会〉：评论指针》，王迪译，上海三联书店2010年版，第164页。

⑤ 乔尔·卡伦，李·加思·维吉伦特：《社会学的意蕴》，张惠强译，中国人民大学出版社2011年版，第242—243页。

⑥ 彼得·伯格等：《世界的非世俗化》，李骏康译，上海古籍出版社2005年版，第3页。

向运动”[①]。这些认识都进一步使得我们关注到，所谓的系统与生活世界之间并非单向度的社会与历史过程。

像李猛所说的，理性化过程并没有带来“缺乏制约的总体化趋势”或形成“一体化的力量”，同时也没有完全摆脱它与“价值理性或社会整合”的关系[②]。他认为，工具理性和价值理性，政治、经济和社会始终相互“制衡”，存在着彼此之间的“相互依赖”和“相互渗透”。因此，我们似乎不能简单地认为，存在系统和生活世界、工具理性和价值理性、市场和社会、理性和文化等简单对立或独立的二分世界存在。这种二元论的立场持有一种“对立世界”[③] 假说。这种世界观会假定一个世界是理性的和客观的，另一个世界是表现自我的、有亲密性的。两个世界不能相互侵犯，否则就会带来彼此的混乱。但是，泽利泽认为，即使是亲密关系的维持也和经济活动始终紧密结合在一起。“人们会努力把货币转移整合进更大的相互义务网络中，同时又不会损害所涉及的社会关系。货币与亲密关系常常是共存的，甚至对社会关系具有维持的作用。”[④] 她认为，人们会积极参与、建构和商谈，并形成“各种相互联系的生活领域”[⑤]。社会“麦当劳化”的观点对理性和金钱等媒介的认识是错误的。泽利泽认为，这种认识“高估了媒介——金钱、商品或服务——控制人类行为的能力，从而低估了人类将媒介与追求他们自身社会生活的手

① 卡尔·波兰尼：《大转型》，冯钢、刘阳译，浙江人民出版社 2007 年版，第 112—115 页。

② 李猛：《论抽象社会》，《社会学研究》1999 年第 1 期。

③ 薇薇安·泽利泽：《文化与消费》《经济社会学手册》，罗教讲、张永宏等译，华夏出版社 2009 年版，第 396 页。

④ 薇薇安娜·泽利泽：《亲密关系的购买》，姚伟、刘永强译，上海人民出版社 2009 年版，第 19 页。

⑤ 同上书，第 13 页。

段相结合的能力”[①]。

在H社区，一些老网友都有一种感受，他们认为，社区网现在“变味了”。2005年之前，社区网的网友以最初的经济适用房购房者为主。老网友认为，那个时候似乎大家更注重交流，用网友XFD的话说就是，“氛围好”。她说：“那个时候，人比较简单，现在人气大了，但也复杂了。人多了，是非就多。其实，很多2002年左右注册的网友现在都不爱说话了。”不过，她也承认，这其中也有人生历程的原因。“那时大家都没有孩子，吃完饭一招呼就都出来了。”当然，大家还是在“潜水”，“一有事又都出来了”。

经济的介入和纠纷，人与人之间的恩怨，甚至JJ所说的“婚外情”“一夜情”等，泥沙俱下。就像韦伯强调共同体也有“社会化”，格兰诺维特强调，经济交易过程中也会产生普通的社会关系，人们享受其中“互动的快乐”[②]一样，共同体和社会、理性和亲密关系并不是截然对立的两个世界，而是像泽利泽所说的存在相互交织和相互作用。社区网的发展无法避开随着注册用户的增加所带来的商业吸引力、市场诱惑以及人与人之间的斗争。很多网友还是能够客观地评价这种变化。前文我们已经分析了一般网友如何处理自己与作为商家的网友之间的关系。社区行动者大多数能够清晰、冷静地协调商业与交往之间的关系，并没有将两者完全对立起来。甚至对社区里发生的各种所谓“丑闻”也能够“一笑了之”，并没有真正影响大家对社区网的参与和网友关系。很多网友的小生意是在其他网友的建议与支持之下开展的，像MT

① 薇薇安·泽利泽：《文化与消费》，《经济社会学手册》，罗教讲、张永宏等译，华夏出版社2009年版，第395页。

② Mark Granovetter, “Economic action and social structure: the problem of embeddedness”, *American Journal of Sociology*, Vol. 91, No. 3, 1985, pp. 481-510.

和“酸汤“这样的网友直接得到网友们的帮助才脱离了生活的危局，并且在日常的生意中不断得到网友的支持。

就像 SMP 所说的：“我不看重这些①。每个人诉求不同，我只看重‘小屋’。社区网给我生活很多帮助，消磨时间，给家庭和睦奠定了基础。我觉得就够了，而且我也在这里有了一些志同道合的朋友。”大多数时候，网友们在认同社区网意义的同时，每个人都有自己认同的其他不同来源，尤其是自己在社区网上的“圈子”或支持网络。这种网络的认同和信任可以抵消其他“变味”的人和事情的冲击。

针对一些老网友“怀乡病”式的对过去的怀念，对目前社区网氛围的不满，作为社区网年纪最大的网友和知名 ID，LNN 对这种变化有很超然的认识。

> 这很正常，任何事都要向前走，原地踏步不会时间太长。小时候天真无邪，长大了回到那时不可能。利弊相辅相成，看你怎么看，谁都愿意没有隔阂的交流。现在发展了，复杂了，网络给很多人提供了机会，比如集采。难免有一些混乱，人生本来就是过客，何必留恋某一个时段，驻足那个时段不走呢？
>
> 你想不开又能怎么样？除了让自己难受，又能怎样？人生的过程，就是从简单到复杂，再到简单。社区网也是这样，你能看透人生这些东西，就不会对社区网有什么失望。
>
> （2009 年 9 月 13 日访谈）

三　社区网中的关系：虚拟和现实之间的“选择性”关系

从严格意义上讲，社区网是一个以地方社区为根基的虚拟社

---

①　指的是所谓“变味”的那些事情和人。

区。之所以说它还是一个虚拟社区，是因为社区网的参与者不仅仅在网络上以网名称呼，而且在线下的联系和活动组织中仍然是这样。同时参与者是以共同的兴趣而非仅仅基于一些先赋因素而联系在一起。它与其他虚拟社区的区别在于参与者大多有一种共同的地方或生活空间作为依托，而不是跨地域，甚或全球化的陌生人之间的交往空间。尽管社区网也有这种去地方化的潜力和实践的选择，比如“越位者”这个人群。但是就像威尔曼所说的那样，虚拟社区实质上还是一种社区，它延伸了社会网络的范围。或者说，从实践角度关系的建立和维持上看，虚拟社区就是“社区”，之所以虚拟社区通常被认为不能建立真正的关系，主要原因是“虚拟”这个词在汉语中的意思更多表现为“虚的”“假的”“不真的”等含义，但是它的英文对应词“virtual”则指的是，“严格而论，或名义上虽然不是，但实际上是”[①]，所以在语言的转译过程中发生了跨文化的误读。

在实地研究中，和一些网友就社区网的关系做过一些讨论。

> FL：我认为，我（刚来的时候）在H会非常无聊，因为我不认识这里的人。但住过来以后，尤其是通过社区网认识了许多人以后，发现不是这样。有的时候，比如，我遇到什么难题，在网上发帖子，马上就有人给我答复，问题很快就解决了。我们常说的一句话是，“他的网名是什么什么”，但实际上我们并不是网友。不过是其他朋友用电话联系，我们用网络联系而已。以网友的形式存在，但比网友更亲近。
>
> 问：线上线下相互交织在一起，我们称呼的还是网名吗？

① 曼纽尔·卡斯特：《网络社会的崛起》，夏铸九等译，社会科学文献出版社2001年版，第462页。

FL：对，我们有一种现象以前没意识到，以前经常会参加活动遇到一个人。比如说你，我见到你就叫你×××，根本不关心你的真名。

问：那有想过问他的真名吗？

FL：没有，至少在H地区网名很普通。我有一个朋友从来到这里，我就认识他，一直叫他网名。有一次我们去爬山，我带了一个同学去，我跟同学说，“聪明×怎么怎么样”，我的同学问，他叫什么。我说，不知道啊。我同学说你们认识多长时间。我说，好几年了吧。她很奇怪：认识好几年不知道真名？在H地区以外的人会觉得很奇怪，不可思议。觉得不知道真名就不真实，没有底气的感觉，而我们不影响交流。

问：那交流中会涉及很隐私的事情吗？

FL：比如说？

问：比如说，朋友相处会聊到心里的话，很隐私的事情。

FL：关系好了会说，就像正常生活中交朋友一样。有泛泛的，也有很好的朋友，即便知道我的真名又能怎么样。有时候觉得不够交情，我也不会和他（她）讲自己的事，但在H地区有些真名也不知道，我也会和他（她）讲心里话。

不过FL说，在H社区网上的经历，有时候也会感觉到累，就像有一种“审美疲劳”一样。但是她认为，社区网和一般的网络还是有很大区别。

FL：有一段时间会累的。比如，现在在网上经常发帖子的人都是2004、2005年以后注册的网友。2001年那会儿的老猪已经不怎么发帖了，但是还会在网上，但是他会隐身、潜水，不怎么发言了，一波一波在更新。我们那会儿在2004年的时候，就拔不出来了。知道吗？比如上班，首页就是H网，网页开着，忙着自己的事，然后只要有遇到感兴趣的，比较热闹就在网上多待一会儿。明明这边有工作，还总是，哎，再等会儿，再等会儿。那会儿对我们来说，H网瘾比较大，有时候会让你拔不出来。后来有一段时间，好多人说，我决心戒网一星期，让人上瘾的那种。

问：想过没有，是因为社区网，还是因为互联网的原因？

FL：怎么讲呢？比如说像mop，都有这样的论坛，为什么它没有那么大的瘾？因为它太远了，是虚幻的。我们上了mop，就是mop的人，出来就不是了。而H，上了网我们是H的人，我们下来了，还是H的人。在线下，在生活中还会遇到。这是网络一个真实的感觉，比较重要。

问：你的意思是社区网与一般的虚拟社区还是有不一样的地方。它有一个我们共同的地方作为根基，一个真实的基础？

FL：当然不一样了。比如说，经常在网上逗哏、唠嗑、相互逗、聊天、跟帖，突然有一天，有人说今天晚上去金城吃火锅，好好好，要去的人跟帖，一堆人报名，去了十几个人。晚上坐在桌子上，大家介绍我叫什么，他叫什么什么，大家聊，网上出现的时候真的有一种亲切感。比如，我知道你叫×××，下次在网上再看到你的名字，我就知道，哎，这个人我见过，有一种真实和虚幻交替的感觉，特别好玩。

NQ也跟我比较了H社区网与其他一般的虚拟社区的区别。

> NQ：（社区网与其他虚拟社区的区别在于）虚拟和现实之间的差距。如果把虚拟和现实之间界定一个长度的话，现实是地的话，mop是虚拟的，像天空一样。我在上面爱怎么着怎么着，没有人认识我。而社区网就不一样，它离现实比较近一点。比如，有可能今天我们在网上怎么着了，哪天有个活动我们就见面了，或者在车上就碰到了，毕竟离现实比较近一点。最起码见面、认识的几率比较大，而在mop上见到遇到的几率非常小。

在H社区的人来看，社区网已经成为社区生活的一部分。就比如NQ在一次和我说的那样："应该说（社区网）是生活的一部分。有时候上班没事，习惯性地打开网站，有些时候有些事情也会在网上寻求帮助，就像吃饭喝水一样。一上网就习惯看一下，没事就去看一下"。由于有共同归属的地方作为根基，社区网的关系比一般虚拟社区的关系更加具有"真实性"的基础。这种物理的约束一方面对在线行为行使一定的道德约束，另一方面也增加了社区网上关系确立的可靠性。而这种在所谓"真实和虚幻"之间的交替，成为日常H社区人独特的生活形态。

对于像作为嵌入者的忠实社区网网友来说，他们的社区生活已经是以社区网为媒介。他们在社区中的关系也基本上是以社区网为平台的交往空间为基础。当然，当他们确立了一般意义上的关系的时候，联系的媒介就不只是包括社区网，还包括其他各种日常的沟通媒介。社区网的虚拟社区性质使得他们的关系不是简单基于共同归属的地方而必然发生的关系，而是基于个体的选择。网友的身份，使得他们可以很好地处理彼此关系的距离和关系中潜藏的义务。既有网友关系的自由，又有日常朋友的某种亲密，同时又可以避免常规社会关系的亲密所带来的隐私性问题。控制这种关系的距离基于个体的"选择"或反思性监控。社区网网友随着关系的发展和社区网活动组织过程中的相互了解，并不排除彼此之间转化为常规意义上的朋友关系，比如，了解对方的真名和其他个体信息。

但是，这种关系的强度也是一个略有模糊性的问题。很多网友几乎每天都要上社区网，并且和网友保持日常持续交流。交流的问题时常会涉及夫妻和家庭情感问题（尤其是在“小屋”论坛）。如果从交往频率和私人情感的了解、获得情感支持角度上看，很多网友的关系属于一种社会网络研究中所谓的“强关系”。但是，如果从虚拟社区交往过程中个人社会状况的审慎介入和对社会距离的处理来说，这种关系又倾向于是“弱关系”。因此，H社区网中的网友关系之“强”与“弱”可能需要社会网络研究进行更仔细的测量。最重要的是，这种关系深刻地体现出交往主体对关系的“选择性”，以及由于虚拟社区将日常生活很多自然而然态度的悬置，而最终促进了主体对关系建构的“反思性”监控。网友们可以对这种关系的产生和距离的把握有所选择及控制。就像一位网友所说的：“在各种活动中，你可能和很多网友有接触，有了解，但是你可以没有他们的电话，也不试图进一步交往，这并不会影响你对社区网的参与。”但是，这种自由和自主控制关系的建构，在日常生活包括工作中就要受到制度和“面子”的决定，无法完全由个人去“选择”。

四 多元社区与复杂社区的治理：基于多元社区重新思考社区治理

截至2009年，我进行第二次调查时，H社区已经有41个居民委员会，大多数还没有业主委员会。但是就像美国社会早于国家的产生一样，H社区居民委员会的产生也要晚于社区居民的自组织过程。社区中各种在居民委员会备案的兴趣团体基本都是先于居民委员会、由社区居民自发建立。至于以青年人为主的各种团体就更是如此了。在前文，我们已经从访谈的四个居民委员会主任的介绍中了解到，他们的大多数工作与青年人群没有直接关系。当然重要的原因在于他们的工作时间与青年人的节奏不相符，或者认为青年人不需要他们的工作或帮助，所以居民委员会的工作重心在离退休、中老年人这个人群。而网友也普遍反映，他们对居民委员会的工作不了解，没什么接触，或者直接对他们的功能表示怀疑。我曾就居民委员会、办事处和社区网对于他们的意义咨询过一些访谈对象。

YL：哪一种都需要，作为一个人，我们需要各种各样的组织，我觉得为我们提供服务的组织越多越好，关键是提供服务可以，没有人愿意被控制。比如一些居民委员会干了许多实事，建公交线啊，增加红绿灯啊，只要你摆正位置，我们都会很愿意，也会很支持。

问：那么在H地区的事实是什么样？

YL：只感觉社区网的存在，虽然知道办事处，对居民委员会也不了解，没什么接触。而且一般谈到这个的时候，反应都是很讨厌。

NQ：（我们）和办事处、居民委员会感觉没什么关系，感觉办事处是政府的东西，感觉居委会解决日常现实的事情，网络更多的是精神上的事情。你没法说哪个更好，它们注重的不一样，总感觉居委会是老头老太太的事情，他们组织的活动，年轻人体参加得比较少一些。

LL：社区网更贴近、更能满足（我们的）需要。居民委员会这块儿它没有互相交流的地方。比如说，他有什么事，周末说要搞什么活动。居委会发了一个通知就完了。然后你愿意去就去，不愿意去就不去，没有交流的地方，另外就是它与我们的生活节奏不一样。白天大多数人都上班，晚上下班，与他们的时间错开了。社区网就没这个问题，你可以在任何时候上网。

尽管居民委员会是一种社区自治组织，但是目前来看，它的行政色彩仍然没有最终解除。总体上讲，中国的社区只是计划经济条件下行政区划的产物。一些学者认为，用“行政社区”或社区行政化来概括也许更加准确。这种社区行政化趋向也使得社区缺乏代表社区居民利益的组织，进而导致社区参与不足①。而社区自治能力和社区参与不足已经成为进一步推进社区建设的瓶颈。目前对这个问题的回应，一般有两种思路：一种是通过对社区居民委员会进行体制创新来实现社区自治，应该说目前大多数研究和实践侧重的是这个方面；另一种是重新界定政府与社区关系，构建社区自组织体系，提升社区自治能力②。然而，曾望军和吕耀怀认为，这两种思路都没有认清社区自治组织的现状，不能指明社区自治的方向。首先，仅仅是在居民委员会基础上进行所谓体制创新，仍然无法走出社区行政化的困境。其次，虽然构建社区自组织网络为提升社区自治提供了一种新思路，但是这种理论把期望托付给“楼道网络、联谊性小社团、互助网络和志愿者行动”③ 等组织形式上，但是没有对它们的作用大小、生存现状以及发展趋势进行更深入的比较分析，终究因自组织层次太低、范围太窄、力量太弱而无法承担实现自治

---

① 陈云松：《从“行政社区”到“公民社区”——由中西比较分析看中国城市社区建设的走向》，《城市发展研究》2004 年第 4 期。

② 曾望军、吕耀怀：《论社区自组织在社区管理中的角色归类及自治功能》，《理论与探讨》2006 年第 1 期。

③ 陈伟东：《社区自治：自组织网络与制度设置》，中国社会科学出版社 2004 年版。

的重任，因此还无法提供有力的操作方案[①]。

无论如何，在 H 社区的现实中，似乎作为自治组织的居民委员会和业主委员会并没有发挥理想中的作用。不过从严格意义上讲，正像 YL 所说的，“哪一种（组织）我们都需要”。即使是居民委员会呈现行政化，但是它所承载的功能仍然不可替代。在我们看来，不同社区组织的服务或所针对的人群是不同的。比如，居民委员会由于其工作人员的年龄和文化层次与青年一代有很大差距，所以他们的工作风格和思路难以满足后者的社区生活需要。

社区网则通过青年的自组织实现他们对社区生活的期待。因此在这里社区网（虚拟社区）和居民委员会、中老年人与青年人群各得其所，共同组成社区生活的完整图景。在这个意义上，不存在替代的问题，而需要关注的是如何使这些社区组织能够建立合作和协调的途径，在平等协商中解决社区问题。H 社区的多元社区现实决定了，我们不能期待某种一体化的社区治理模式，而是需要提出一种多元的、具有包容性的社区治理框架，用不同的组织形式和不同的媒介满足多元社区的客观需要。对于脱嵌于社区网而又嵌入于物理意义上社区空间的老年群体而言，H 社区的居民委员会具有很好的服务和动员能力。但是，对于嵌入于社区网的众多青年社区居民和网友而言，它又缺乏认同和动员基础。社区网反而替代居民委员会起到了动员社区的重要作用。

多元社区除了强调同一社区的不同实践和选择之外，也强调需要关注转型期中国社区类型的多元化。在滕尼斯的界定中，基于血缘、地缘和精神共同体中空间性的不同表现，我们就已经可

---

① 曾望军、吕耀怀：《论社区自组织在社区管理中的角色归类及自治功能》，《理论与探讨》2006 年第 1 期。

以感受到一种社区多元化的含义。对于滕尼斯而言，对于共同体来说，“精神上的接近”比“空间的接近”更为重要。“空间”的重要性似乎主要在于，空间的接近使人们可以在“相互习惯”和“熟悉”的过程中便于形成“共同的、有约束力的思想信念”[①]。相互熟悉和密切的交往会逐渐形成某种“默认一致”（或“共识”），滕尼斯认为，这就是社区的本质。就中国社区发展而言，从社区的涵义上看，社区类型的多元化也非常明显[②]。即使是就居住型社区而言，社区也应当是多层次[③]。这种“多层次复合”的社区主要指的是，包括单位型的家委会社区、传统型居民社区和商品房社区在内的多种层次复合的居民社区发展[④]。单位型社区是基于单位组织及其团结性情感而形成。改革开放后，随着单位社会的解体，学者们更多关注的是城市社会生活从单位制向社区制转型，个体从“单位人”转变为“社会人”[⑤]。不过需要注意的是，虽然作为“总体性社会”制度工具的单位制面临解体，但是“中国单位制现象的社会组织功能并不会立即消失，而且有可能发

---

① 滕尼斯：《共同体与社会》，林荣远译，商务印书馆 1999 年版，第 71 页。总而言之，在滕尼斯的论述中，“社区”并没有和“地方”等同起来，也就具有了多元的含义。似乎“空间的接近”最重要的仅仅是有助于促进“精神上的接近”而已。“精神共同体”才是“真正的人的和最高形式的共同体”。

② 水镜君：《“忆旧共同体”与多元社区的建设》，《中州学刊》2004 年第 2 期；夏建中：《治理理论的特点与社区治理研究》，《黑龙江社会科学》2010 年第 2 期；夏建中：《社区概念与我国的城市社区建设》，载《江南论坛》，2011 年第 8 期。

③ 夏建中：《社区概念与我国的城市社区建设》，《江南论坛》2011 年第 8 期。

④ 夏建中：《治理理论的特点与社区治理研究》，《黑龙江社会科学》2010 年第 2 期。这些不同类型的小区基于关系构成和不同集体行动需要及能力而可能形成不同类型的社区。当然，从学术意义上，不是每个小区中的成员及其关系最终都能形成这里所说的“社区”或“共同体”。此时，被称为“社区”的小区，更多的只是一个行政管理意义上的单位及区域人口而已。

⑤ 李汉林：《中国单位现象与城市社区的整合机制》，《社会学研究》1993 年第 5 期。

展成为中国特色社会主义的一个标志"[①]。目前仍然存在"典型单位制"社区[②]现象。即使是在经历了住房私有化、商品化和福利分房结束等过程，在转型期住房市场不成熟、住房保障制度不健全等背景下，单位制的遗留现象和影响仍然会继续存在[③]，或者形成所谓"泛单位圈的现象"[④]等。在这种单位型社区中，在一定意义上，社区居民和单位的员工在生产和生活仍然存在不同程度的相互交织及一定的集体情感。进而，单位对社区居民仍然具有潜在的影响能力，同时也会使得单位型社区的居民在集体行动和自组织方面具有特殊的优势。一定程度上，单位型社区作为"总体性社区"与其他几种社区在特征、功能和行动能力方面有重要区别。传统型居民社区是以长期共同生活形成的熟人社会、集体记忆甚至社区传统为特征。这种社区更多地符合"社区存活论"的理论预设。而在中国住房商品化过程中，由于缺乏类似共同单位的组织和长期共同生活史带来的某种程度的集体意识，基于市场而形成的居住社区倾向于更符合"私人社区"的状况。但是，即使如此，由于要面对与市场甚至权力围绕产权而发生的斗争，这种社区可能由于集体行动的需要和过程而有能力产生团结性情感和集体意识，进而会超越"私人社区"的简单图景。正是在这个意义上，人们才会认为社区可能成为中国公民

---

① 卢汉龙：《单位与社区：中国城市社会生活的组织重建》，《社会科学》1999年第2期。

② 田毅鹏：《"典型单位制"的起源和形成》，《吉林大学社会科学学报》2007年第4期。

③ 张纯、柴彦威：《中国城市单位社区的残留现象及其影响因素》，《国际城市规划》2009年第5期。

④ 谭文勇：《单位社会——回顾、思考与启示》，硕士学位论文，重庆大学，2006年。

社会的重要基础[①]。

基于单位制的复杂影响和单位型社区的持续存在，中国社区的发展并不会单纯地经历从单位制、街居制进而转向社区制的历程[②]，不是一个简单的继替和演进。李友梅认为，中国社区就是一种“复杂社区”，也就是“多种共同体相联系的复杂体”。这种“复杂社区”的日常管理是由社区的“三驾马车”——居委会、物业公司和业委会——承担。它们分别对应着行政性、经济性和社会性以及行政关系、市场关系和产权关系[③]。在“复杂社区”的运作中，“三驾马车”的关系是不固定的，竞争、合作、冲突、协调等成为这些组织的基本生活方式[④]。因此，它们之间的关系是动态的，具体的权力秩序取决于复杂社区社会空间的实践状态，“其边际是不确定的，形态是多变的，因而权力秩序是不固定的”[⑤]。李友梅教授是从社区治理主体的角度分析中国社区的复杂性，而对于我们的研究而言，中国社区的复杂性表现为人们的社区实践、选择的多元和社区类型的多元所产生的复杂性。这种复杂性决定了，我们需要从日常生活意义上，社区行动者的实践维度界定“多元社区”。无论是从社区治理维度上“复杂社区”的动态的“权力秩序”[⑥]，还是从在单位制度改革过程

① 夏建中：《中国公民社会的先声：以业主委员会为例》，《文史哲》2003 年第 3 期；李友梅，《社区治理：公民社会的微观基础》，《社会》2007 年第 2 期。

② 何海兵：《我国城市基层社会管理体制的变迁：从单位制、街居制到社区制》，《管理世界》2003 年第 6 期。

③ 李友梅：《基层社区组织的实际生活方式》，《社会学研究》2002 年第 4 期；李友梅：《城市基层社会的深层权力秩序》，《江苏社会科学》2003 年第 6 期。

④ 李友梅：《基层社区组织的实际生活方式》，《社会学研究》2002 年第 4 期。

⑤ 李友梅：《城市基层社会的深层权力秩序》，《江苏社会科学》2003 年第 6 期。

⑥ 同上。

中社区利益获取渠道的多元化[①]，或者基于本文多元社区立场（多元社区类型和多元社区实践）都决定了中国社区治理必然是一种多元社区治理。不同类型社区在特点和结构上有较大差距，所以，在推动社区自治和管理的过程中需要考虑不同社区的特质[②]，同时社区内部的复杂性和多元化使得实践与兴趣最终都促使中国社区治理不可能是一种“一体化”格局。

对于社区治理的实验必须针对特定社区多元实践的具体状况，将各种社区自组织行为和群体充分纳入社区治理结构之中。对于H社区而言，大量社区青年人以自组织的方式实践和安排他们的社区生活。H社区业主委员会由于种种原因并没有得到充分发展，人们对居民委员会又缺乏认同和参与，如果只考虑所谓居民委员会、业主委员会和物业的所谓“三驾马车”[③]关系的建构则于事无补。H社区的经验表明，地方办事处和镇政府之所以能够动员社区居民、成功举办大量社区居民活动，与居民委员会和业主委员会等没有直接原因，反而是由于借助于与社区网的合作，通过给予社区网更多资金与合法性支持而实现。因此，大力发展社区社会企业，支持社区自组织团体的发展可能才是中国社区治理的真正出路。在这种社区治理实验中，社区网也许可以成为实现社区动员与组织的重要工具。

---

① 郭风英、陈伟东：《单位社区改制进程中社区治理结构的变迁》，《河南师范大学学报》（哲学社会科学版）2011年第1期。

② 黎熙元、陈福平：《社区论辩：转型期中国城市社区的形态转变》，《社会学研究》2008年第2期。

③ 李友梅：《基层社区组织的实际生活方式》，《社会学研究》2002年第4期。

附录

1. “亲子图书馆”规则

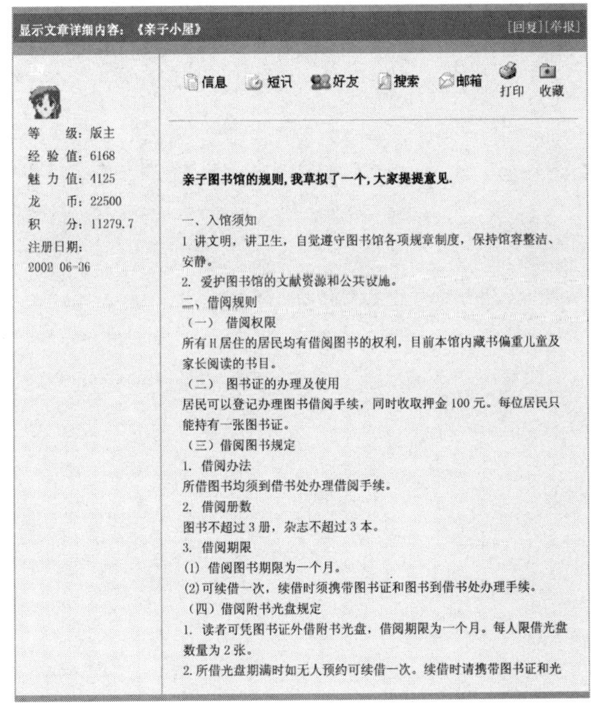

显示文章详细内容：《亲子小屋》 [回复][举报]

信息 短讯 好友 搜索 邮箱 打印 收藏

等　级：版主
经验值：6168
魅力值：4125
龙　币：22500
积　分：11279.7
注册日期：
2002 06-26

亲子图书馆的规则，我草拟了一个，大家提提意见.

一、入馆须知

1 讲文明，讲卫生，自觉遵守图书馆各项规章制度，保持馆容整洁、安静。

2. 爱护图书馆的文献资源和公共设施。

二、借阅规则

（一） 借阅权限

所有H居住的居民均有借阅图书的权利，目前本馆内藏书偏重儿童及家长阅读的书目。

（二） 图书证的办理及使用

居民可以登记办理图书借阅手续，同时收取押金100元。每位居民只能持有一张图书证。

（三）借阅图书规定

1. 借阅办法

所借图书均须到借书处办理借阅手续。

2. 借阅册数

图书不超过3册，杂志不超过3本。

3. 借阅期限

(1) 借阅图书期限为一个月。

(2)可续借一次，续借时须携带图书证和图书到借书处办理手续。

（四）借阅附书光盘规定

1. 读者可凭图书证外借附书光盘，借阅期限为一个月。每人限借光盘数量为2张。

2. 所借光盘期满时如无人预约可续借一次。续借时请携带图书证和光盘办理手续。

（五）借阅时间

目前暂定为周一，五晚 7.30-9.30，以后会逐渐增加借阅时间。每次临时增加借阅时间将在亲子小屋论坛好书推荐板块以活动通知方式发布。大家可以上网查阅，每次的新书上架也会在这里登陆。大家可以在这里查看。

三、各种违章事件的处理规定

（一） 遗失书刊、光盘，按下列规定赔偿：

书刊资料，按原售价的 2 倍赔偿。八十年代之前出版的各类书刊按原售价的 10 倍赔偿。

（二）请爱护图书，读者如有在书刊资料中作批点、划线、涂改、污损等损坏书刊资料的行为，则视情节轻重按原书刊资料售价的 10%—500%赔偿。读者在借阅书刊时，请先检查一遍，如发现有被污损、缺页等情况，请立即向工作人员说明。

（三）逾期处理

1. 所借图书逾期未还者，暂停借阅权利。

2. 逾期费每册每天壹元。

5. 所借光盘逾期未还者，暂停其图书馆借阅权利，且需支付逾期费每张每天壹元。

（四）其它

1. 损坏图书馆设施者，须赔偿材料及修理费或按原价赔偿。

2. 对在本馆内随地吐痰、乱丢杂物、吸烟、吃零食者，责令其清扫。

3. 检举各种违章行为者，将奖励检举者。

2006-11-29 14:44:54 此文章已经被查看 342 次

2. H 社区网募捐管理草案

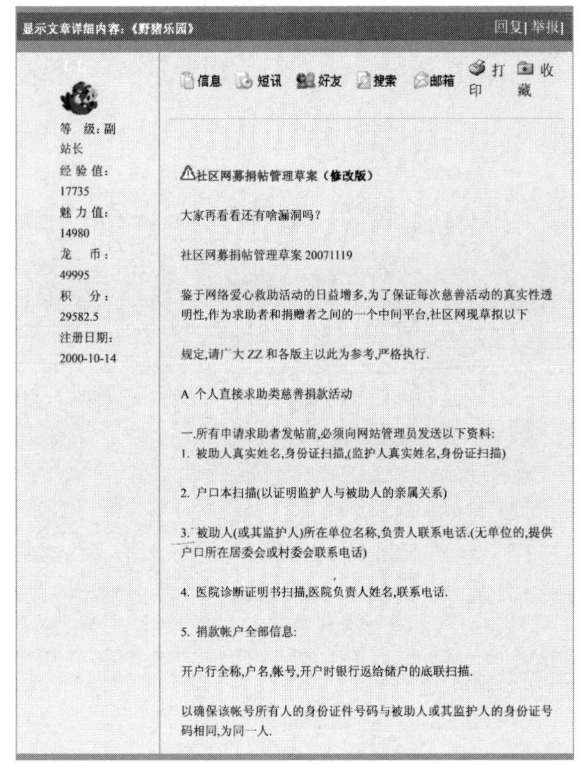

显示文章详细内容：《野猪乐园》　　回复|举报|

社区网募捐帖管理草案（修改版）

大家再看看还有啥漏洞吗？

社区网募捐帖管理草案 20071119

鉴于网络爱心救助活动的日益增多，为了保证每次慈善活动的真实性透明性，作为求助者和捐赠者之间的一个中间平台，社区网现草拟以下

规定，请广大 ZZ 和各版主以此为参考，严格执行.

A 个人直接求助类慈善捐款活动

一.所有申请求助者发帖前，必须向网站管理员发送以下资料：

1. 被助人真实姓名，身份证扫描，(监护人真实姓名，身份证扫描)

2. 户口本扫描(以证明监护人与被助人的亲属关系)

3. 被助人(或其监护人)所在单位名称，负责人联系电话.(无单位的，提供户口所在居委会或村委会联系电话)

4. 医院诊断证明书扫描，医院负责人姓名，联系电话.

5. 捐款帐户全部信息：

开户行全称，户名，帐号，开户时银行返给储户的底联扫描.

以确保该帐号所有人的身份证件号码与被助人或其监护人的身份证号码相同，为同一人.

	6. 详细家庭住址,联系电话. * 以上资料,不涉及到法律问题,网站负责严格保密.若证件无法扫描,可用数码相机拍摄成照片发送. 二.网站管理员核实求助信息后,通知求助者. 求助者接到通知后,可从这里下载网络捐款保证书,填写签署后,发回给网站管理员. --- 附: 网络捐款使用保证书 本人: (填写姓名) 身份证号: 筹款使用帐户信息: 开户行全称: 户名: 帐号: 保证本帐户募捐之善款,全部用于________________________ (填写用途). 绝不挪作他用,愿承担因此引起的各项法律责任. 若所筹善款有剩余,将自动转捐给其他需要帮助的申请人. 保证人签名: 签署日期: --- 三. 网站管理员收到签字后的保证书扫描后, 通知各版版主. 求助者即可在社区网各版块发布求助信息. B 网友自行组织公益募捐类活动(涉及到财物的) 一. 发帖组织者必须为两年以上本网站注册用户 (若本人注册不满两年,可请一位年满两年的ZZ作为共同发起人,并同样填写以下表格.) 二. 组织者需下载填写,提交以下表格给网站管理员(扫描或拍照)

附: 社区网公益募捐活动申请表 (以下资料,不涉及到法律问题,网站负责严格保密)
发起人真实姓名:
社区网 ID:
身份证号:
联系电话:
活动起止日期:
活动简单介绍:
受助对象联系方式(负责人姓名,地址,联系电话):

本人: (填写姓名),保证本次活动募捐之善款/物品,全部交给本次活动的受助方.
绝不挪作他用,愿承担因此引起的各项法律责任.
并保证于活动结束后,对外公布本次活动募捐明细.
* 如受助方为非行为能力人,(例如为流浪猫做手术的募捐),活动组织者须扫描善款支出凭证,
并在网上公示。

保证人签名:
签署日期:

2007-11-20 09:27:28　此文章已经被查看 475 次

3. H汽车俱乐部章程

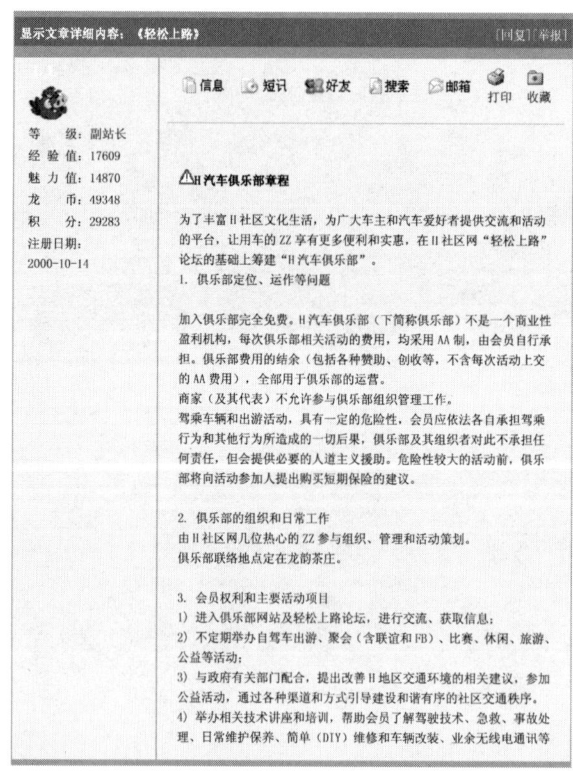
显示文章详细内容：《轻松上路》 [回复][举报]

信息 短识 好友 搜索 邮箱 打印 收藏

等　级：副站长
经验值：17609
魅力值：14870
龙　币：49348
积　分：29283
注册日期：
2000-10-14

H汽车俱乐部章程

为了丰富H社区文化生活，为广大车主和汽车爱好者提供交流和活动的平台，让用车的ZZ享有更多便利和实惠，在H社区网“轻松上路”论坛的基础上筹建“H汽车俱乐部”。

1. 俱乐部定位、运作等问题

加入俱乐部完全免费。H汽车俱乐部（下简称俱乐部）不是一个商业性盈利机构，每次俱乐部相关活动的费用，均采用AA制，由会员自行承担。俱乐部费用的结余（包括各种赞助、创收等，不含每次活动上交的AA费用），全部用于俱乐部的运营。

商家（及其代表）不允许参与俱乐部组织管理工作。

驾乘车辆和出游活动，具有一定的危险性，会员应依法各自承担驾乘行为和其他行为所造成的一切后果，俱乐部及其组织者对此不承担任何责任，但会提供必要的人道主义援助。危险性较大的活动前，俱乐部将向活动参加人提出购买短期保险的建议。

2. 俱乐部的组织和日常工作

由H社区网几位热心的ZZ参与组织、管理和活动策划。

俱乐部联络地点定在龙韵茶庄。

3. 会员权利和主要活动项目

1）进入俱乐部网站及轻松上路论坛，进行交流、获取信息；

2）不定期举办自驾车出游、聚会（含联谊和FB）、比赛、休闲、旅游、公益等活动；

3）与政府有关部门配合，提出改善H地区交通环境的相关建议，参加公益活动，通过各种渠道和方式引导建设和谐有序的社区交通秩序。

4）举办相关技术讲座和培训，帮助会员了解驾驶技术、急救、事故处理、日常维护保养、简单（DIY）维修和车辆改装、业余无线电通讯等

	知识； 5）汽车用品和其他产品的团购活动，不排除“团驾”等各种培训； 6）俱乐部出面与相关机构商榷，保证会员能够在车辆保险、维修保养以及车辆装饰美容、改装、餐饮服务等方面享受更优惠的待遇； 7）由相关合作单位协助办理会员的驾照，车辆年审； 8）举办大规模活动时，由俱乐部出面寻求保障和赞助； 9）会员在力所能及的范围内提供相互支持和协助，如：保护被黑摩的攻击的会员，各种救助等； 10）其他活动。 4. 参加俱乐部条件 （1）社区网的网友、网友家属或朋友； （2）拥有汽车或长期使用固定车辆的； （3）年满十八岁，拥有中华人民共和国公民合法身份证明或其它国家或地区公民的合法手续； （4）热爱生活，热爱自驾车旅游及户外运动。喜欢大自然，有强烈的环保意识，愿意以积极的态度加入其中； （5）倡导文明交通，重视交通安全； （6）重视家庭，亲情及友情，尊老爱幼； （7）具有良好的团队合作精神； （8）身体健康，无不适合野外活动的慢性疾病； 5. 会员入会方式 符合上述条件的任何车主和汽车爱好者都可以加入汽车俱乐部。 在俱乐部网站上登记注册，填写内容要求全面、完整、准确。通过人工认证方式后，即获得H俱乐部会员资格。 俱乐部将车标和会员卡发放给每位会员，并按要求粘贴。 6. 车标的印制和使用要求： 1）车标是俱乐部会员的主要标识。俱乐部对车标定期验标和更新； 2）会员按工本费购买车标； 3）车标由俱乐部单独设计，与现有猪标加以区别； 4）车标每套（车）两个，分别为“主车标”（带编码）和“辅车标”，粘贴于后风挡和前风挡指定位置，另行规定。 5）要求：耐风雨和日照，两年内不脱落、不变形、不褪色。 6）可能的情况下，车标使用（或部分使用）反光材料，便于夜间识别。 7）编码：采用统一编码格式，具体规则另行规定。 7. 俱乐部运营费用 1）车标设计、印制、发放和粘贴；

	2) 出游活动前探路； 3) 各种活动费用（场地租金、外聘专家培训等）； 4) 其他，如办公场地、日常活动开支等。 8. 会员的义务 1) 遵守我国有关法律法规，遵守俱乐部的相关规定； 2) 积极参加俱乐部组织的各项活动，6个月之内不参加活动的，自动解除会员资格； 3) 俱乐部实行会员信誉制度。会员应服从俱乐部的统一管理，2次不服从管理或不讲信用的，经俱乐部讨论，随时劝退，解除其会员资格、注销车标序号等。 4) 维护俱乐部的形象，积极宣传俱乐部倡导的理念和宗旨，不得发表有损俱乐部声誉及形象的言论； 5) 维护俱乐部间的团结，不得对俱乐部其它会员发表人身攻击，不得指责他人的生活方式及个人生活，尊重他人隐私、工作、家庭成员、性格； 6) 按照俱乐部的要求张贴统一的车标； 7) 在俱乐部或会员有需要协助时，在力所能及的范围内，有义务尽一切所能提供协助，如：保护被黑摩的攻击的会员，各种救助等； 8) 遵守俱乐部的规章制度，关注俱乐部的发展，为俱乐部提供好的建设性意见； 9) 未经俱乐部同意，不得以俱乐部的名义组织或参加其他活动； 10) 不组织、不参与损害俱乐部及会员权益的一切活动。
2006-07-12 00:23:03	此文章已经被查看1245次

后 记

2005年到2008年，我在中国人民大学师从夏建中教授攻读社会学博士学位，目前这本书大部分内容是博士论文的内容。坦率地说，博士论文的完成状况不仅夏老师不满意，我个人也很为之惭愧。2008年毕业之后，哈尔滨工业大学有一个资助项目，于是在2009年夏天，我再次回到北京，回到社区做进一步的调查。最初，确实想借着这个机会好好把博士论文期间未完成的调查继续下去，为博士学习留下一个完整的记录。但是，第二次调查期间，随着调查的深入，使得原来的论文框架不断被打破。一方面，使我深感调查的力量，另一方面，事实也再次打击了我的自信。

再后来，学校有了出版基金，基于功利的考虑，我决定出版成专著。而这种功利的诉求和个人“羞耻心”的矛盾造成了2009年之后书稿一直未能完成。我长期纠结在重写论文还是简单充实一下资料即可的两难之中。不得不承认，这个书稿成为我几年来的心病，只是大多数时间我已经遗忘了它。只有在陈彪编辑的几次催促时，我才再次回想起原来还有任务没有完成。“丑媳妇总要见公婆”，早点结束，也许意味着新的开始。2015年秋天，在出版合同的最后期限即将到来时，我开始重新捡起稿子，面对难以入目的文字一点点开始修改。

尽管内容不堪，但是毕竟还是自己的成果，值此出版之际，还是要对曾经给予我帮助的人们致以感谢。当然，他们不应该为文本糟糕的状况负责。感谢夏建中老师，同时也再次抱歉，您老人家都退休了，学生的书还没有出版。愧对您老的信任与教诲。其次，也要感谢刘少杰教授、杨敏教授、冯小双教授、胡鸿保教授和陆益龙教授等在开题和答辩时提出的批评和建议。也感谢最初评阅论文的沈原教授等，对他们要忍受这篇论文的无味表示同情，并致以真诚歉意。谢谢对博士论文有所帮助的那些曾经的以及现在仍然“在一起”的同事和老师们：何明升教授、尹海洁教授、王雅林教授、刘耳教授，徐占臣和王树生副教授。我在北京的那几年，唐魁玉教授和白淑英教授为我几次三番调整课程，辛苦了。

还有就是博士期间同居的人们，田鹏慧、刘小流、鞠光宇和胡林龙等人，他们都是很精彩的人物。感谢我的同门袁振龙、李敏、焦若水、王庚宇，我的同学房莉杰、徐颖和崔高月等人，他们在我进入社区和毕业答辩过程中给予了很多帮助。感谢H社区那些“野猪们”。原谅我在这里不提到他们的名字。他们包容了我提出的每个幼稚的问题。H社区实践着一种精彩的生活方式，建构着中国有希望的公民生活和社区生活，总是有许多有趣的故事不断上演，可惜我无法把他们的历程完全呈现出来。同时也要感谢出版社陈彪编辑的包容，感谢审稿人严谨而出色的工作，没有他们的配合这本书最终难以完成。

写毕业论文的时候，我与高云红还只是普通朋友和校友。现在我们已经结婚六年多了。感谢她的陪伴与对我懒惰表现的宽容，相信我们还有更多六年在一起。如果有下一本书出版，我要把它送给我的妻子。不过，这个时刻我将这第一本书送给我的父母、姐姐和哥哥。没有他们的支持，我肯定不会有机会在这里感慨万千。尽管我的家庭和人生都不完美，但是我仍然为之骄傲，希望父母家人永远幸福、安康。

郑中玉

2015 年 12 月 14 日